全国普通高等院校电子信息规划教材

信息论与编码基础

陈海燕 主编
曹明华 贾科军 副主编

清华大学出版社
北京

内容简介

本书全面地介绍了 Shannon 信息论的基本理论：信息的统计度量、Shannon 三大编码定理以及对应的三类编码，无失真信源编码、限失真信源编码及信道编码。全书共分 7 章，主要内容包括绪论，信源和信源熵，无失真信源编码、限失真信源编码，信道及信道容量以及信道编码，信息率失真函数，信息论方法的应用等。

本书深入浅出，概念清晰，系统性强，力求以通俗易懂的语言及大量典型的应用实例使读者快速、高效地学习和掌握信息论与编码的基本理论和技术。

本书适合作为高等院校通信工程、电子与信息技术等相关专业本科生的教材，也可作为低年级研究生的教学参考书，也可供从事信息领域的科技工作者、工程技术人员参考。

本书封面贴有清华大学出版社防伪标签，无标签者不得销售。
版权所有，侵权必究。举报：010-62782989，beiqinquan@tup.tsinghua.edu.cn。

图书在版编目（CIP）数据

信息论与编码基础/陈海燕主编；曹明华，贾科军副主编．—北京：清华大学出版社，2015（2021.9重印）
（全国普通高等院校电子信息规划教材）
ISBN 978-7-302-37499-2

Ⅰ．①信…　Ⅱ．①陈…　②曹…　③贾…　Ⅲ．①信息论—高等学校—教材　②信源编码—高等学校—教材　Ⅳ．①TN911.2

中国版本图书馆 CIP 数据核字(2014)第 170971 号

责任编辑：白立军　徐跃进
封面设计：常雪影
责任校对：时翠兰
责任印制：刘海龙

出版发行：清华大学出版社
网　　址：http://www.tup.com.cn，http://www.wqbook.com
地　　址：北京清华大学学研大厦 A 座　**邮　　编**：100084
社 总 机：010-62770175　**邮　　购**：010-62786544
投稿与读者服务：010-62776969，c-service@tup.tsinghua.edu.cn
质 量 反 馈：010-62772015，zhiliang@tup.tsinghua.edu.cn
课 件 下 载：http://www.tup.com.cn，010-62795954
印 装 者：北京九州迅驰传媒文化有限公司
经　　销：全国新华书店
开　　本：185mm×260mm　**印　　张**：13　**字　　数**：302 千字
版　　次：2015 年 2 月第 1 版　**印　　次**：2021 年 9 月第 5 次印刷
定　　价：39.00 元

产品编号：059676-02

前言

Foreword

信息技术是当今通信、计算机和自动控制界的热门技术。特别是信息技术与微电子、光电子以及计算机技术的不断结合，使现代信息技术的发展充满了生机与活力，人类也逐步迈进高度发展的信息科学时代。而信息论为计算机技术和通信技术的发展奠定了坚实的理论基础。它不仅在方法论的层面上解决了通信的有效性、可靠性和安全性问题，而且在认识论层面上帮助人们认识事物的本质。

信息论是应用近代数理统计的方法研究信息传输、存储和处理的科学，是在长期通信工程实践中发展起来的一门新兴科学，亦称为通信的数学理论。美国科学家香农(C. E. Shannon)1948 年在《贝尔电话杂志》上发表的著名论文《通信的数学理论》为信息论的诞生和发展奠定了理论基础。近年来，随着信息理论与编码技术的长足发展，它已发展成为一门综合性的新兴学科。不仅直接应用于通信、计算机、电子信息和自动控制领域，而且还广泛渗透到生物学、医学、语言学、社会学和经济学等领域。因此，越来越多的技术人员渴望学到有关信息论的相关知识，越来越多的高等学校纷纷开设信息论课程。“信息论与编码”已成为我国高等学校的通信工程、计算机、自动化、电子与信息等专业的主干基础课程。选择一本适合本校校情且具有课程特色的教材就显得尤为重要。

本教材在长期的教学实践中，吸取同教材的优点，将“通信原理”、“信息论基础”等课程的教学内容进行重新调整，删除部分重复、陈旧内容，并增加了信息论应用方面的内容；从最基本的信息度量开始，到信息论方法在信号处理中的应用，层层深入，全面介绍信息论与编码的基本理论和技术。考虑到本科生的实际水平，在一些较难理解的地方详细论述，力求用简介、通俗易懂的语言描述物理概念、注重物理概念的理解、弱化公式推导与证明。以便读者在短时间内掌握信息论与编码的精髓。

全书共分 7 章：第 1 章为绪论部分，着重介绍信息的基本概念、信息论的形成和发展、信息论的研究范畴以及通信系统的基本模型；第 2 章为信源和信源熵，着重介绍信源的特性和分类，信息的统计度量、平稳离散信源和连续信源的特性以及信息度量；第 3 章为信道和信道容量，主要介绍信道的数学模型和分类以及单符号离散信道的信道容量、组合信道，连续信道的信道容量；第 4 章为信源编码，主要介绍编码的定义和分类、离散无失真信源编码定理以及一些常用的信源编码方法；第 5 章为信道编码，主要介绍信道编码的概念以及一些信道编码方法；第6章为信息率失真函数。主要介绍信息率失真函数的概念以及离散信源和连续信源的信息率失真函数；第7章为信息论方法的应用，主要介绍信息论方法在信号处理中的应用，信息论方法在其他学科领域中的应用以及最大熵谱估计和最小误差熵估计。

本书由兰州理工大学计算机与通信学院陈海燕主编，其中，陈海燕编写了第1章、第2章、第4章和第7章；第3章、第6章由曹明华编写；第5章由贾科军编写；全书由陈海燕统稿。

本教材的出版由兰州理工大学校级规划教材编写资金资助；在编写的过程中得到了清华大学出版社的大力支持，白立军编辑做了大量的工作，在此表示衷心的感谢！

本教材的编写，是在同行专家所做的大量工作的基础上，汲取各家之长而成。所借鉴内容已在参考文献中列出，因篇幅限制，不尽周全。在此，向这些作者一并表示感谢！

由于编者水平有限，错误和不当之处在所难免，殷切希望广大读者批评指正。

编者

2014年12月

目录

Contents

第1章

绪　　论

信息论是应用近代数理统计的方法研究信息传输、存储和处理的科学，是在长期通信工程实践中发展起来的一门新兴科学，亦称为通信的数学理论。信息论的奠基人是美国科学家香农(C. E. Shannon)。香农1948年发表的著名论文《通信的数学理论》为信息论的诞生和发展奠定了理论基础。随着信息概念的深化，信息论在科学技术上的重要性已超越了狭义通信工程的范畴，渗透到许多科学领域中。

本章首先介绍信息的一般概念；然后讨论信息论的形成和发展以及信息论研究的范畴和通信系统模型。

1.1　信息的概念

物质、能源、信息构成了现代社会生存发展的三大基本支柱。一位美国科学家说：没有物质的世界是虚无的世界，没有能源的世界是死寂的世界，没有信息的世界是混乱的世界。可见，信息的重要性。那么，信息究竟是什么呢？信息是传输系统传输、交换、存储和处理的对象，信息载荷在语言、文字、数据、图像等消息之中。信息自古就有，但是在古代社会文明程度低，信息的传递手段落后，获取信息困难，人们没有意识到信息的存在。随着人类社会的不断进步，人们才意识到信息的存在。对信息的认识随着社会文明程度的提高不断扩大和深入。

人们常认为信息就是一种消息。这是一种最普遍的概念，是目前社会上最流行的概念。例如，当人们收到一份邮件，接到一个电话，收听了广播或看了电视节目以后，就说得到了信息。这个概念好像使人一听就明白，其实不准确。确切地说，这种概念把消息当成了信息。的确，人们从接收到的邮件，电话、广播和电视的消息中能获得各种信息。但是信息和消息并不是一回事，不能等同。在信息论中，信息和消息是紧密相关的两个不同概念。同样一个消息，例如同样一条新闻，对于不同的人从中可获得的信息是不一样的；同样的天气预报“明天天气晴好”，对于干旱地区和雨量充沛地区来说其信息含量也不一样。一张纸写上几个字成为一封家信，对于收信者是家书抵万金，但对旁人可能是废纸一张。

因此信息是一种奇妙的东西，它是有别于物质和能量的一种存在。信息的本质和它的科学定义是当前科学界乃至哲学界热衷研究的课题。

那么，作为一个科学名词，如何来定义信息呢？从最本质的意义上说，信息是人们对客观事物运动规律及其存在状态的认识。从小到一条简单的消息，大到宇宙的基本定律都是信息，它们无不是人们对客观事物变化规律或存在方式的认识和描述。

信息的价值在于：它为人们能动地改造外部世界提供了可能，信息所揭示的事物运动规律为人们应用这些规律提供了可能；而信息所描述的事物状态也为人们推动事物向着有利的方向发展提供了可能，当人们掌握的资源和能量越多，则面对同样的信息人们能用以改造世界的可能性也越大。今天人们所掌握的物质力量比过去增大了不知多少倍，因此，信息对于当今社会发展和人们生活的重要性较之几百年前、几十年前甚至十几年前都是不可同日而语的，这是信息社会的一个重要特征。

信息运动的一般过程包括信息获取、信息传播、信息利用三个阶段。信息在这三个阶段分别表现为语义信息、语法信息和语用信息等不同的形态。信息获取就是利用各种手段获知事物的运动规律和现存状态，也就是获取信息的语义形态，即语义信息。信息获取的基本手段包括科学研究、调查采访及利用各种传感器等。大量科学定律和重要结论是通过科学研究和实验、利用归纳演绎等科学方法而得出的；而新闻报道是通过新闻采访、调查分析、综合整理得到的；还有大量的信息是利用各种专用传感器获取的，如水位计可测定水位，温度计可计量温度，摄像可获取视频图像等，这些都是获知事物客观状态的有效手段。信息获取过程中还必须克服随机性（“可能是什么”）和模糊性（“好像是什么”），为此原始信息获取后往往要进行相应的信息处理过程，以使语义信息凸现出来。信息传播是指利用各种传播工具使每一条信息能为更多的人们所了解，相应的也即是使每一个人能获知更多的信息。从古代的烽火报警到现代的信息高速公路，其目标都是借助于传播过程使每个接收者获得尽可能多的语义信息。而语义信息本身是不能直接传输的，只能通过传输它的某些最基本特征（即语法信息）而使语义信息得到传递。若将语义信息比作一栋楼房，那么可将它分解为图纸、材料、施工技术等语法信息，然后将这些语法信息传送到另一个地方重新组织起来，即可恢复原先的语义信息——楼房。信息传输过程主要克服的是随机性因素，因此，传输过程中的语法信息应是指各种符号出现的随机性及前后符号之间的统计关联性。这种分析方法是与传输信道的噪声效果相匹配的，这也正是香农信息理论取得成功的重要原因之一。信息利用是信息获取、信息传播的根本目的，它以恢复的语义信息为基础，结合接收者所处的特定环境，“取我所需，为我所用”，具有明显的相对性，表现了信息的语用形态，即语用信息。语用信息的这种相对性往往使信息概念表现得主观随意、不易捉摸。如甲、乙二人由于不同的知识结构和社会阅历，他们读同一本书所获取的有用信息可能差别甚大。然而信息利用是信息运动过程的最重要环节，正是对信息的广泛利用，才推动了这个世界日新月异的发展变化。

信息是承载在各种具体信号上的。以各种声、光、电参量表示的信号可承载语法信息。但需注意，信息与信号在本质上是有根本区别的，信号仅仅是外壳，信息则是内核，两者互相依存，但属于不同的层次。信息与消息也不完全相同。消息描述了事物的特征和状态，因此，它与语义信息是相同的，但它与语法信息明显不同，与语用信息也不能等价。

在前面的分析过程中，已提到了信息、消息和信号三个名词。信息、消息和信号这三个概念在信息论和信号处理领域既有联系又有区别。下面将它们的定义比较如下。

信息：信息是指各个事物运动的状态及状态变化的方式。人们从来自对周围世界观察得到的数据中获得信息。信息是抽象的意识或知识，它是看不见、摸不到的，人脑的思维活动产生的一种想法，当它仍存储在脑子中的时候它就是一种信息。

消息：消息是指包含有信息的语言、文字和图像等，例如人们每天从广播节目、报纸和电视节目中获得各种新闻及其他消息。在通信中，消息是指担负着传送信息任务的单个符号或符号序列。这些符号包括字母、文字、数字和语言等。单个符号消息的情况，例如用 J1 表示晴天，J2 表示阴天，J3 表示雨天。还有符号序列消息的情况，例如“今天是晴天”这一消息由 5 个汉字构成。可见消息是具体的，它虽然载荷信息，但却不是物理性的。

信号：信号是消息的物理体现，为了在信道上传输消息，就必须把消息加载（调制）到具有某种物理特征的信号上，信号是信息的载荷子或载体，是物理性的，如电信号、光信号等。按照信息论或控制论的观点，在通信和控制系统中传送的本质内容是信息，系统中实际传输的则是测量的信号，信息包含在信号之中，信号是信息的载体。信号到了接收端（信息论里称为信宿）经过处理变成文字、语音或图像，人们再从中得到有用的信息。在接收端将含有噪声的信号经过各种处理和变换，从而取得有用信息的过程就是信息提取，提取有用信息的过程或方法主要有**检测和估计**两类。载有信息的可观测、可传输、可存储及可处理的信号均称为数据。

信息的基本概念在于它的不确定性，任何已确定的事物都不含有信息。其特征有：

(1) 接收者在收到信息之前，对它的内容是不知道的，所以信息是新知识、新内容；

(2) 信息是能使认识主体对某一事物的未知性或不确定性减少的有用知识；

(3) 信息可以产生，也可以消失，同时信息可以被携带、存储及处理；

(4) 信息是可以量度的，信息量有多少的差别。

1.2 信息论的形成和发展

信息论理论基础的建立，一般来说开始于香农（C. E. Shannon）研究通信系统时所发表的《通信的数学理论》这篇论文。随着研究的深入与发展，信息论具有了较为宽广的内容。

信息在早些时期的定义是由奈奎斯特（Nyquist，H.）和哈特莱（Hartley，L. V. R.）在 20 世纪 20 年代提出来的。1924 年奈奎斯特解释了信号带宽和信息速率之间的关系；1928 年哈特莱最早研究了通信系统传输信息的能力，给出了信息度量方法；1936 年阿姆斯特朗（Armstrong）提出了增大带宽可以使抗干扰能力加强。这些工作都给香农很大的影响，他在 1941—1944 年对通信和密码进行深入研究，用概率论的方法研究通信系统，揭示了通信系统传递的对象就是信息，并对信息给以科学的定量描述，提出了信息熵的概念。指出通信系统的中心问题是在噪声下如何有效而可靠地传送信息以及实现这一目标的主要方法是编码等。这一成果于 1948 年以《通信的数学理论》（A mathematical theory of communication）为题公开发表。这是一篇关于现代信息论的开创性的权威论文，为信息论的创立做出了独特的贡献。香农因此成为信息论的奠基人。

20世纪50年代信息论在学术界引起了巨大的反响。1951年美国IRE成立了信息论组,并于1955年正式出版了信息论汇刊。

20世纪60年代信道编码技术有较大进展,使它成为信息论的又一重要分支。它把代数方法引入到纠错码的研究,使分组码技术发展到了高峰,找到了大量可纠正多个错误的码,而且提出了可实现的译码方法。其次是卷积码和概率译码有了重大突破;提出了序列译码和Viterbi译码方法。

信源编码的研究落后于信道编码。香农1959年的文章(Coding theorems for a discrete source with a fidelity criterion)系统地提出了信息率失真理论,它是数据压缩的数学基础,为各种信源编码的研究奠定了基础。

到20世纪70年代,有关信息论的研究,从点对点间的单用户通信推广到多用户系统的研究。1972年盖弗(Cover)发表了有关广播信道的研究,以后陆续有关于多接入信道和广播信道模型的研究,但由于这些问题比较难,到目前为止,多用户信息论研究得不多,还有许多尚待解决的课题。

信息论产生到现在,不到70年的时间,已经在通信、广播、电视、雷达、导航、计算机、自动控制、电子对抗等电子学领域得到了直接应用,还广泛地渗透到诸如医学、生物学、心理学、神经生理学等自然科学的各个方面,甚至渗透到语言学、美学等领域。1977年,美国经济学家马克·波拉特发表了长达九卷的《信息经济》报告,用信息论的基本概念研究经济现象和社会现象,将信息论的研究从自然科学领域正式移植到经济学和社会科学领域。

信息论发展成为涉及范围广泛的广义信息论,即信息科学。

1.3 信息论的研究范畴

信息科学是研究信息产生、获取、传输、存储以及信息识别和利用等有关问题的一门科学。研究的范围极其广泛,包括了许多看来似乎极不相关的领域。而信息论则是信息科学的理论基础。一般,关于信息论的研究有三种理解。

1. 狭义信息论

狭义信息论亦称香农信息论,是应用近代数理统计方法来研究信息传输和处理的基本理论。其主要讨论信息的度量、信源和信道的特性以及有关编码的问题。

2. 一般信息论

一般信息论主要研究通信理论问题,包括噪声理论、信号检测和滤波理论、调制理论以及信息处理等理论问题。

3. 广义信息论

广义信息论通常称为信息科学,是以香农信息论和维纳控制理论作为理论基础,运用信息概念和信息方法来研究自然界和人类社会有关的信息问题的理论。它不仅包括上述两个方面,概括来说,凡是能够用广义通信系统模型描述的过程或系统,都能用信息基本理论来研究。不仅包括一般信息论的所有研究内容，而且包括所有与信息问题有关的各种领域，如心理学、生物学、遗传工程、语义学等。

本书所研究的范畴是**狭义信息论**，也就是香农信息论。1948 年，美国的科学家香农在《贝尔电话》杂志上发表了题为“通信的数学理论”的文章，标志着信息论的诞生。它研究了信源、新宿和信道的统计特性以及有关的编码问题，为设计有效而可靠通信系统提供了理论依据。香农信息论的最大特点是将概率统计的观点和方法引入通信理论的研究中，揭示了通信系统中传输的对象是信息，并对信息给出了科学的、定量的描述，指出通信系统设计的中心问题是在随机噪声的干扰下如何有效而可靠地传输信息，实现这一目标的途径是信源编码和信道编码，并且从理论上证明了可以达到最佳性能的限度。

1.4 通信系统模型

信息论主要应用在通信领域，来研究如何有效而可靠地传输、存储和处理信息。因此，通信系统是信息的传输系统。其他学科领域如果能够用广义通信系统模型描述，也能用信息的基本理论来研究。实际的通信系统虽然形式和用途各不相同，但从信息传输的角度来看，在本质上有许多共同之处，均可以概括为图 1.1 所示的基本模型。

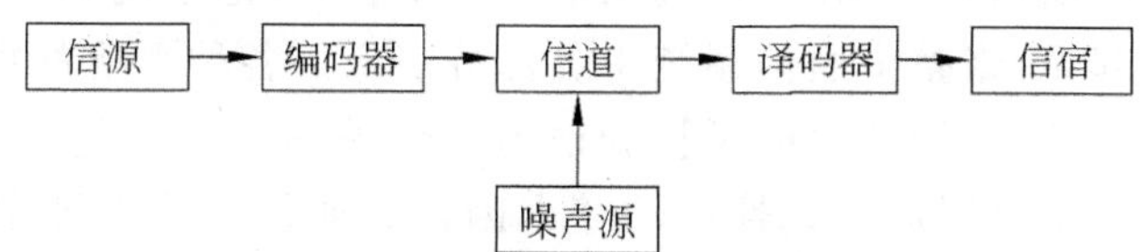

图 1.1 通信系统的基本模型

1. 信源

信源即产生消息的源。信源发出的消息可以有多种形式，可以是字母、符号、文字和数字等离散消息，也可以是语音、图像等连续消息。但都是随机发生的，即在没有收到消息之前不可能确切地知道它们的内容，否则将失去通信的意义。可以用随机变量或随机过程来描述消息。

信源研究的主要问题是信源输出消息的统计特性，信源产生的信息速率和信源的熵。

2. 信宿

信宿是信息的归宿，也就是消息传输的对象，即接收消息的人或者机器。信宿与信源处于不同的地点或存在于不同的时候。通信要使信源输出的消息能为信宿所接受和利用，信宿要对传送来的消息提出可接受的条件，即提出一定的保真度准则，发送端将以此来确定对信源处理时所要保留的最小信息量。

3. 编码器

编码器是将信源发出的消息变换成适合于在信道上传输的信号的设备。通常消息的传送即通信将受到时间或空间的限制，必须对消息进行某种变换、加工处理变成适宜于信道传输的某种随时间变化的物理量。这种随时间变化的物理量称为信号，如声信号、光信号和电信号等，信号是消息的运载工具，也是信息的载体，编码器除了完成变换功能之外，还要执行提高信息传输有效性和可靠性的两项功能。通信的目的就是为了在接收端精确或者近似地重现发送端所发的消息，就要要求有效而可靠地进行通信。因此，编码器包括信源编码器和信道编码器两部分。

信源编码器的目的在于提高信息传输的有效性，是在一定的保真度准则下对信源输出进行变换。

信道编码是对信源编码器输出进行变换，用以提高信息传输的抗干扰能力。

4. 信道

信道是将载荷着消息的信号从通信系统的发送端传送到接收端的媒质或通道。可以是架空明线、电缆、波导、光纤、无线电波传播的空间等狭义通信系统中的实际信道，也可以是磁盘、磁鼓、书刊等其他传输媒介。信道除了具有传输信号的功能，还具有存储信号的作用。

信道要研究的主要问题是信道的统计特性和它的信息传输能力——信道容量。

5. 噪声源

噪声源是消息在传输过程中受到的干扰的来源。消息在传输过程中会遭受到各种干扰，如器件的热噪声、信道的热骚动、电离层的衰落干扰、天电干扰和人为干扰等。

为了分析简便起见，将整个通信系统中各部分引入的各种干扰都集中于一个噪声源，并直接作用于信道上，噪声源产生的干扰和信道上传输的信号一起成为接收端的接收信号。任何通信系统干扰是限制系统性能的基本因素。通信系统设计中的一个基本问题，就是提高抗干扰能力，以实现可靠通信。噪声源的统计特性是区分信道的重要因素，也是确定信道传输能力的决定因素，因此信息论要对干扰给以数学上的定量描述。

实际的噪声可以分成以下两大类：

(1) 加性噪声。由外界引入的随机噪声，如天电干扰以及设备内部的噪声，它们与信道的输入信号统计无关。信道的输出是输入信号和噪声的和。

(2) 乘性噪声。信号在传播过程中由于物理条件的变化引起信号参量的随机变化而形成的噪声，此时信道的输出信号是输入信号与某些随即参量相乘的结果。

6. 译码器

译码器是编码的逆变换器。它是从受干扰的信道输出信号中最大限度地提取有关信源输出消息的信息，尽可能精确地恢复信源的输出，并将其送给信宿。信宿需要的消息形式不一定都和信源输出的消息形式完全一致。同时，信道译码器是信道编码的逆变换器，信源译码器是信源编码的逆变换器。译码器的中心问题是研究各种可实现的解调和译码方法。在实际的通信系统中，信源、编译码器、信道和信宿将会随着讨论的问题不同而有所变化。

在通信系统模型中，信源的核心问题是它所包含的信息有多少，如何定量表示。而信宿问题是能收到或提取多少信息量。信道的问题主要是它最多能传送多少信息的问题，也就是信道容量的问题。另一类是信源有关的率失真函数的问题，就是在规定失真下所需传送的信息量的问题。最后是编译码的问题，信源编码的主要目标是用尽可能小的平均码长来代表要传输的消息。信源编码可分为无失真信源编码和限失真信源编码,限失真编码接收端允许一定的失真,这样编码的平均长度可进一步减小,信源编码定理给出了数据压缩的下界。信道编码的主要目标是提高信息传送的可靠性。信道编码的理论基础是信息论中的信道编码定理,该定理指出当传送的信息率低于信道容量时,误码可接近零,这就是说理想的信道编码器能在码率接近信道容量时保证可靠的通信。

有效性和可靠性往往是相互矛盾的,信源编码通常通过压缩信源的输出来提高信息传输的有效性,例如信源输出的消息为“奥林匹克运动会”,在不发生异议的情况下,可以压缩为“奥运会”;信道编码通常通过对信源编码输出消息增加冗余信息来实现消息传输的可靠性,如信源编码输出为“奥运会”,在信道传输中,由于噪声的干扰,发生错误变成了“X 运会”,接收端就不能正确译码。可以通过增加冗余信息“林、匹克、动”使信道编码器的输出为“奥林匹克运动会”,即使第一位发生了错误,接收端也可以通过冗余信息,进行自动纠错。

为了分析方便和突出问题的重点,通常在讨论信源编码问题时,将信道编码器和信道译码器都看作信道的一部分,使信源编码的研究主要和信源、信宿发生联系,而集中于解决在满足信宿要求的有效性问题;当讨论信源编码时,则通常将信源编码和信源译码分别为信源和信宿的一部分,使信道编码的研究和信源、信宿无关,而只和信道有关,将集中解决抗干扰和失真问题。

1.5 习题

1.1 简述信息的概念和特点。

1.2 简述信息、消息以及信号之间的区别与联系。

1.3 简述通信系统的基本模型以及各部分的功能。

1.4 举例说明日常生活中的大信息量事件和小信息量事件。

第2章

信源和信息熵

2.1 信源的特性和分类

信源是消息的来源,可以是人、生物、机器或其他事物。信息论是研究信源以符号的形式输出各种可能消息的不确定性。信源发出的消息对于接收者来说存在不确定性,只有当消息符号出现是随机的,预先无法确定时,该符号的出现才能提供信息。消息符号的出现在统计上具有某些规律性,因此可以用随机变量或随机矢量来描述信源。也就是说,可以用概率空间来描述信源。

描述信源输出消息的随机变量,可以在某一离散集合内取值,也可以在某一连续区间内取值,相应的信源分别称为离散信源和连续信源。

信源输出的消息符号以离散符号的形式出现,例如,文字、字母、数字等,而且这些符号的个数都是有限的或可数无限值(可按自然数编号的无限称为可数无限,不可按自然数编号的无限称为不可数无限),这种信源就属于离散信源。

离散信源的数学模型是离散型概率空间:

$$\begin{bmatrix} X \\ p(X) \end{bmatrix} = \begin{bmatrix} a_1, & a_2, & a_3, & \cdots, & a_n \\ p(a_1), & p(a_2), & p(a_3), & \cdots, & p(a_n) \end{bmatrix} \tag{2-1}$$

其中,$X \in \{a_1, a_2, a_3, \cdots, a_n\}$,为离散的随机变量,$n$ 为正整数或者可数的无限值。

$p(a_i) = p(X = a_i)$ 是信源输出消息符号 $a_i (i = 1, 2, 3, \cdots, n)$ 的概率,$p(a_i)$ 应满足

$$0 \leqslant p(a_i) \leqslant 1, \quad \sum_{i=1}^{n} p(a_i) = 1 \tag{2-2}$$

式 $p(a_i) = p(X = a_i)$ 表示信源可能输出的消息符号只能取 $a_1, a_2, a_3, \cdots, a_n$ 这 n 个符号中的一个。或者说,随机变量 X 的取值集合是一个完备的、两两不相容的基本随机事件集。

信源输出的消息符号的取值是连续的,即可能出现的消息符号数是不可数的无限值,例如语音、电视图像、遥感器测得的连续数据等。这样的信源就属于连续信源。

连续信源的数学模型为连续型概率空间:

$$\begin{bmatrix} X \\ p(X) \end{bmatrix} = \begin{bmatrix} (a,b) \\ p(x) \end{bmatrix} \quad 或者 \quad \begin{bmatrix} X \\ p(X) \end{bmatrix} = \begin{bmatrix} R \\ p(x) \end{bmatrix} \tag{2-3}$$

并应满足

$$\int_a^b p(x)\mathrm{d}x = 1 \quad 或者 \quad \int_{\mathbf{R}} p(x)\mathrm{d}x = 1 \tag{2-4}$$

其中，(a,b)为连续随机变量 X 的取值区间；$\mathbf{R}=(-\infty,+\infty)$为当 $a\to-\infty$、$b\to+\infty$时的整个实数集。

$p(x)=p_X(x)$为连续型随机变量 X 的概率密度函数。概率密度函数表达式一般应该用下标来注明所涉及的变量总体，如 X、Y 等，而自变量则是具体的取值，如 x、y 等，以免混淆。$p_X(\cdot)$和 $p_Y(\cdot)$是不同的函数，当两者自变量取相同值时，其函数值可能不相等。

前面所提到的离散信源和连续信源都是只输出一个消息符号，称为单符号信源，可用一位离散随机变量或连续随机变量来描述。

实际的信源输出的消息符号往往不只是一个，而是一系列符号。例如，电报信号是在时间上离散的符号(脉冲)序列，而邮件则是空间上离散的符号(文字)序列。又如语音是时间上连续的函数 $x(t)$，固定的二维图像是空间的连续函数 $f(x,y)$，而活动的三维图像则同时是空间和时间的连续函数 $f(x,y,z,t)$。这样，信源输出的消息在时间或空间上又可分为离散的和连续的两种。这种多符号序列信源输出的消息在时间或空间任一点上每个符号的出现都是随机的，其取值也都可以是离散或连续随机变量。

如果信源输出的消息是时间或空间上离散的一系列随机变量，即随机序列，这样的信源是随机序列信源；如果信源的输出是时间或空间的连续函数而且其取值也是连续的、随机的，这种信源的输出要用随机过程来描述，可称为波形信源。

对于随机序列信源，信源的输出可用 N 维的随机矢量

$$\boldsymbol{X}=(X_1,X_2,X_3,\cdots,X_i,\cdots,X_N)$$

来描述。其中 X_i 表示信源随机发出第 i 个消息的取值，而 N 为随机序列即随机矢量 $\boldsymbol{X}$ 的长度，可为有限的正整数或可数的无限值。

在这 N 维随机矢量 $\boldsymbol{X}=(X_1,X_2,X_3,\cdots,X_i,\cdots,X_N)$中，若每个随机变量 $X_i(i=1,2,3,\cdots,N)$都取值于同一离散集合 $X=\{a_1,a_2,a_3,\cdots,a_n\}$，即

$$X_i \in X = \{a_1,a_2,a_3,\cdots,a_n\}$$

则随机矢量 $\boldsymbol{X}=(X_1,X_2,X_3,\cdots,X_i,\cdots,X_N)$共有 n^N 种取法，这种信源输出的符号序列的统计特性用随机矢量 $\boldsymbol{X}$ 的联合概率分布来描述：

$$\begin{aligned} p(\alpha_i) &= p(\boldsymbol{X}=\alpha_i) = p(X_1=a_{i1},X_2=a_{i2},X_3=a_{i3},\cdots,X_N=a_{iN}) \\ &= p(a_{i1},a_{i2},a_{i3},\cdots,a_{iN}) \end{aligned} \tag{2-5}$$

其中，$ij\in\{1,2,3,\cdots,n\}$，$j=1,2,3,\cdots,N$。

多符号序列信源的数学模型是一个 N 维的离散概率空间：

$$\begin{bmatrix} \boldsymbol{X} \\ p(\boldsymbol{X}) \end{bmatrix} = \begin{bmatrix} (a_1,a_1,a_1,\cdots,a_1), & \cdots, & (a_n,a_n,a_n,\cdots,a_n) \\ p(a_1,a_1,a_1,\cdots,a_1), & \cdots, & p(a_n,a_n,a_n,\cdots,a_n) \end{bmatrix} \tag{2-6}$$

该概率空间共有 n^N 个元素。

当信源发出一系列符号即随机矢量 $\boldsymbol{X}$ 的各个分量 X_i 相互之间是统计独立的，并具

有同样的概率分布时，则这 N 维随机矢量 $\boldsymbol{X}$ 的联合概率分布如式(2-7)所示：

$$\begin{aligned} p(\alpha_i) &= p(\boldsymbol{X}=\alpha_i) = p(X_1=a_{i1}, X_2=a_{i2}, X_3=a_{i3}, \cdots, X_N=a_{iN}) \\ &= p(a_{i1}, a_{i2}, a_{i3}, \cdots, a_{iN}) \end{aligned} \tag{2-7}$$

将满足 $p(\boldsymbol{X})=\prod_{i=1}^{N} p(a_{ij})$，其中，$p(a_{ij})=p(X_i=a_{ij})$，$ij\in\{1,2,3,\cdots,n\}$，$j=1,2,3,\cdots,N$。此时，$N$ 维随机矢量的联合概率分布等于它的 N 个随机变量概率分布的乘积，这种随机矢量所表征的信源称为无记忆信源。

在 N 维随机矢量 $\boldsymbol{X}=(X_1,X_2,X_3,\cdots,X_i,\cdots,X_N)$ 中，若 $X_i(i=1,2,3,\cdots,N)$ 是连续随机变量，则 $\boldsymbol{X}$ 是连续型随机序列。这种信源输出消息的统计特性，可用随机矢量 $\boldsymbol{X}$ 的 N 维联合概率密度函数 $p_N(\boldsymbol{X})=P(x_1,x_2,x_3,\cdots,x_N)$ 来表征。其中 $X_i\in(a,b)$，$i=1,2,3,\cdots,N$ 表示信源发出第 i 个消息符号在实数区间 (a,b) 中的取值。

当其各个连续随机变量 X_i 彼此之间相互独立时，则这个随机矢量 $\boldsymbol{X}$ 的联合概率密度函数等于各个随机变量概率密度函数的乘积，即满足式(2-8)：

$$p_N(\boldsymbol{X}) = \prod_{i=1}^{N} p(X_i) \tag{2-8}$$

其中，$p(X_i)$ 为信源发出第 i 个随机变量的概率密度函数。这种随机矢量所表征的信源为无记忆的连续信源。

总之，当随机矢量 $\boldsymbol{X}$ 的各个分量 X_i 是相互独立时，则相应的信源就是无记忆信源，包括无记忆离散信源和无记忆连续信源。

如果随机矢量的各个随机变量不是相互独立的，则其联合分布或者联合概率密度函数中就必然要引入条件概率或条件概率密度，用以说明分量之间的关联性，与此相应的信源称为有记忆信源。

一般情况下，信源先后发出的消息符号之间总是相互依赖的，不能认为彼此无关。例如，在汉语中，前后文字的出现是有关联关系的，若出现“明”字，接着出现“日”或“天”等字的概率就很大，而出现其他字的可能性就比较小，有的字还几乎不可能出现。就是说，实际的信源常常是有记忆的，对于有记忆信源，不能用式 $p(\boldsymbol{X})=\prod_{i=1}^{N} p(a_{ij})$ 或 $p_N(\boldsymbol{X})=\prod_{i=1}^{N} p(X_i)$ 来描述输出的统计特性。当 N 很大或者是无限大时，表述有记忆信源要比无记忆信源困难得多。在实际问题中，信源发出的符号往往只与前面若干个符号的依赖性较强，而与更前面的符号的依赖关系就很弱，因此往往限制记忆长度，由此引出有限记忆信源和无限记忆信源。

在随机矢量 $\boldsymbol{X}$ 中的分量 X_i 只与前面的有限个随机变量有关，则称为有限记忆信源，否则为无限记忆信源。

对于有限记忆信源可用条件概率分布

$$p(X_i/X_{i-1}X_{i-2}\cdots X_{i-m}) \tag{2-9}$$

或条件概率密度函数

$$p(x_i/x_{i-1}x_{i-2}\cdots x_{i-m}) \tag{2-10}$$

来描述信源的统计特性。其中，m 为正整数，称为记忆阶数或记忆长度。相应的信源称为 m 阶有记忆信源。

对于时间或空间和取值都是连续的波形信源。分析一般随机过程比较困难，但根据采样定理，只要是一个限时或限频过程，就可把随机过程用一系列采样值来表示，而每个取样值都是连续随机变量。这样，就可以把随机过程转换成随机序列来处理。对于一个限频 F、限时 T 的随机过程 $X(t)$，即 $X(t)$ 的上限频率是 F，而 $t\in(a,b)$，$T=b-a$，可用 $N=2FT$ 维采样矢量来表示，或者说随机过程 $X(t)$ 有 $N=2FT$ 个自由度。

应该指出，任何一个函数是限频时，时间的延伸必定是无限的；反之，真正的限时函数，即式(2-11)：

$$X(t)=0 \quad t\notin(a,b) \tag{2-11}$$

它不可能是限频的。上述的限频、限时过程是建立在一定条件之下的，限时，是研究这一段之内的随机过程，在这段时间之外它并不恒等于零，而是令它与(a,b)区间内一样地周期重复着，这种周期函数是可能限频的，但在(a,b)区间之外就不一定是实际的随机过程了；反之，在限频的情况下，只取(a,b)区间内的样本函数来表征，而在(a,b)区间之外就不确定了。

综上所述，可以用随机变量、随机序列或者随机过程来描述不同统计特性的信源所输出的消息。信源的分类还有多种方法，讨论信源时再进一步具体介绍。

2.2 离散信源的信息度量

信息论是在信息可以测度的基础上，研究有效、可靠、安全地传输和处理信息的科学。也就是说，要从理论上研究有关信息传输和处理的问题，必须对信息给予定量描述。信息的测度是信息论的基础，是一个十分重要的概念。

2.2.1 信息量的定义

信息论中，消息和信息是紧密相关的两个不同概念。所谓消息是指以语言、文字、图像等这些能够为人们感觉器官所感知的物理现象，对于客观事物运动状态或主观思维活动的一种描述。例如，收到一条“奶奶病愈”的短消息，其内容是对老人身体健康状况这一具体事物状态的一种描述，因此这短消息的内容就是消息。又如，朋友打电话说“想一同去吃个饭”，这个内容是打电话者大脑皮层思维状态的一种描述，也是一种消息。从电话、广播、电视、书刊、网络……之中获得的具体内容都是一些消息，因为这些内容不是对某一具体事物运动状态的描述，就是对主观世界——大脑物质所表现出来的思维活动状态的描述，用各种语言说的话，用各种文字写的文章，乃至数据、表格、音乐、静止图像、活动图像等都是消息的形式。要想穷举消息的形式是不可能的。

通信系统传送的是信源发出的消息，在收到消息之前对接收者来说存在某种不确定性是客观存在的。消息的传递就是一种使接收者从不知到有所知或完全知的过程，从不确定到比较确定或完全确定的过程。或者说，通信的过程就是一种消除不确定性的过程。只有当信源发出的消息传送给接收者之后，才能使接收者消除不确定性，消息的不确定程度是不同的。

消息的不确定度，可以直观地看成猜测某随机事件是否发生的难易程度。举一个例子,假设有一个布袋,袋里装有一些人手感觉一样的涂有不同颜色的球。改变球的个数和颜色,在不同的情况下来比较其不确定度。情况 1,在布袋中放入 99 个红色球和 1 个绿色球。如果要猜测取出一个球是什么颜色,当然具有不确定性。不过可以想象得到取出的球应该是红色的,因为红色球的个数比绿色的多得多,红色球出现的概率是 99/100 很大,意味着这种情况下取出的是哪种颜色的球的不确定度不会很大。情况 2,在布袋中放入红色的球和绿色的球各 50 个。这时要猜测随意取出一个球的颜色,不确定度就比情况 1 大得多,因为两种球的个数一样多,出现的概率各为 50/100,也就是 1/2。情况 3,在布袋中放入红色、绿色、蓝色和黄色的球各 25 个。仍旧猜测随意拿出一个球的颜色,这时的不确定度就更大了,比情况 2 更难猜得球的颜色,因为各种球出现的概率为 1/4。从这个例子可以看出,消息的不确定度,和可能发生的消息的数目及各消息发生的概率有关。

某消息发生的不确定性越大,它一旦发生并为接收者收到,那么消除不确定性的程度就越大,由于种种原因(如噪声的影响),接收者收到了失真的消息,这样,即收到消息之后,对消息发生的不确定性依然会存在。

接收者对消息之所以能够从不确定到比较确定或完全确定,是因为信源能够提供一定量的信息。接收者获得信息的多少,是与不确定性消除的程度有关。或者说,要消除关于某消息发生的不确定性,使之从不知到知,接收者必须获得足够的信息量。如果获得的信息量不够时,只会变成比较确定,也就是只能从不知到有所知。

这样看来,可以直观地把信息量定义为:

信息量=(收到消息之前关于消息发生的不确定度
−收到消息之后关于该消息发生的不确定度)
=消息不确定度的减小量

信息量的这个定义,应该理解为消息接收者收到消息后获得的关于某消息发生的信息量,即收到某消息后获得信息量。

如果在消息的传递过程中没有产生任何差错,即在没有干扰的情况下,可以完全不失真地收到信源所发出的消息。此时,收到消息之后,关于某消息发生的不确定性就完全消除了,即收到消息后对该消息发生的不确定度为零。那么在没有干扰的情况下,信息量的定义就变为:

信息量=收到消息之前关于消息发生的不确定度=消息的不确定度

信息量的这个定义,当然是消息接收者收到某消息后所获得的信息量,也应该是信源所提供的关于某消息发生的信息量。因此,信息量的后一种定义可以理解为信源输出的某消息中所含有的信息量。

2.2.2 自信息量

为了给信息量的定义给以数学的描述,用数理统计的术语来说明消息的不确定度。不确定性就是随机性,具有不确定性的现象就是随机现象。可以认为信源发出的消息就是随机事件,信源的消息集合就是一个基本的随机事件集。这就是说,可以用式(2-1)所描述的概率空间来描述信源输出的消息的不确定性,消息出现的概率不同,消息的不确定度也不同。

日常生活中会遇到的各种随机事件，例如天气预报。假设在8月份兰州地区的气象台发布天气预报："明天天气晴朗或阴有小雨"，市民都不觉得奇怪，因为预报符合兰州地区8月份的正常天气情况。发布的天气预报"天气晴朗"这一消息的不确定度就不大，所获得的信息量也就不大。如果预报的是："阴有小雪"，市民就会大吃一惊，感到气候反常，这时获得了很大的信息量，因为兰州地区8月份"阴有小雪"出现的概率很小。而"阴有大雪"的出现概率就更小了，几乎是不可能出现的现象，因此一旦预报是"阴有大雪"，市民就会感到万分惊讶，这时将会获得更大的信息量。

由以上的例子可以看出，某一事件发生的不确定度，就是猜测它是否发生的难易程度，与该事件的可能数目及概率特性有关。事件发生的概率越小，猜测它是否发生的困难程度就越大，不确定度就越大。而事件发生的概率越大，事件发生的可能性就越大，不确定度就越小。对于发生概率等于1的必然事件，就不存在不确定性。因此，对于由式(2-1)描述的离散信源，某一事件 a_i 所含有的信息，即消息 a_i 的不确定度用 $I(a_i)$ 来表示，是该事件 a_i 发生的先验概率 $p(a_i)$ 的函数，即

$$I(a_i) = f[p(a_i)] \tag{2-12}$$

式(2-12)中，$p(a_i)$ 是事件 a_i 发生的先验概率；$I(a_i)$ 是事件 a_i 的不确定度，事件 a_i 所含有的信息量。

由前面叙述可知，函数 $f[p(a_i)]$ 应满足下列条件：

(1) $f[p(a_i)]$ 应是先验概率 $p(a_i)$ 的单调递减函数，即当 $p(a_i)>p(a_j)$ 时，应有 $f[p(a_i)]>f[p(a_j)]$；

(2) 当 $p(a_i)=1$，$f[p(a_i)]=0$；

(3) 当 $p(a_i)=0$，$f[p(a_i)]=\infty$；

(4) $f[p(a_i)]$ 应具有可加性，即两个独立事件共同出现时的不确定度等于它们各自不确定度的和。

两个独立事件共同出现时的概率等于它们各自出现时概率的积。能将乘积以求和的方式表示概率的单调函数 $f[p(a_i)]$ 是什么形式的函数呢？显然，概率倒数的对数函数是恰当的。这样，可以给出自信息量定义的数学表达式。

定义 2.1 对于由式(2-1)给定的离散概率空间表示的信源，定义式(2-13)：

$$\begin{aligned} I(a_i) &= \log_a \frac{1}{p(a_i)} \quad a_i \in X \\ &= -\log_a p(a_i) \quad a_i \in X \end{aligned} \tag{2-13}$$

为信源消息 $a_i \in X$ 的自信息量，简称为消息 a_i 的信息量。

定义2.1表明，某消息 a_i 的信息量是用其出现概率对数的负值来度量。

消息 a_i 的信息量 $I(a_i)$ 表示两层含义：

(1) 当某消息 a_i 发生之前，它表示事件 a_i 发生的不确定度；而当消息 a_i 发生之后，它表示信源输出消息 a_i 中所含有(提供)的信息量。

(2) 在无干扰信道中，消息 a_i 发生后能够正确无误地传输给接收者，所以 $I(a_i)$ 也表示收到消息 a_i 后接收者所获得的信息量，这是因为在收到消息 a_i 之后完全消除了消息 a_i 的不确定度，从而就获得了这么大小的信息量。

信息量采用什么测度单位呢？这取决于对数底 a 的数值。定义 2.1 中对数的底 a 并没有规定。用不同的底，将得到不同的值，因而就有不同的单位。如果以 2 为底，即 $a=2$，则信息量的单位是比特(binary unit，b)，即二进制单位。这是信息科学中最常用的单位，实际中在数值计算和图表表示时都采用比特单位。即

$$I(a_i)=-\mathrm{lb}p(a_i)\quad \text{比特}$$

如果采用以 e 为底的对数，即 $a=\mathrm{e}$，则信息量的单位就是奈特(nature unit，nat)，即自然单位，写成

$$I(a_i)=-\ln p(a_i)\quad \text{奈特}$$

在理论推导中用奈特单位的较多。

若用 3 做底，单位就是铁特(Tet)，即三进制单位；用 10 作底，单位就是(Hart)。这些单位用得很少。

利用对数的换底公式很容易得到信息量各单位之间的关系，例如

$$1\text{nat}=1.4427\text{b}$$

$$1\text{Hart}=3.3219\text{b}$$

对于一个二进制符号集$\{0,1\}$，若有 $p(0)=p(1)=\frac{1}{2}$，则每位二进制符号的不确定度，即所提供的信息量为 $I=-\mathrm{lb}1/2=1(\mathrm{b})$，可知 1 比特的信息量就是两个不相容的等可能性的随机事件之一发生时所能提供的信息量。

例 2.1 兰州四月份的天气情况概率分布如下：

$$\begin{bmatrix} X \\ p(X) \end{bmatrix}=\begin{bmatrix} a_1, & a_2, & a_3, & a_4 \\ \frac{1}{2}, & \frac{1}{4}, & \frac{1}{8}, & \frac{1}{8} \end{bmatrix}$$

其中 a_1→晴，a_2→阴，a_3→雨，a_4→雪，这四种天气情况发生的不确定度，也就是所能提供的信息量分别为：

$$I(a_1)=1\text{b},\quad I(a_2)=2\text{b},\quad I(a_3)=3\text{b},\quad I(a_4)=3\text{b}。$$

例 2.2 设在某布袋中放入 n 种不同颜色的，大小和手感一样的球，如果随机地在布袋中取一个球并猜测球的颜色，其猜测的困难程度相当于概率空间的不确定性，可以描述为：

$$\begin{bmatrix} X \\ p(X) \end{bmatrix}=\begin{bmatrix} a_1, & a_2, & a_3, & \cdots, & a_n \\ p(a_1), & p(a_2), & p(a_3), & \cdots, & p(a_n) \end{bmatrix}$$

式中，a_i 表示取出的球是 i 颜色的，$i=1,2,3,\cdots,n$；$p(a_i)$表示取出 i 颜色球的概率。很显然，取出 i 颜色球是等可能的，即

$$p(a_i)=\frac{1}{n}$$

那么，被告知“取出颜色为 i 的球”所获得的信息量为：

$$I(a_i)=-\mathrm{lb}p(a_i)=\mathrm{lb}n(\mathrm{b})$$

由于取出 i 颜色的球是等概率分布的，因此随意取出任一球所获得信息量是相等的。

很容易证明，自信息量 $I(a_i)$ 具有下列性质：

(1) $I(a_i)$ 是非负的；

定义式(2-13)中，$p(a_i)$ 代表随机事件发生的概率，在闭区间[0, 1]上取值。根据对数的性质，$\mathrm{lb}\,p(a_i)$ 为负值，见图 2.1，故 $-\mathrm{lb}\,p(a_i)$ 恒为非负值。这一性质从对数的几何图形上也很容易理解。

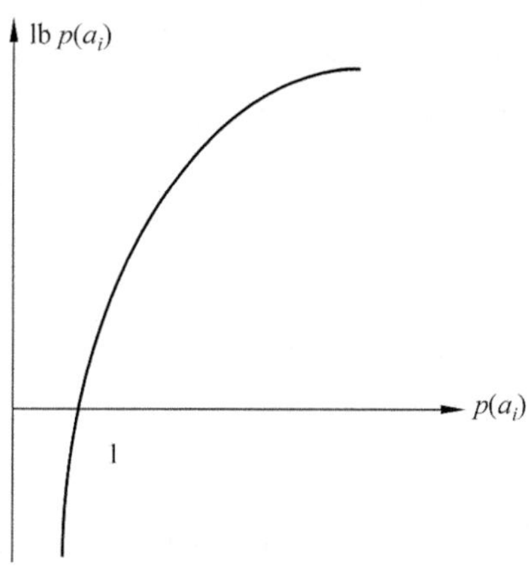

图 2.1 对数曲线

(2) 当 $p(a_i)=1$ 时，$I(a_i)=0$；

$p(a_i)=1$ 说明该事件是必然事件。必然事件不含有任何不确定性，所以不含有任何信息量。

(3) 当 $p(a_i)=0$ 时，$I(a_i)=\infty$；

说明不可能事件一旦发生，带来的信息量是非常大的，它所产生的后果也是难以想象的。

(4) $I(a_i)$ 是 $p(a_i)$ 的单调递减函数。

$p(a_i)$ 在闭区间[0,1]上取值，所以 $\dfrac{1}{p(a_i)}\geqslant 1$，它随着 $p(a_i)$ 的增大而减小，由式(2-13)可以看出，$I(a_i)=-\log_a p(a_i)$ 也随着 $p(a_i)$ 的增大而减小，所以 $I(a_i)$ 是 $p(a_i)$ 的单调递减函数。

2.2.3 联合信息量与条件自信息量

香农信息论是从通信系统研究基础上发展起来的，通信系统模型的每一个功能模块都有一个输入和输出，而不同功能模块的功能都是对输入做不同的处理然后输出到下一个功能模块。现在讨论从输入到输出的这个处理过程中的信息量。

设输入和输出都用离散的概率空间描述，它们分别为 $\begin{bmatrix} X \\ p(X) \end{bmatrix}$ 和 $\begin{bmatrix} Y \\ p(Y) \end{bmatrix}$。其中 X 的取值集合为 $X=\{a_1,a_2,a_3,\cdots,a_n\}$，$Y$ 的取值集合为 $Y=\{b_1,b_2,b_3,\cdots,b_m\}$，定义 X 和 Y 的联合概率空间为：

$XY=\{a_ib_j;a_i\in X,b_j\in Y,i=1,2,3,\cdots,n;j=1,2,3,\cdots,m\}$，并设 $a_ib_j\in XY$ 出现的概率为 $p(a_ib_j)$，满足关系

$$\left.\begin{aligned} \sum_{i=1}^{n}\sum_{j=1}^{m}p(a_ib_j) &= 1 \\ p(a_i) &= \sum_{j=1}^{m}p(a_ib_j) \\ p(b_j) &= \sum_{i=1}^{n}p(a_ib_j) \end{aligned}\right\} \tag{2-14}$$

应用概率空间的概念，可定义 $\begin{bmatrix} XY \\ p(XY) \end{bmatrix}$ 为联合概率空间，其中任意事件 a_ib_j，$a_i\in X$，$b_j\in Y$ 的自信息量为联合自信息量，用表达式的形式表示为：

$$I(a_ib_j)=\mathrm{lb}\,\frac{1}{P(a_ib_j)}=-\mathrm{lb}P(a_ib_j) \tag{2-15}$$

在通信系统中，人们关心的是发送 a_i（系统的输入）经过传输输出 b_j 的概率有多大。或反之，在接收到 b_j 后，能以多大的概率判断发送的是 a_i。由概率论可知，这是一个条件概率的问题，应用条件概率表达式，在发送 a_i 的条件下，b_j 出现的概率为：

$$p(b_j/a_i)=\frac{p(a_ib_j)}{p(a_i)} \tag{2-16}$$

类似地

$$p(a_i/b_j)=\frac{p(a_ib_j)}{p(b_j)} \tag{2-17}$$

于是可以定义：在事件 b_j 给定的条件下事件 a_i 发生的条件信息量为

$$I(a_i/b_j)=-\operatorname{lb}p(a_i/b_j) \tag{2-18}$$

它反映了在事件 b_j 发生的条件下（例如接收到 b_j）关于 a_i 尚存在的不确定性。如果能提供这些信息量消除不确定性，则事件 b_j 的出现，就意味着事件 a_i 的出现。

同样可定义在事件 a_i 给定的条件下事件 b_j 发生的条件信息量为

$$I(b_j/a_i)=-\operatorname{lb}p(b_j/a_i) \tag{2-19}$$

2.3 互信息量

2.3.1 互信息量的定义

式(2-13)所定义的信息量 $I(a_i)$ 是信源 X 消息集中某一消息 a_i 的自信息量，它表示消息 $a_i\in X$ 发生的不确定度。这是在没有干扰的特定条件下，按照“信息量＝收到消息之前关于消息发生的不确定度＝消息的不确定度”这一含义给定的。

在通信系统的基本模型中，假设输入和输出都用离散的概率空间描述，它们分别为 $\begin{bmatrix}X\\p(X)\end{bmatrix}$和$\begin{bmatrix}Y\\p(Y)\end{bmatrix}$。其中 X 的取值集合为 $X=\{a_1,a_2,a_3,\cdots,a_n\}$，$Y$ 的取值集合为 $Y=\{b_1,b_2,b_3,\cdots,b_m\}$。每个功能模块都是把输入的随机变量 X 经过某种变换，处理成输出的随机变量 Y，所以输出的随机变量 Y 都与其输入的随机变量 X 发生一定的关系。这样利用通信系统研究消息时，需要讨论两个随机变量之间的信息测度问题。

此时，应根据

信息量＝（收到消息之前关于消息发生的不确定度
－收到消息之后关于该消息发生的不确定度）
＝消息不确定度的减小量

这一含义，给出信息量更一般的定义。

图 2.2　信道的输入和输出

图 2.2 是通信系统基本模型中的一个功能模块框图。

输入端输出消息 a_i 的概率为 $p(a_i)$，$i=1,2,3,\cdots,n$。从消息接收者的角度来说，消息 a_i 的概率为 $p(a_i)$ 为先验概率。接收者从信道输出端获得消息 b_j，$j=1,2,3,\cdots,m$ 之后，重新估计关于输入的各消息的概率，对输入消息 a_i 而言，就有条件概率 $p(a_i/b_j)$，$i=1,2,3,\cdots,n$，$j=1,2,3,\cdots,m$。这是后验概率。

那么，输入消息 a_i，而接收到 b_j 的过程中，能够获得多少信息量？

定义 2.2 用 $I(a_i;b_j)$ 表示输入消息为 a_i，而接收到 b_j 能够获得(提供)的信息量，称为事件 a_i 与事件 b_j 之间的互信息量。

$$\begin{aligned} I(a_i;b_j) &= I(a_i) - I(a_i/b_j) \\ &= [-\mathrm{lb}p(a_i)] - [-\mathrm{lb}a_i/b_j] \\ &= \mathrm{lb}\left[\frac{p(a_i/b_j)}{p(a_i)}\right] \quad i = 1,2,3,\cdots,n, j = 1,2,3,\cdots,m \end{aligned} \tag{2-20}$$

互信息量的单位与自信息量一样，取决于对数的底数 $a(a>1)$ 的选取。上式中默认为 2，所以单位为 b，当底数 a 分别取 e、10 时，对应的单位分别为 nat、Hart。以后如果不特殊说明，单位采用比特，对数的底数 a 取 2，省略不写。

2.3.2 互信息的性质

1. 互易性(对称性)

互信息量的互易性可表示为

$$I(a_i;b_j) = I(b_j;a_i) \tag{2-21}$$

证明：由式(2-20)，有

$$\begin{aligned} I(a_i;b_j) &= \mathrm{lb}\frac{p(a_i/b_j)}{p(a_i)} = \mathrm{lb}\frac{p(a_i/b_j)p(b_j)}{p(a_i)p(b_j)} \\ &= \mathrm{lb}\frac{p(a_ib_j)/p(a_i)}{p(b_j)} = \mathrm{lb}\frac{p(b_j/a_i)}{p(b_j)} \\ &= I(b_j;a_i) \end{aligned}$$

式(2-21)表明，由事件 b_j 提供的有关事件 a_i 的信息量等于由事件 a_i 提供的有关事件 b_j 的信息量。互信量的互易性正是互信息名称的由来。

2. 当 X 和 Y 相互独立时，互信息为零

当事件 a_i 和 b_j 相互统计独立时，$p(a_ib_j)=p(a_i)p(b_j)$，此时互信息量为

$$I(a_i;b_j) = \mathrm{lb}\frac{p(a_ib_j)}{p(a_i)p(b_j)} = \mathrm{lb}\frac{p(a_i)p(b_j)}{p(a_i)p(b_j)} = \mathrm{lb}1 = 0$$

$$i = 1,2,3,\cdots,n, j = 1,2,3,\cdots,m$$

这表明 a_i 和 b_j 不存在统计约束关系时，从 b_j 得不到关于 a_i 的任何信息；反之，亦然。

3. 互信息可正可负

由互信息的定义式(2-20)式，当后验概率 $p(a_i/b_j)$ 大于先验概率 $p(a_i)$ 时，互信息量为正值；反之，当后验概率 $p(a_i/b_j)$ 小于先验概率 $p(a_i)$ 时，互信息量就为负值。当后验概率 $p(a_i/b_j)$ 和先验概率 $p(a_i)$ 相等时，也就是事件 a_i 和 b_j 相互统计独立时，互信息量为零。

互信息量为负值，说明接收端在收到 b_j 后，不仅没有使 a_i 的不确定度减小，反而使 a_i 的不确定度更大，这是通信过程中受到干扰或噪声的影响造成的。

4. 有限性

任何两个事件的互信息量不会大于其中任意事件的自信息量。

由互信息量的定义式(2-20)

$$I(a_i;b_j) = \text{lb}\left[\frac{p(a_i/b_j)}{p(a_i)}\right]$$

一般 $p(a_i/b_j) \leqslant 1$,所以

$$I(a_i;b_j) \leqslant \text{lb}\,\frac{1}{p(a_i)} = I(a_i) \tag{2-22}$$

同理,因 $p(b_j/a_i) \leqslant 1$,所以

$$I(b_j;a_i) \leqslant \text{lb}\,\frac{1}{p(b_j)} = I(b_j) \tag{2-23}$$

2.3.3 条件互信息和联合互信息

二维概率空间中事件之间互信息的概念,可以推广到三维概率空间中事件之间的互信息量。在三维概率空间$\begin{bmatrix} XYZ \\ p(XYZ) \end{bmatrix}$中,$XYZ=\{a_ib_jc_k: a_i \in X, b_j \in Y, c_k \in Z\}$,其中 X、Y、Z 都是有限的离散事件(消息)集,且有下列概率关系:

$$\sum_i \sum_j \sum_k p(a_ib_jc_k) = 1 \tag{2-24}$$

$$\begin{cases} p(b_jc_k) = \sum\limits_i p(a_ib_jc_k) \\ p(a_ic_k) = \sum\limits_j p(a_ib_jc_k) \\ p(a_ib_j) = \sum\limits_k p(a_ib_jc_k) \end{cases} \tag{2-25}$$

$$\begin{cases} p(a_i) = \sum\limits_j \sum\limits_k p(a_ib_jc_k) \\ p(b_j) = \sum\limits_i \sum\limits_k p(a_ib_jc_k) \\ p(c_k) = \sum\limits_i \sum\limits_j p(a_ib_jc_k) \end{cases} \tag{2-26}$$

那么,三维概率空间中事件之间的互信息可由下面定义给出。

定义 2.3 对于给定的三维概率空间$\begin{bmatrix} XYZ \\ p(XYZ) \end{bmatrix}$,在事件 $c_k \in Z$ 给定的条件下,事件 $a_i \in X$ 与事件 $b_j \in Y$ 之间的条件互信息量定义为

$$I(a_i;b_j/c_k) = \text{lb}\,\frac{p(a_i/b_jc_k)}{p(a_i/c_k)} \tag{2-27}$$

条件互信息量 $I(a_i;b_j/c_k)$ 的先验概率 $p(a_i/c_k)$ 和后验概率 $p(a_i/b_jc_k)$ 均是在某种特定条件(给定事件 Z)的取值,这是与无条件互信息量的不同之处。

定义 2.4 对于三维联合概率空间$\begin{bmatrix} XYZ \\ p(XYZ) \end{bmatrix}$,事件 $a_i \in X$ 与联合事件 $b_jc_k \in YZ$ 之间的联合信息量定义为

$$I(a_i;b_jc_k) = \text{lb}\,\frac{p(a_i/b_jc_k)}{p(a_i)} \tag{2-28}$$

若给式(2-28)右端分子和分母同乘以 $p(a_i/b_j)$可得

$$
\begin{aligned}
I(a_i;b_jc_k) &= \mathrm{lb}\left[\frac{p(a_i/b_jc_k)}{p(a_i)}\frac{p(a_i/b_j)}{p(a_i/b_j)}\right] = \mathrm{lb}\left[\frac{p(a_i/b_j)}{p(a_i)}\frac{p(a_i/b_jc_k)}{p(a_i/b_j)}\right] \\
&= \mathrm{lb}\left[\frac{p(a_i/b_j)}{p(a_i)}\right] + \mathrm{lb}\left[\frac{p(a_i/b_jc_k)}{p(a_i/b_j)}\right] \\
&= I(a_i;b_j) + I(a_i;c_k/b_j) \qquad (2\text{-}29)
\end{aligned}
$$

从而得知，一个联合事件 b_jc_k 出现后所提供的有关事件 a_i 的信息量等于事件 b_j 出现后所提供的有关事件 a_i 的信息量与在给定 b_j 的条件下事件 c_k 出现后所提供有关事件 a_i 信息量之和。这是互信息量的另外一个重要性质，称其为可加性。

不难得出

$$I(a_i;b_jc_k) = I(a_i;b_j) + I(a_i;b_j/c_k) \qquad (2\text{-}30)$$

若将 X 作为信道的一个输入空间，而 Y 和 Z 作为该信道在时间上并行或串行的两个输入空间，如图 2.3 所示。

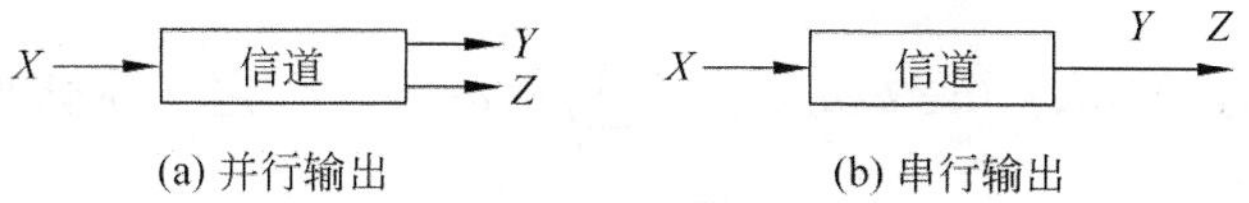

图 2.3　信道的输入和输出形式

那么，条件互信息量 $I(a_i;b_j/c_k)$是在给定信道的一个输出 $c_k\in Z$ 的条件下，又知道另一个输出 $b_j\in Y$ 所提供的有关信道某一输入 $a_i\in X$ 的信息量；联合互信息量 $I(a_i;b_jc_k)$则是知道输出 $b_j\in Y$ 和 $c_k\in Z$ 后总共所提供的有关信道某输入 $a_i\in X$ 信息量之间的关系。

条件互信息量和联合互信息量的定义以及表述互信息的互易性、可加性等上面的各种关系，都可以推广到任意有限多维空间的情况。

对于 n 维空间 $X_1,X_2,\cdots,X_n$ 中的事件 $x_1\in X_1,x_2\in X_2,\cdots,x_n\in X_n$，考察在事件 $x_3\in X_3,x_4\in X_4,\cdots,x_n\in X_n$已知的条件下，事件 $x_1\in X_1$ 与 $x_2\in X_2$ 之间条件互信息量为：

$$I(x_1;x_2/x_3,x_4,\cdots,x_n) = \mathrm{lb}\,\frac{p(x_1/x_2x_3\cdots x_n)}{p(x_1/x_3x_4\cdots x_n)} \qquad (2\text{-}31)$$

条件互信息量亦具有互易性，即

$$I(x_1;x_2/x_3,x_4,\cdots,x_n) = I(x_2;x_1/x_3,x_4,\cdots,x_n) \qquad (2\text{-}32)$$

事件 $x_1\in X_1$ 和联合事件 $x_2,x_3,\cdots,x_n(x_2\in X_2,x_3\in X_3,\cdots,x_n\in X_n)$之间的联合互信息量为

$$I(x_1;x_2,x_3,x_4,\cdots,x_n) = \mathrm{lb}\,\frac{p(x_1/x_2x_3\cdots x_n)}{p(x_1)} \qquad (2\text{-}33)$$

联合互信息的互易性表示成

$$I(x_1;x_2,x_3,x_4,\cdots,x_n) = I(x_2,x_3,x_4,\cdots,x_n;x_1) \qquad (2\text{-}34)$$

其可加性可表示为

$$
\begin{aligned}
I(x_1;x_2,x_3,x_4,\cdots,x_n) &= I(x_1;x_2) + I(x_1;x_3/x_2) + I(x_1;x_4/x_2x_3) \\
&\quad + \cdots + I(x_1;x_n/x_2x_3\cdots x_{n-1}) \qquad (2\text{-}35)
\end{aligned}
$$

2.4 信源熵

式(2-13)定义的自信息量 $I(a_i)$,是指信源发出某消息 a_i 所含有的信息量,或者说是确定消息 a_i 所必需提供的信息量。发出的消息不同,它所含有的信息量不同,因此自信息量是一个随机变量。对于通信系统来说,系统应该准备传输信源消息集中的任何消息,那么系统就不应该针对某一消息来设计,而应该针对信源消息集中的所有消息来设计。对于一个信源来谈"一个消息的信息量"是不恰当的。

信源的输出 X 是一个随机变量,自信息量也是一随机变量,它不能作为一个信源总体上的信息测度。为此,定义平均自信息量来作为信源总体上的信息测度。

定义 2.5 对于由式(2-1)所描述的单符号离散无记忆信源

$$\begin{bmatrix} X \\ p(X) \end{bmatrix} = \begin{bmatrix} a_1, & a_2, & a_3, & \cdots, & a_n \\ p(a_1), & p(a_2), & p(a_3), & \cdots, & p(a_n) \end{bmatrix}$$

其中,$X \in \{a_1, a_2, a_3, \cdots, a_n\}$,$0 \leqslant p(a_i) \leqslant 1$,$\sum_{i=1}^{n} p(a_i) = 1$,定义随机变量 $I(a_i)$ 的数学期望为:

$$H(X) = E[I(a_i)] = -\sum_i p(a_i) \mathrm{lb} p(a_i) \tag{2-36}$$

称为该信源 X 的平均自信息量或平均信息量,$H(X)$ 定义公式与统计热力学中熵的表示形式相同,通常称为信源的信息熵或熵。

信源熵的单位由自信息量的单位决定,即取决于对数的底数,如果底数 $a=2$,则单位为(比特/符号)。

信源的信息熵 $H(X)$ 是从整个信源的统计特性来考虑的,是从平均意义上来表征信源的总体特性的,对于某一特定的信源,其信息熵只是一个数值。不同信源因统计特性不同其熵也会不同。

假设信源 $\begin{bmatrix} X \\ p(X) \end{bmatrix} = \begin{bmatrix} a_1 & a_2 \\ p & 1-p \end{bmatrix}$,其中 $0 \leqslant p \leqslant 1$,则信源 X 的熵为:

$$\begin{aligned} H(X) &= E[I(a_i)] = -\sum_i p(a_i) \mathrm{lb} p(a_i) \\ &= -[p \mathrm{lb} p - (1-p) \mathrm{lb} (1-p)] \end{aligned} \tag{2-37}$$

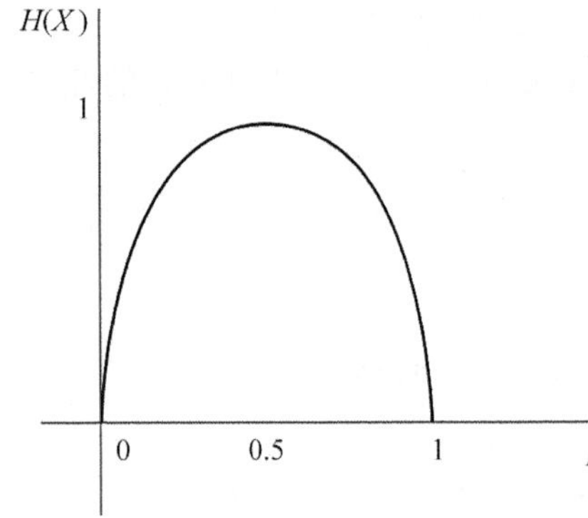

图 2.4 二进制符号信源熵得变化曲线

这表明,一个二进制符号集合 X 的熵 $H(X)$ 是概率 p 的函数,该函数曲线如图 2.4 所示。

当 $p=1/2$ 时,即二进制符号 a_1 和 a_2 是等概的,熵 $H(X)=1$ 比特,达到最大值。当 $p=0$ 或者 $p=1$ 时,$H(X)=0$,此时为最小的可能取值。对于二进制符号来说,如果一个符号的发生是必然事件,另一个必为不可能事件,此时集合的不确定度当然应该为 0。且可知,该曲线在最大值左右是对称的。

信息熵和平均信息量两者在数值上是相等的，但含义并不相同。信息熵表征信源的平均不确定度，平均信息量是消除信源的不确定度所需要的信息的度量。概括来说，信息熵具有以下物理含义：

第一，信息熵 $H(X)$ 表示信源消息集中各消息出现的平均不确定度，即信源的平均不确定度。

例如，有两个信源分别为：

$$\begin{bmatrix} X \\ p(X) \end{bmatrix} = \begin{bmatrix} a_1 & a_2 \\ 0.5 & 0.5 \end{bmatrix} \quad 和 \quad \begin{bmatrix} Y \\ p(Y) \end{bmatrix} = \begin{bmatrix} b_1 & b_2 \\ 0.99 & 0.01 \end{bmatrix}$$

计算它们的熵可知：$H(X) > H(Y)$。

这就是说，信源 X 比起信源 Y 的平均不确定度要大。信源 Y 中两个消息的出现是不等概的，且 b_1 的概率比 b_2 的概率大得多，这样要猜测 b_1 和 b_2 哪一个会出现的难度就不会很大，可以大致猜测 b_1 会出现，所以信源 Y 的平均不确定度要小。对于信源 X，它的两个消息 a_1 和 a_2 的出现是等概的，要猜测哪一个消息会出现的难度要比信源 Y 大，信源 X 的平均不确定度就要大，其随机性就大，信息熵恰好反映了信源输出消息之前的平均不确定性的程度的大小，表示变量 X 的随机性。

这就是信息熵的物理含义。它不论信源是否输出消息，只要这些消息具有某种概率特性，信源的信息熵必有一个确定值。

第二，信息熵 $H(X)$ 表示信源输出每个消息符号所提供的平均信息量，或者说，信息熵 $H(X)$ 是没收到消息集 X 中的一个消息所获得的平均信息量，或者是要确定消息集 X 中出现一个消息所需要的平均信息量，这表明也是信息的一种测度。

需要指出的是，信息熵和平均信息量在含义上是有区别的。信息熵表征信源的平均不确定度。只有在无干扰的情况下，接收者才能正确无误地接收到信源发出的消息，才能消除信源的平均不确定度，从而使接收者获得每个消息的平均信息量等于信源的信息熵。通常，信源的信息熵是不等于接收者获得的平均信息量。

2.5 条件熵和联合熵

定义 2.6 对于概率空间 $\begin{bmatrix} X \\ p(X) \end{bmatrix}$，随机变量 $I(a_i/b_j)$ 在集合 X 上的数学期望

$$\begin{aligned} H(X/b_j) &= E_X[I(a_i/b_j)] = \sum_{a_i \in X} p(a_i/b_j) I(a_i/b_j) \\ &= -\sum_{a_i \in X} p(a_i/b_j) \operatorname{lb} p(a_i/b_j) \end{aligned} \tag{2-38}$$

定义为在给定 $b_j \in Y$ 条件下集合 X 的条件熵。当然 $\begin{bmatrix} Y \\ p(Y) \end{bmatrix}$ 仍是概率 $\begin{bmatrix} Y \\ p(Y) \end{bmatrix}$ 上的随机变量。

定义 2.7 在概率空间 $\begin{bmatrix} Y \\ p(Y) \end{bmatrix}$ 上的随机变量 $\begin{bmatrix} Y \\ p(Y) \end{bmatrix}$ 的数学期望

$$H(X/Y)=E_Y[H(X/b_j)]=\sum_{b_j\in Y}p(b_j)H(X/b_j)$$
$$=-\sum_{a_i\in X}\sum_{b_j\in Y}p(a_ib_j)\mathrm{lb}p(a_i/b_j) \tag{2-39}$$

定义为集合 X 相对于集合 Y 的条件熵。

定义 2.8 在联合概率空间 $\begin{bmatrix}XY\\p(XY)\end{bmatrix}$ 上的随机变量 $I(a_ib_j)$ 的数学期望

$$H(XY)=[I(a_ib_j)]=\sum_{a_i\in X}\sum_{b_j\in Y}p(a_ib_j)I(a_ib_j)$$
$$=-\sum_{a_i\in X}\sum_{b_j\in Y}p(a_ib_j)\mathrm{lb}(a_ib_j) \tag{2-40}$$

定义为集合 X 和集合 Y 的联合熵。

对于联合概率空间

$$\begin{bmatrix}XY\\p(XY)\end{bmatrix}=\begin{bmatrix}a_1b_1 & a_2b_1 & \cdots & a_{n-1}b_m & a_nb_m\\p(a_1b_1) & p(a_2b_1) & \cdots & p(a_{n-1}b_m) & p(a_nb_m)\end{bmatrix} \tag{2-41}$$

表示的离散信源，它的每个消息是一对符号 $a_ib_j(i=1,2,3,\cdots,n;j=1,2,3,\cdots,m)$ 该信源的联合熵 $H(XY)$ 表示信源输出任一对消息符号 a_ib_j 的平均不确定度。

$H(X/b_j)$ 表示信源输出的一对消息符号在确知后面一个符号为 b_i 前面输出任意一个符号 a_i 的平均不确定度，而 $H(XY)$ 表示信源输出的后面一个符号是取 $Y=\{b_1,b_2,b_3,\cdots,b_m\}$ 中的任意一个时，前面输出 $X=\{a_1,a_2,a_3,\cdots,a_n\}$ 的任意一符号的总的平均不确定度。

由 $p(a_ib_j)=p(a_i)p(b_j/a_i)=p(b_j)p(a_i/b_j)$ 以及式(2-36)及式(2-39)、式(2-40)可得

$$H(XY)=H(X)+H(Y/X) \tag{2-42}$$
$$H(XY)=H(Y)+H(X/Y) \tag{2-43}$$

式(2-42)和式(2-43)表述了信息的可加性。当集合 X 和集合 Y 相互独立时，有

$$H(Y/X)=H(Y) \tag{2-44}$$
$$H(X/Y)=H(X) \tag{2-45}$$

也有

$$H(XY)=H(X)+H(Y) \tag{2-46}$$

上述结果不难推广到多维概率空间，有

$$H(X_1X_2X_3\cdots X_N)$$
$$=H(X_1)+H(X_2/X_1)+H(X_3/X_1X_2)+\cdots+H(X_N/X_1X_2\cdots X_{N-1})$$
$$=\sum_{i=1}^{N}H(X_i/X_1X_2\cdots X_{i-1}) \tag{2-47}$$

当各 $X_i(i=1,2,3,\cdots,N)$ 之间彼此独立时，有

$$H(X_1X_2X_3\cdots X_N)=\sum_{i=1}^{N}H(X_i) \tag{2-48}$$

2.6 熵函数的数学特性

由式(2-36)信息熵 $H(X)$的定义式可知,信息熵 $H(X)$是对概率分布$(p(a_1),p(a_2),p(a_3),\cdots,p(a_n))$,简写成$(p_1,p_2,p_3,\cdots,p_n)$而定义的。该概率分布也可以用 n 维的概率矢量 $\boldsymbol{p}=(p_1,p_2,p_3,\cdots,p_n)$来表示,也满足

$$0\leqslant p_i\leqslant 1 \tag{2-49}$$

和

$$\sum_{i=1}^{n}p_i=1 \tag{2-50}$$

这样,信息熵 $H(X)$可以看作是 n 维概率矢量 $\boldsymbol{p}=(p_1,p_2,p_3,\cdots,p_n)$的函数。因此信息熵 $H(X)$也可以称为 n 元熵,或称为熵函数,便可以写成

$$\begin{aligned}H(\boldsymbol{p})&=H_n(p_1,p_2,p_3,\cdots,p_n)=H(p_1,p_2,p_3,\cdots,p_n)\\&=-\sum_{i=1}^{n}p_i\operatorname{lb}p_i\end{aligned} \tag{2-51}$$

实际上,熵函数 $H(\boldsymbol{p})=H_n(p_1,p_2,p_3,\cdots,p_n)$只是$(n-1)$元函数,这是因为 $\sum_{i=1}^{n}p_i=1$,$H(\boldsymbol{p})$只有$(n-1)$个独立的变量。

对于二元熵,有 $H(\boldsymbol{p})=H(p,1-p)$,它只是变量 p 的函数。熵函数 $H(p,1-p)$的变化曲线如图 2.4 所示。

熵函数 $H(\boldsymbol{p})$具有如下的一些性质。

1. 对称性

概率矢量 $\boldsymbol{p}=(p_1,p_2,p_3,\cdots,p_n)$各分量 $p_1,p_2,p_3,\cdots,p_n$ 次序任意改变时,熵函数 $H(\boldsymbol{p})$的值不变,即有

$$\begin{aligned}H_n(p_1,p_2,p_3,\cdots,p_n)&=H_n(p_2,p_1,p_3,\cdots,p_n)\\&\;\;\vdots\\&=H_n(p_n,p_1,p_2,p_3,\cdots,p_{n-1})\end{aligned} \tag{2-52}$$

熵函数的对称性表明:信源的信息熵只与信源总体上的统计特性有关,或者说,熵函数的值只是与将数 1 分割成 n 个实数的取值有关,而与这 n 个实数和 n 个事件采取何种一一对应的方式无关的。例如,下面三个概率空间所表示的信源,它们的信息熵都是一样的。

$$\begin{bmatrix}X\\p(X)\end{bmatrix}=\begin{bmatrix}a_1 & a_2 & a_3\\ \dfrac{1}{3} & \dfrac{1}{6} & \dfrac{1}{2}\end{bmatrix}$$

$$\begin{bmatrix}Z\\p(Z)\end{bmatrix}=\begin{bmatrix}c_1 & c_2 & c_3\\ \dfrac{1}{6} & \dfrac{1}{2} & \dfrac{1}{3}\end{bmatrix}$$

$$\begin{bmatrix}Y\\p(Y)\end{bmatrix}=\begin{bmatrix}b_1 & b_2 & b_3\\ \dfrac{1}{3} & \dfrac{1}{6} & \dfrac{1}{2}\end{bmatrix}$$

在这三个概率空间中，集合 X 与 Z 的差别是它们选择同一消息时的概率不同，而集合X 与 Y 的差别是它们所选择的具体消息有所不同。但是，它们总体上的统计特性，即它们的熵都是相同的。

2. 非负性

熵函数是一个非负量，即

$$H_n(p_2,p_1,p_3,\cdots,p_n)\geqslant 0 \tag{2-53}$$

这种性质是很明显的。因为随机变量 X 所有的取值 a_i 的概率 p_i 均满足 $0\leqslant p_i\leqslant 1$，则当对数的底 $a>1$ 时，总是 $\log_a p_i\leqslant 0$，必有 $-\log_a p_i\geqslant 0$，即使 $p_i=0$，由于$\lim\limits_{p_i\to 0}[-p_i\log_a p_i]=0$，使得式(2-43)也成立。因此，由式(2-36)定义的信息熵 $H(X)=H_n(p_1,p_2,p_3,\cdots,p_n)$必定是非负的。

应该指出，熵的非负性并非必要。这是因为为了表达方便才规定对数的底 $a>1$，使自信息量有非负性的结果。在讨论连续信源的信息熵时，在相对熵的概念下，可以出现负值。熵的非负性，对于离散信源的信息熵是合适的，应该强调这一点。

3. 扩展性

一个事件的概率若和其他事件的概率相比很小时，它对于信息熵的贡献可以忽略不计，即有

$$\lim_{\varepsilon\to 0}H_{n+1}(p_1,p_2,p_3,\cdots,p_n-\varepsilon,\varepsilon)=H_n(p_2,p_1,p_3,\cdots,p_n) \tag{2-54}$$

该性质不难证明，正是由于$\lim\limits_{\varepsilon\to 0}[\varepsilon\mathrm{lb}\varepsilon]=0$ 而使上式成立。

该性质表明，当信源取值数增多时，若这些取值的出现概率很小(接近于零)，则信源的信息熵不变。当概率很小的事件出现后，虽然会给接收者较大的信息，但就总体上考虑时，由于这种概率很小的事件几乎不会出现而使它在熵的计算中所占的比重很小。这也是熵的总体平均特性的一种体现。

4. 确定性

信源的消息集中只要有一个是必然事件，其熵必为零，即有

$$H_2(1,0)=H_3(1,0,0)=\cdots=H_n(1,0,\cdots,0) \tag{2-55}$$

这是因为在概率矢量 $\boldsymbol{p}=(p_1,p_2,p_3,\cdots,p_n)$中，当某变元 $p_i=1$ 时，其余变量 $p_j=0(i\neq j,j=1,2,3,\cdots,n)$。此时由于 $p_i\mathrm{lb}p_i=0(\lim\limits_{p_j\to 0}[p_j\mathrm{lb}p_j]=0)$，所以式(2-55)成立。在这种情况下，信源的事件集 X 虽然有不同的事件 a_i，但它有一个事件是必然事件，而其余都是不可能事件。作为随机变量 X 已成为一个确定量，这个确知事物是无信息而言的。从不确定性的概念来说，确定的信源的平均不确定度即熵应该为零。

5. 可加性

定义信息量时，曾限定信息量具有可加性，熵函数也具有这种可加性质，如式(2-42)、式(2-43)。

$$H(XY)=H(X)+H(Y/X)$$
$$H(XY)=H(Y)+H(X/Y)$$

证明式(2-42)。

$$
\begin{aligned}
H(XY) &= -\sum_{i=1}^{n}\sum_{j=1}^{m} p(a_i b_j)\operatorname{lb} p(a_i b_j) \\
&= -\sum_{i=1}^{n}\sum_{j=1}^{m} p(a_i b_j)\operatorname{lb}[p(a_i)p(b_j/a_i)] \\
&= -\sum_{i=1}^{n}\sum_{j=1}^{m} p(a_i)p(b_j/a_i)\operatorname{lb} p(a_i) - \sum_{i=1}^{n}\sum_{j=1}^{m} p(a_i b_j)p(b_j/a_i) \\
&= -\sum_{i=1}^{n} p(a_i)\operatorname{lb} p(a_i)\left[\sum_{j=1}^{m} p(b_j/a_i)\right] + H(X/Y) \\
&= H(X) + H(X/Y)
\end{aligned}
$$

其中，

$$
p(a_i b_j) = p(a_i)p(b_j/a_i)
$$

$$
\sum_{j=1}^{m} p(b_j/a_i) = 1
$$

6. 极值性

对任意两个消息数相同的信源$\begin{bmatrix} X \\ p(X) \end{bmatrix}$和$\begin{bmatrix} Y \\ p(Y) \end{bmatrix}$，$i=1,2,3,\cdots,n$，有

$$
H_n[p(a_1),p(a_2),\cdots,p(a_n)] \leqslant -\sum_{i=1}^{n} p(a_i)\operatorname{lb} p(b_i) \tag{2-56}
$$

其中

$$
\sum_{i=1}^{n} p(a_i) = \sum_{i=1}^{n} p(b_i) = 1
$$

式(2-56)含义是任一概率分布$\{p(a_i),i=1,2,3,\cdots,n\}$，它对其他概率分布$\{p(b_i),i=1,2,3,\cdots,n\}$的自信息量$[-\operatorname{lb} p(b_i)]$取数学期望时，比大于$\{p(a_i)\}$本身的熵。

熵的极值性可以证明条件熵小于无条件熵(信源熵)，即

$$
H(X/Y) \leqslant H(X) \tag{2-57}
$$

证明：

$$
\begin{aligned}
H(X/Y) &= -\sum_{i=1}^{n}\sum_{j=1}^{m} p(a_i b_j)\operatorname{lb} p(a_i/b_j) \\
&= -\sum_{i=1}^{n}\sum_{j=1}^{m} p(b_j)p(a_i/b_j)\operatorname{lb} p(a_i/b_j) \\
&= -\sum_{j=1}^{m} p(b_j)\left[\sum_{i=1}^{n} p(a_i/b_j)\operatorname{lb} p(a_i/b_j)\right] \\
&\leqslant -\sum_{j=1}^{m} p(b_j)\left[\sum_{i=1}^{n} p(a_i/b_j)\operatorname{lb} p(a_i)\right] \\
&= -\sum_{i=1}^{n}\left[\sum_{j=1}^{m} p(b_j)p(a_i/b_j)\right]\operatorname{lb} p(a_i) \\
&= -\sum_{i=1}^{n} p(a_i)\operatorname{lb} p(a_i) \\
&= H(X)
\end{aligned}
$$

其中，

$$\sum_{j=1}^{m} p(b_j)p(a_i/b_j) = \sum_{j=1}^{m} p(a_ib_j) = p(a_i)$$

同理，

$$H(Y/X) \leqslant H(Y) \tag{2-58}$$

7. 最大离散熵定理

离散集合 X 中各事件以等概率出现，即服从均匀分布时，其熵值为最大，即有

$$H_n(p_1,p_2,\cdots,p_n) \leqslant H_n\left(\frac{1}{n},\frac{1}{n},\cdots,\frac{1}{n}\right) = \text{lb}n \tag{2-59}$$

证明：自然对数具有性质 $\ln x \leqslant x-1, x>0$，当且仅当 $x=1$ 时，该式取等号。

$$\begin{aligned} H(X) - \text{lb}n &= \sum_{i=1}^{n} p(a_i)\text{lb}\frac{1}{p(a_i)} - \sum_{i=1}^{n} p(a_i)\text{lb}n \\ &= \sum_{i=1}^{n} p(a_i)\text{lb}\frac{1}{np(a_i)} \end{aligned}$$

令 $x=\dfrac{1}{np(a_i)}$，引用 $\ln x \leqslant x-1, x>0$ 的关系，并注意 $\text{lb}x = \ln x \text{lbe}$。

$$H(X) - \text{lb}n \leqslant \sum_{i=1}^{n}\left[\frac{1}{n} - p(a_i)\right]\text{lbe} = \left[\sum_{i=1}^{n}\frac{1}{n} - \sum_{i=1}^{n}p(a_i)\right]\text{lbe} = 0$$

故有

$$H(X) \leqslant \text{lb}n$$

式中 $\sum_{i=1}^{n} p(a_i) = 1$。当且仅当 $x=\dfrac{1}{np(a_i)}=1$，即 $p(a_i)=\dfrac{1}{n}$时，式(2-59)等号成立。

该定理表明，以等概分布的离散信源的平均不确定度为最大，即它输出的消息所包含的平均信息量是最大的。

最大离散熵定理还可以通过极值性来证明，感兴趣的读者可自行证明。

8. 上凸性

熵函数 $H_n(\boldsymbol{p})$是概率矢量 $\boldsymbol{p}=(p_1,p_2,p_3,\cdots,p_n)$的严格上凸函数，即对正数 $\theta(0<\theta<1)$和 n维的概率矢量 $\boldsymbol{p}$、$\boldsymbol{q}$ 有

$$H[\theta\boldsymbol{p} + (1-\theta)\boldsymbol{q}] > \theta H(\boldsymbol{p}) + (1-\theta)H(\boldsymbol{q}) \tag{2-60}$$

证明：$\boldsymbol{p}$ 和 $\boldsymbol{q}$ 是两个 n 维概率矢量，即

$$\boldsymbol{p} = (p_1,p_2,p_3,\cdots,p_n)$$
$$\boldsymbol{q} = (q_1,q_2,q_3,\cdots,q_n)$$

并满足 $p_i \geqslant 0$ 和 $q_i \geqslant 0$，$\sum_{i=1}^{n} p_i = 1$ 和 $\sum_{i=1}^{n} q_i = 1$，则有

$$\begin{aligned} H[\theta\boldsymbol{p} + (1-\theta)\boldsymbol{q}] &= -\sum_{i=1}^{n}[\theta p_i + (1-\theta)q_i]\text{lb}[\theta p_i + (1-\theta)q_i] \\ &= -\theta\sum_{i=1}^{n} p_i\text{lb}[\theta p_i + (1-\theta)q_i] - (1-\theta)\sum_{i=1}^{n} q_i\text{lb}[\theta p_i + (1-\theta)q_i] \\ &\leqslant -\theta\sum_{i=1}^{n} p_i\text{lb}p_i - (1-\theta)\sum_{i=1}^{n} q_i\text{lb}q_i \end{aligned}$$

由于熵函数具有严格的上凸性,因此它的极值必为极大值。

例 2.3 在 $\sum_{i=1}^{n} p(a_i)=1$ 条件的限制下,熵函数 $H_n(\boldsymbol{p})$ 的最大值可以用求导的方法得到。

解:利用拉格朗日乘数法。构造函数 $\varphi(\boldsymbol{p})=H(\boldsymbol{p})+\lambda\left[\sum_{i=1}^{n} p_i-1\right]$,令

$$
\begin{aligned}
&\frac{\partial}{\partial p_i}\left[H(\boldsymbol{p})+\lambda\left(\sum_{i=1}^{n} p_i-1\right)\right]=0 \\
&-\left[1+\operatorname{lb} p_i\right]+\lambda=0 \\
&p_i=\mathrm{e}^{\lambda-1}=\text{常量}, \quad i=1,2,\cdots,n \\
&\sum_{i=1}^{n} p_i=1, \quad p_i=\frac{1}{n}, \quad H_n(\boldsymbol{p})=\operatorname{lb} n
\end{aligned}
$$

2.7 加权熵

香农定义的信息量和熵没有考虑人的主观因素,具有客观性。但也显露出它无法描述主观意义上对事物判断的差别,从而淹没了个别事件的重要性。实际上,各种事件虽以一定的概率发生,但各种事件的发生对不同的人有不同的意义,其重要性也因人而异。为了把主观价值和主观意义反映出来,引入加权熵。加权熵通过引入事件的重量,来度量事件的重要性或主观价值。一般情况下,事件的重量与事件发生的客观概率不一致,事件的重量可以反映主观的特性,也可以反映事件本身的某些客观性质。

设有信源

$$
\begin{bmatrix} X \\ p(X) \end{bmatrix}=\begin{bmatrix} a_1, & a_2, & a_3, & \cdots, & a_n \\ p(a_1), & p(a_2), & p(a_3), & \cdots, & p(a_n) \end{bmatrix}
$$

其中

$$
0 \leqslant p(a_i) \leqslant 1, \quad \sum_{i=1}^{n} p(a_i)=1
$$

对消息 $a_i(i=1,2,\cdots,n)$,确定一个非负的实数 $\omega_i(i=1,2,\cdots,n)$ 作为消息 a_i 的“重量”,类似于物理学中常见的加权。因此 ω_i 也可以看成消息 a_i 的“效用权重系数”。把消息 a_i 的重量 ω_i 与消息的重要性和意义联系起来,如果一个消息 a_i 比另一个消息 a_j 更有意义,或更有效用,那么消息 a_i 的重量 ω_i 就应比消息 a_j 的重量 ω_j 更大,即 $\omega_i>\omega_j$。于是,引入事件的重量后,其概率空间为

$$
\begin{bmatrix} X \\ p(X) \\ W \end{bmatrix}=\begin{bmatrix} a_1, & a_2, & a_3, & \cdots, & a_n \\ p(a_1), & p(a_2), & p(a_3), & \cdots, & p(a_n) \\ \omega_1, & \omega_2, & \omega_3, & \cdots, & \omega_n \end{bmatrix} \tag{2-61}
$$

其中

$$
\omega_i \geqslant 0 \quad (i=1,2,\cdots,n)。
$$

定义离散无记忆信源 X 的加权熵为

$$H_W(X)=-\sum_i \omega_i p(a_i)\mathrm{lb}\,p(a_i) \tag{2-62}$$

加权熵的大小既与随机事件发生的客观概率有关，也依赖于消息的主观重量。这样，既保留了香农熵的许多有用性质，同时也失去了某些性质。

下面列出来了加权熵的一些重要性质。

1. 非负性

$$H_W(X)=-\sum_i \omega_i p(a_i)\mathrm{lb}\,p(a_i)\geqslant 0$$

加权熵与信息熵的性质一样。说明不管是否给消息分配重量，信源每发出一个消息，总能提供一定的信息量，最差为零。

2. 连续性

设有信源

$$\begin{bmatrix} X \\ p(X) \end{bmatrix}=\begin{bmatrix} a_1, & a_2 \\ p(a_1), & p(a_2) \end{bmatrix}$$

当 $p(a_1)$和 $p(a_2)$中某一个概率 $p(a_2)$(或 $p(a_1)$)发生微小变动$+\varepsilon,\varepsilon>0$，则 $p(a_1)$(或 $p(a_2)$)将发生相应的微小波动$-\varepsilon$，形成另一个信源。

令两个信源的重量空间为：

$$\begin{bmatrix} X \\ W(X) \end{bmatrix}=\begin{bmatrix} X' \\ W(X') \end{bmatrix}=\begin{bmatrix} a_1, & a_2 \\ \omega_1, & \omega_2 \end{bmatrix} \tag{2-63}$$

信源 X'的加权熵：

$$H_W(X')=-\{\omega_1[p(a_1)-\varepsilon]\mathrm{lb}[p(a_1)-\varepsilon]+\omega_2[p(a_2)+\varepsilon]\mathrm{lb}[p(a_2)+\varepsilon]\} \tag{2-64}$$

当微小波动 $\varepsilon\to 0$ 时，有

$$\begin{aligned}\lim_{\varepsilon\to 0}H_W(X')&=\lim_{\varepsilon\to 0}-\{\omega_1[p(a_1)-\varepsilon]\mathrm{lb}[p(a_1)-\varepsilon]+\omega_2[p(a_2)+\varepsilon]\mathrm{lb}[p(a_2)+\varepsilon]\}\\&=-\{\omega_1 p(a_1)\mathrm{lb}\,p(a_1)+\omega_2 p(a_2)\mathrm{lb}(a_2)\}\\&=H_W(X)\end{aligned} \tag{2-65}$$

式(2-65)的结论很容易推广到信源消息数为 n 的情况。

加权熵的连续性表明，信源空间中概率分量的微小波动，不会引起加权熵值的很大变动。这仍是熵的总体平均性的体现。

3. 对称性

含有 n 个消息的离散信源，其加权熵

$$\begin{aligned}H_W(X)&=-\{\omega_1 p(a_1)\mathrm{lb}\,p(a_1)+\omega_2 p(a_2)\mathrm{lb}\,p(a_2)+\cdots+\omega_n p(a_n)\mathrm{lb}\,p(a_n)\}\\&=-\{\omega_2 p(a_2)\mathrm{lb}\,p(a_2)+\omega_1 p(a_1)\mathrm{lb}\,p(a_1)+\cdots+\omega_n p(a_n)\mathrm{lb}\,p(a_n)\}\\&=\cdots\\&=-\{\omega_n p(a_n)\mathrm{lb}\,p(a_n)+\cdots+\omega_2 p(a_2)\mathrm{lb}\,p(a_2)\\&\quad+\omega_1 p(a_1)\mathrm{lb}\,p(a_1)\}\end{aligned} \tag{2-66}$$

加权熵的对称性指的是信源概率 $p(a_1),p(a_2),\cdots,p(a_n)$及相应的重量 $\omega_1,\omega_2,\cdots,\omega_n$

的顺序任意互换时，加权熵的值不变。这是因为加权熵实际上是对信源概率的对数用相对应的重量和概率进行加权后再求和的结果。信源的概率及其相应的重量顺序互换时，只是求和顺序不同，并不影响求和的结果。加权熵的对称性说明它的值只取决于信源的概率空间及其相应的重量空间的总体结构，它与信源的具体消息无关。这仍然是熵的总体特性的表现。

4. 均匀性

设信源 X 是具有 n 个消息的等概信源，其加权熵为

$$H_W(X) = -\left\{\omega_1 \frac{1}{n}\mathrm{lb}\frac{1}{n} + \omega_2 \frac{1}{n}\mathrm{lb}\frac{1}{n} + \cdots + \omega_n \frac{1}{n}\mathrm{lb}\frac{1}{n}\right\}$$

$$= \frac{\omega_1 + \omega_2 + \cdots \omega_n}{n}\mathrm{lb}n \tag{2-67}$$

式(2-67)表明，等概信源的加权熵等于离散信源的最大熵与 n 个权重系数的算术平均值的乘积。

5. 等重性

当权重系数 $\omega_1 = \omega_2 = \cdots = \omega_n = \omega$，则加权熵

$$\begin{aligned} H_W(X) &= -\{\omega_1 p(a_1)\mathrm{lb}p(a_1) + \omega_2 p(a_2)\mathrm{lb}p(a_2) + \cdots + \omega_n p(a_n)\mathrm{lb}p(a_n)\} \\ &= -\{\omega p(a_1)\mathrm{lb}p(a_1) + \omega p(a_2)\mathrm{lb}p(a_2) + \cdots + \omega p(a_n)\mathrm{lb}p(a_n)\} \\ &= \omega\left[-\sum_{i=1}^{n} p(a_i)\mathrm{lb}p(a_i)\right] \\ &= \omega H(X) \end{aligned} \tag{2-68}$$

式(2-68)表明，权重系数均为 ω 的等重信源，其加权熵是信源熵的 ω 倍。

6. 确定性

若 $p(a_j)=1, p(a_j)=0(i=1,2,\cdots,n;\ i\neq j)$，则

$$\begin{aligned} H_W(X) &= -\{\omega_1 p(a_1)\mathrm{lb}p(a_1) + \omega_2 p(a_2)\mathrm{lb}p(a_2) + \cdots + \omega_n p(a_n)\mathrm{lb}p(a_n)\} \\ &= -\omega_j p(a_j)\mathrm{lb}p(a_j) - \sum_{\substack{i=1 \\ i\neq j}}^{n} \omega_i p(a_i)\mathrm{lb}p(a_i) \end{aligned} \tag{2-69}$$

式(2-69)中，第一部分由于 $\mathrm{lb}p(a_j)=0$，使第一项为零；第二部分由 $p(a_i)\mathrm{lb}p(a_i)=0$，使每个乘积项也为零，$(n-1)$个乘积项的和也为零，所以第二部分也为零。这个性质与香农熵的确定性性质一致。它的含义是：只包含一个实验结果的事件是确定事件，没有任何随机性，尽管发生的事件是有效用或有意义的，仍然不能提供任何信息量。

7. 非容性

设 I、J 表示整数域，且满足 $I \cup J = \{1,2,\cdots,n\}$，$I \cap J = \varnothing$(空集)，若对所有 $i \in I$，$\omega_{n+1} p(a_i)=0, \omega_i \neq 0$ 和对所有的 $j \in J$，$p(a_j)\neq 0, \omega_j = 0$，则

$$H_W(X) = -\{\omega_1 p(a_1)\mathrm{lb}p(a_1) + \omega_2 p(a_2)\mathrm{lb}p(a_2) + \cdots + \omega_n p(a_n)\mathrm{lb}p(a_n)\} = 0 \tag{2-70}$$

式(2-70)说明：如果可能的事件是无意义或无效用的，而有意义或有效用的事件是不可能的，它所提供的加权熵为零，而此时的香农熵不为零。

特殊情况下当所有的事件的重量都为零时，即使香农熵不为零，但得到的加权熵还是为零。意味着信源虽然以一定的客观概率发送某些消息，但是这些消息都是无效用或无意义的，那么这个信源也不提供任何信息。这说明加权熵确实在一定程度上反映了认识主体的主观意志，具有效用和意义的含义。

8. 扩展性

$$H_W^{n+1}(\omega_1,\omega_2,\cdots,\omega_n,\omega_{n+1};p(a_1),p(a_2),\cdots,p(a_n),p(a_{n+1})=0)$$
$$=H_W^n(\omega_1,\omega_2,\cdots,\omega_n;p(a_1),p(a_2),\cdots,p(a_n)) \tag{2-71}$$

式(2-71)表明，增加一个有效用或意义很大但是不可能发生的消息，其信源的加权熵值不变。换句话说，信源并不能提供更多的信息量。同理增加 S 个有效用的但不可能发生的消息，信源提供的信息量也不变。

9. 线性叠加性

对于权重系数为 $\omega_i\geqslant 0$ 的消息 $a_i,i=1,2,\cdots,n$，信源的加权熵记为

$$H_W^n(\omega_1,\omega_2,\cdots,\omega_n;p(a_1),p(a_2),\cdots,p(a_n))。$$

若 λ 为一非负实数，则对于同一信源但权重系数分别为 $\lambda\omega_i$ 的加权熵

$$H_{\lambda W}^n(\lambda\omega_1,\lambda\omega_2,\cdots,\lambda\omega_n;p(a_1),p(a_2),\cdots,p(a_n))$$
$$=\lambda W_W^n(\omega_1,\omega_2,\cdots,\omega_n;p(a_1),p(a_2),\cdots,p(a_n)) \tag{2-72}$$

式(2-72)表明，当某一信源发出的不同消息的效用或意义同时扩大若干倍时，其加权熵也扩大同样的倍数。

10. 最大值

加权熵的定义式 $H_W^n(\omega_1,\omega_2,\cdots,\omega_n;p(a_1),p(a_2),\cdots,p(a_n))$ 中，权重系数 ω_i 是给定的，概率分量 $p(a_i)(i=1,2,\cdots,n)$ 是变量。那么加权熵 $H_W^n(\omega_1,\omega_2,\cdots,\omega_n;p(a_1),p(a_2),\cdots,p(a_n))$ 在变量取什么值时能够达到最大值？

构造一个辅助函数

$$\varphi(p(a_1),p(a_2),\cdots,p(a_n))$$
$$=H_W^n(\omega_1,\omega_2,\cdots,\omega_n;p(a_1),p(a_2),\cdots,p(a_n))+\lambda\left[\sum_{i=1}^n p(a_i)-1\right] \tag{2-73}$$

为了研究方便，取底数 $a=\mathrm{e}$，φ 函数对 $p(a_i)$ 求偏导并令其为 0

$$\frac{\partial}{\partial p(a_i)}\varphi(p(a_1),p(a_2),\cdots,p(a_n))$$
$$=\frac{\partial}{\partial p(a_i)}\left\{-\sum_{i=1}^n\omega_i p(a_i)\ln p(a_i)+\lambda\left[\sum_{i=1}^n p(a_i)-1\right]\right\}$$
$$=-\omega_i(1+\ln p(a_i))+\lambda=0$$

可得到 n 个概率分量为

$$p(a_i)=\mathrm{e}^{\frac{\lambda}{\omega_i}-1} \tag{2-74}$$

待定常数 λ 由约束方程

$$\sum_{i=1}^n p(a_i)=1=\sum_{i=1}^n \mathrm{e}^{\frac{\lambda}{\omega_i}-1} \tag{2-75}$$

求出。

加权熵

$$
\begin{aligned}
&H_W^n(\omega_1,\omega_2,\cdots,\omega_n;p(a_1),p(a_2),\cdots,p(a_n))_{\max}\\
=&-\sum_{i=1}^{n}\omega_i p(a_i)\ln p(a_i)\\
=&-\sum_{i=1}^{n}\omega_i \mathrm{e}^{\frac{\lambda}{\omega_i}-1}\ln \mathrm{e}^{\frac{\lambda}{\omega_i}-1}\\
=&-\sum_{i=1}^{n}\omega_i \mathrm{e}^{\frac{\lambda}{\omega_i}-1}\left[\frac{\lambda}{\omega_i}-1\right]\\
=&-\sum_{i=1}^{n}\lambda \mathrm{e}^{\frac{\lambda}{\omega_i}-1}+\sum_{i=1}^{n}\omega_i \mathrm{e}^{\frac{\lambda}{\omega_i}-1}
\end{aligned}
$$

由式(2-75)

$$
\begin{aligned}
&H_W^n(\omega_1,\omega_2,\cdots,\omega_n;p(a_1),p(a_2),\cdots,p(a_n))_{\max}\\
=&-\lambda+\sum_{i=1}^{n}\omega_i \mathrm{e}^{\frac{\lambda}{\omega_i}-1}=\sum_{i=1}^{n}\omega_i \mathrm{e}^{\frac{\lambda}{\omega_i}-1}-\lambda
\end{aligned}
\tag{2-76}
$$

加权熵的最大值不仅与信源的消息数 n 有关，而且与权重系数 ω_i 有关。

当 $\omega_1=\omega_2=\cdots\omega_n=1$ 时，有

$$p(a_i)=\mathrm{e}^{\lambda-1}\quad(i=1,2,\cdots,n)$$

由概率的归一性

$$\sum_{i=1}^{n}p(a_i)=\sum_{i=1}^{n}\mathrm{e}^{\lambda-1}=1$$

即有

$$p(a_i)=\mathrm{e}^{\lambda-1}=\frac{1}{n}\quad(i=1,2,\cdots,n)$$

则

$$\lambda=1-\ln n$$

所以

$$
\begin{aligned}
&H_W^n(\omega_1,\omega_2,\cdots,\omega_n;p(a_1),p(a_2),\cdots,p(a_n))_{\max}\\
=&1-1+\ln n=\ln n
\end{aligned}
\tag{2-77}
$$

式(2-77)说明：当 $\omega_1=\omega_2=\cdots\omega_n=1$，加权熵的最大值与香农熵的最大值一致。香农熵可以看作是加权熵权重系数为 1 时的特例。

2.8　平均互信息量

熵是自信息量的数学期望，本节讨论互信息量的数学期望，即平均互信息量。

式(2-20)定义了联合概率空间 $\begin{bmatrix}XY\\P(XY)\end{bmatrix}$ 中的一对事件 $a_i\in X$ 和 $b_j\in Y$ 之间的互信息 $I(a_i;b_j)$，它是一个定义在联合集 XY 中的随机变量。如果互信息量 $I(a_i;b_j)$ 对集合 X 上的概率分布进行统计平均，便得到联合集 XY 上的平均条件互信息量 $I(X;b_j)$。

定义联合概率空间$\begin{bmatrix} XY \\ P(XY) \end{bmatrix}$，在给定某一 $b_j \in Y$ 条件下的互信息量 $I(a_i;b_j)$在集合 X 上的数学期望为$I(X;b_j)$。

$$I(X;b_j) = E_X[I(a_i;b_j)] = \sum_{a_i \in X} p(a_i/b_j) I(a_i;b_j)$$

$$= \sum_{a_i \in X} p(a_i/b_j) \operatorname{lb} \frac{p(a_i/b_j)}{p(a_i)} \tag{2-78}$$

式(2-78)为联合概率空间$\begin{bmatrix} XY \\ P(XY) \end{bmatrix}$中的平均条件互信息量。

平均条件互信息量 $I(X;b_j)$是在特定事件 $b_j \in Y$ 出现时所提供的关于集合 X 中的各事件 a_i 的平均信息量。它等于由事件 $b_j \in Y$ 所提供的关于各事件 $a_i \in X$ 互信息量 $I(a_i;b_j)$在整个集合 X 中的后验概率 $p(a_i/b_j)$的加权平均值。

同理，可定义平均条件互信息量

$$I(a_i;Y) = E_Y[I(a_i;b_j)] = \sum_{b_j \in Y} p(a_i/b_j) I(a_i;b_j)$$

$$= \sum_{b_j \in Y} p(b_j/a_i) \operatorname{lb} \frac{p(b_j/a_i)}{p(b_j)} \tag{2-79}$$

平均条件互信息量 $I(X;b_j)$，$I(a_i;Y)$以下的性质：

$$I(X;b_j) \geqslant 0 \tag{2-80}$$

$$I(a_i;Y) \geqslant 0 \tag{2-81}$$

当且仅当集合 X 和 Y 彼此独立时，对于任何 $a_i \in X$，$b_j \in Y$ 式(2-80)、式(2-81)取等号。

证明：对式(2-78)改写如下

$$I(X;b_j) = E_X[I(a_i;b_j)] = \sum_{b_j \in Y} p(a_i/b_j) \operatorname{lb} \frac{p(b_j)}{p(a_i/b_j)}$$

$$\leqslant \operatorname{lb} \mathrm{e} \sum_{a_i \in X} p(a_i/b_j) \left[\frac{p(a_i)}{p(a_i/b_j)} - 1 \right]$$

$$= 0$$

可得

$$I(X;b_j) \geqslant 0$$

只有当集合 X 和集合 Y 彼此独立时，才对所有的 $a_i \in X$ 存在$\frac{p(a_i)}{p(a_i/b_j)} = 1$，使式(2-80)取等号。

同理，可证式(2-81)成立。

若 $b_j \in Y$ 表示通过有扰信道的一个接收消息(符号)，而 a_i 表示集合 X 中一个可能被传输的消息，那么在有扰信道中由接收到的符号 $b_j \in Y$ 所提供的关于传输整个消息集合 X 的平均信息量总是非负值。也就是说，对于某一事件 $b_j \in Y$ 的观察总是有助于对于整个集合 X 中任一事件出现的判断。但必须指出，接收到一个符号对于某一消息所提供的互信息量却有可能是负值，这是当该消息的后验概率小于其先验概率的情况。

平均条件互信息量 $I(X;b_j)$ 亦是定义在集合 Y 中的随机变量，因而可以再次进行统计平均。联合概率空间 $\begin{bmatrix} XY \\ P(XY) \end{bmatrix}$ 中的平均条件互信息量 $I(X;b_j)$ 在整个集合 Y 上的概率加权平均值

$$\begin{aligned} E_Y[I(X;b_j)] &= \sum_{b_j \in Y} p(b_j) I(X;b_j) \\ &= \sum_{a_i \in X} \sum_{b_j \in Y} p(a_i b_j) \mathrm{lb} \frac{p(a_i/b_j)}{p(a_i)} \\ &= \sum_{a_i \in X} \sum_{b_j \in Y} p(a_i b_j) \mathrm{lb} \frac{p(a_i b_j)}{p(a_i) p(b_j)} \end{aligned} \tag{2-82}$$

平均条件互信息量 $I(a_i;Y)$ 在集合 X 上的概率加权平均值，即为

$$\begin{aligned} E_X[I(a_i;Y)] &= \sum_{a_i \in X} p(a_i) I(a_i;Y) \\ &= \sum_{a_i \in X} \sum_{b_j \in Y} p(a_i b_j) \mathrm{lb} \frac{p(b_j/a_i)}{p(b_j)} \\ &= \sum_{a_i \in X} \sum_{b_j \in Y} p(a_i b_j) \mathrm{lb} \frac{p(a_i b_j)}{p(a_i) p(b_j)} \end{aligned} \tag{2-83}$$

互信息量 $I(a_i;b_j)$ 在联合集 XY 上的概率加权平均值为

$$\begin{aligned} E_{XY}[I(a_i;b_j)] &= \sum_{a_i \in X} \sum_{b_j \in Y} p(a_i b_j) I(a_i;b_j) \\ &= \sum_{a_i \in X} \sum_{b_j \in Y} p(a_i b_j) \mathrm{lb} \frac{p(a_i b_j)}{p(a_i) p(b_j)} \end{aligned} \tag{2-84}$$

由此，定义集合 X 和集合 Y 之间的平均互信息量 $I(X;Y)$ 为：在联合概率空间 $\begin{bmatrix} XY \\ P(XY) \end{bmatrix}$ 中，

$$\begin{aligned} \sum_{b_j \in Y} p(b_j) I(X;b_j) &= \sum_{a_i \in X} p(a_i) I(a_i;Y) \\ &= \sum_{a_i \in X} \sum_{b_j \in Y} p(a_i b_j) I(a_i;b_j) \\ &= I(X;Y) \end{aligned} \tag{2-85}$$

式(2-85)中，当 $a_i = b_j$ 时，

$$I(a_i;b_j) = \mathrm{lb} \frac{p(b_j/a_i)}{p(b_j)} = \mathrm{lb} \frac{p(a_i/a_i)}{p(a_i)} = \mathrm{lb} \frac{1}{p(a_i)} = I(a_i) \tag{2-86}$$

当 $X=Y$，平均互信息量 $I(X;Y)$ 就是信源的熵 $H(X)$。

平均互信息量描述两个集合之间，一个集合中事件出现后所提供的关于另一个集合中事件出现的信息量的概率加权平均值。

根据定义，平均互信息量 $I(X;Y)$ 具有如下的性质。

1. 非负性

$$I(X;Y) \geqslant 0 \tag{2-87}$$

当且仅当集合 X 和集合 Y 相互独立时，式(2-87)等号成立。

平均互信息量的非负性可以由平均条件互信息量的非负性式(2-80)和式(2-81)直接推导得到。

平均互信息量的非负性表明，从一个变量 Y 取得另一个变量 X 的平均信息，其最坏情况是零，不会由于知道一个变量反而使另一个变量的平均不确定度增加。

利用平均互信息量的非负性也可以证明无条件熵大于条件熵：

由于 $H(X)\geqslant 0, I(X;Y)=H(X)-H(X/Y)=H(Y)-H(Y/X)$ 及平均互信息的非负性，有 $H(X)\geqslant H(X/Y)$ 和 $H(Y)\geqslant H(Y/X)$。

也就是无条件熵大于条件熵。

2. 互易性(对称性)

$$I(X;Y)=I(Y;X) \tag{2-88}$$

根据互信息的互易性，即

$$I(a_i;b_j)=I(b_j;a_i)$$

将该式代入式(2-85)中，有

$$\begin{aligned} I(X;Y) &= \sum_{a_i\in X}\sum_{b_j\in Y} p(a_ib_j)I(a_i;b_j) \\ &= \sum_{a_i\in X}\sum_{b_j\in Y} p(a_ib_j)I(b_j;a_i) \\ &= I(Y;X) \end{aligned}$$

$I(X;Y)$表示从集合 Y 中提供的关于集合 X 平均信息量，而 $I(Y;X)$表示从集合 X 中提供的关于集合 Y 的平均信息量，它们是相等的。

3. 平均互信息量可用熵和条件熵或联合熵表示

平均互信息量可用熵和条件熵或联合熵表示即

$$I(X;Y)=H(X)-H(X/Y) \tag{2-89}$$

$$=H(Y)-H(Y/X) \tag{2-90}$$

$$=H(X)+H(Y)-H(XY) \tag{2-91}$$

这三个关系式的推导如下：

$$\begin{aligned} I(X;Y) &= \sum_{a_i\in X}\sum_{b_j\in Y} p(a_ib_j)\operatorname{lb}\frac{p(a_i/b_j)}{p(a_i)} \\ &= -\sum_{a_i\in X}P(a_i)\operatorname{lb}p(a_i)+\sum_{a_i\in X}\sum_{b_j\in Y}p(a_ib_j)\operatorname{lb}p(a_i/b_j) \\ &= H(Y)-H(Y/X) \end{aligned}$$

$$\begin{aligned} I(X;Y) &= \sum_{a_i\in X}\sum_{b_j\in Y} p(a_ib_j)\operatorname{lb}\frac{p(b_j/a_i)}{p(b_j)} \\ &= -\sum_{b_j\in Y}P(b_j)\operatorname{lb}p(b_j)+\sum_{a_i\in X}\sum_{b_j\in Y}p(a_ib_j)\operatorname{lb}p(b_j/a_i) \\ &= H(Y)-H(Y/X) \end{aligned}$$

$$
\begin{aligned}
I(X;Y) &= \sum_{a_i \in X} \sum_{b_j \in Y} p(a_i b_j) \operatorname{lb} \frac{p(a_i b_j)}{p(a_i) p(b_j)} \\
&= -\sum_{a_i \in X} P(a_i) \operatorname{lb} p(a_i) - \sum_{b_j \in Y} P(b_j) \operatorname{lb} p(b_j) + \sum_{a_i \in X} \sum_{b_j \in Y} p(a_i b_j) \operatorname{lb} p(a_i b_j) \\
&= H(X) + H(Y) - H(XY)
\end{aligned}
$$

由式(2-89)可知，平均互信息量 $I(X;Y)$ 是熵 $H(X)$ 和条件熵 $H(X/Y)$ 之差。$H(X)$ 是集合 X 的平均不确定度，而 $H(X/Y)$ 是当集合 Y 已知时关于集合 X 的平均不确定度。那么，平均互信息量 $I(X;Y)$ 便是：Y 已知这件事使集合 X 平均不确定度的减少量。这就意味着，平均互信息量 $I(X;Y)$ 是 Y 已知后所获得的关于集合 X 的平均信息量，这就是集合 Y 提供给集合 X 的平均信息量。

在通信系统中，把 X 看作发送端的消息集合即信源的消息集合，Y 是接收端，即信道输出端的消息集合，则式(2-89)表示的平均互信息量 $I(X;Y)$ 就是在接收端所能获得的关于发送消息 X 的平均信息量。它等于发送端消息集合的平均不确定度，即信源可提供的平均信息量 $H(X)$，减去在接收端收到 Y 后发送端消息集合 X 还保留的平均不确定度 $H(X/Y)$，这个条件熵 $H(X/Y)$ 通常称为疑义度，它是由信道干扰影响而产生的平均损失的信息量，所以也称为损失熵。由式(2-90)可知，平均互信息量 $I(X;Y)$ 还等于接收到 Y 后获得的平均信息量即接收端消息符号集合 Y 的平均不确定度 $H(Y)$，减去发送消息 X 时由于信道干扰影响使接收的 Y 存在的平均不确定度 $H(Y/X)$，该条件熵 $H(Y/X)$ 通常称为散布度，信道干扰越严重，散布度就越大，从而在接收到 Y 后获得关于发送 X 的平均信息量就越小，条件熵 $H(Y/X)$ 也称为噪声熵。式(2-91)表明集合 X 和集合 Y 之间的平均互信息量表征了两个集合之间相互约束的紧密程度。

当 X 和 Y 相互独立时，则有

$$
\begin{aligned}
H(X/Y) &= H(X) \\
H(Y/X) &= H(Y) \\
H(XY) &= H(X) + H(Y)
\end{aligned}
$$

此时，平均互信息量

$$I(X;Y) = 0$$

这时就无法从 Y 中提取关于 X 的信息。而当 X 和 Y 完全相关，即 Y 与 X 是确定的一一对应的函数关系时，则当 $a_i \in X$ 和 $b_j \in Y$ 满足确定的函数关系时，条件概率

$$p(a_i/b_j) = 1 \quad \text{和} \quad p(b_j/a_i) = 1$$

而不满足该确定的函数关系的 $a_i \in X$ 和 $b_j \in Y$，条件概率

$$p(a_i/b_j) = 0 \quad \text{和} \quad p(b_j/a_i) = 0$$

这样的条件概率所导出的条件熵将等于零，即

$$H(X/Y) = 0 \quad \text{和} \quad H(Y/X) = 0$$

此时，平均互信息量 $I(X;Y) = H(X) = H(Y)$。

可见，当 X 和 Y 完全相关时，已知 Y 就完全解除了关于 X 的平均不确定度。同样，可以从 X 充分获得关于 Y 的信息。

在一般情况下，X 和 Y 既非彼此独立，也不是确定的一一对应关系，那么从 Y 中获得

X 的平均信息量必定在零和 $H(X)$之间。

4. 极值性

极值性即

$$I(X;Y) \leqslant H(X) \tag{2-92}$$

$$I(X;Y) \leqslant H(Y) \tag{2-93}$$

式(2-92)和式(2-93)两个不等式可由熵和条件熵的非负性及式(2-89)和式(2-90)得到。当 $X=Y$ 时,等号成立。

式(2-91)还可以改写成

$$H(XY) = H(X) + H(Y) - I(X;Y)$$

平均互信息量、熵、联合熵和条件熵之间的关系可以用图 2.5 所示的维纳图表示。

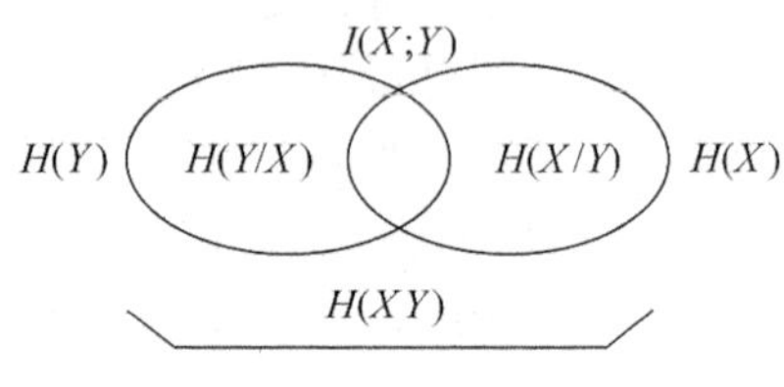

图 2.5 维纳图

5. 平均互信息量的凸函数性质

在通信系统中,把 X 看作是信道输入消息集合,Y 为信道输出符号的集合,有平均互信息量的定义式

$$I(X;Y) = \sum_{a_i \in X} \sum_{b_j \in Y} p(a_i b_j) \text{lb} \frac{p(a_i/b_j)}{p(a_i)}$$

$$\sum_{a_i \in X} \sum_{b_j \in Y} p(a_i) p(b_j/a_i) \text{lb} \frac{p(b_j/a_i)}{\sum_{b_j \in Y} p(a_i) p(b_j/a_i)} \tag{2-94}$$

可见,平均互信息量 $I(X;Y)$是输入消息的概率分布 $p(a_i)$和信道引起的转移概率分布 $p(b_j/a_i)$的函数。下面讨论一下,平均互信息量 $I(X;Y)$和与信源的概率分布 $p(a_i)$及信道转移概率分布 $p(b_j/a_i)$之间的关系。

(1) 当信道的转移概率分布 $p(b_j/a_i)$给定时,平均互信息量 $I(X;Y)$是输入概率分布 $p(a_i)$的上凸函数。

当条件概论分布 $p(b_j/a_i)$给定时,平均互信息量 $I(X;Y)$只是输入概率分布这 $p(a_i)$的函数,可记为 $I[p(a_i)]$。所谓上凸函数,是指同一信源集合$\{a_1,a_2,a_3,\cdots,a_n\}$,对应两个不同的概率分布 $p_1(a_i)$和 $p_2(a_i)$($i=1,2,\cdots,n$),若有小于 1 的正数 $0<\alpha<1$,使不等式

$$f[\alpha p_1(a_i) + (1-\alpha) p_2(a_i)] \geqslant \alpha f[p_1(a_i)] + (1-\alpha) f[p_2(a_i)] \tag{2-95}$$

成立,则称函数 f 为 $p(a_i)$的上凸函数,如果式(2-95)中仅有大于号成立,则称 f 为严格的上凸函数。下面来证明当信道的转移概率分布 $p(b_j/a_i)$给定时,平均互信息量 $I(X;Y)$是输入概率分布 $p(a_i)$的上凸函数。

证明:令 $p_\alpha(a_i)=\alpha p_1(a_i)+(1-\alpha)p_2(a_i)$,因 $p_\alpha(a_i)$是 $p_1(a_i)$和 $p_2(a_i)$的线性组合,$p_\alpha(a_i)$构成一个新的概率分布,它们对应的平均互信息量分别为

$$I[p_1(a_i)] = \sum_{a_i \in X} \sum_{b_j \in Y} p_1(a_i b_j) \text{lb} \frac{p(b_j/a_i)}{p_1(b_j)}$$

$$I[p_2(a_i)] = \sum_{a_i \in X} \sum_{b_j \in Y} p_2(a_i b_j) \text{lb} \frac{p(b_j/a_i)}{p_2(b_j)}$$

$$I[p_\alpha(a_i)] = \sum_{a_i \in X} \sum_{b_j \in Y} p_\alpha(a_i b_j) \mathrm{lb} \frac{p(b_j/a_i)}{p_\alpha(b_j)}$$

要证明定理，就是要证明 $I[p_\alpha(a_i)] \geqslant \alpha I[p_1(a_i)] + (1-\alpha) I[p_2(a_i)]$成立。

$$\begin{aligned}
I[p_\alpha(a_i)] &= \sum_{a_i \in X} \sum_{b_j \notin Y} p_\alpha(a_i b_j) \mathrm{lb} \frac{p(b_j/a_i)}{p_\alpha(b_j)} \\
&= \sum_{a_i \in X} \sum_{b_j \in Y} [\alpha p_1(a_i b_j) + (1-\alpha) p_2(a_i b_j)] \mathrm{lb} \frac{p(b_j/a_i)}{p_\alpha(b_j)} \\
&= \alpha \sum_{a_i \in X} \sum_{b_j \in Y} p_1(a_i b_j) \mathrm{lb} \frac{p(b_j/a_i)}{p_\alpha(b_j)} + (1-\alpha) \sum_{a_i \in X} \sum_{b_j \in Y} p_2(a_i b_j) \mathrm{lb} \frac{p(b_j/a_i)}{p_\alpha(b_j)} \\
&= \alpha \sum_{a_i \in X} \sum_{b_j \in Y} p_1(a_i b_j) \mathrm{lb} \frac{p(b_j/a_i)}{p_1(b_j)} \frac{p_1(b_j)}{p_\alpha(b_j)} \\
&\quad + (1-\alpha) \sum_{a_i \in X} \sum_{b_j \in Y} p_2(a_i b_j) \mathrm{lb} \frac{p(b_j/a_i)}{p_1(b_j)} \frac{p_1(b_j)}{p_\alpha(b_j)} \\
&= \alpha \sum_{a_i \in X} \sum_{b_j \in Y} p_1(a_i b_j) \mathrm{lb} \frac{p(b_j/a_i)}{p_1(b_j)} + (1-\alpha) \sum_{a_i \in X} \sum_{b_j \in Y} p_2(a_i b_j) \mathrm{lb} \frac{p(b_j/a_i)}{p_1(b_j)} \\
&\quad + \alpha \sum_{a_i \in X} \sum_{b_j \in Y} p_1(a_i b_j) \mathrm{lb} \frac{p_1(b_j)}{p_\alpha(b_j)} + (1-\alpha) \sum_{a_i \in X} \sum_{b_j \in Y} p_2(a_i b_j) \mathrm{lb} \frac{p_1(b_j)}{p_\alpha(b_j)}
\end{aligned}$$

其中，

$$\begin{aligned}
-\alpha \sum_{a_i \in X} \sum_{b_j \in Y} p_1(a_i b_j) \mathrm{lb} \frac{p_1(b_j)}{p_\alpha(b_j)} &= \alpha \sum_{a_i \in X} \sum_{b_j \in Y} p_1(a_i b_j) \mathrm{lb} \frac{p_\alpha(b_j)}{p_1(b_j)} \\
&= \alpha \mathrm{lbe} \sum_{b_j \in Y} p_1(b_j) \ln \frac{p_\alpha(b_j)}{p_1(b_j)} \\
&\leqslant \alpha \mathrm{lbe} \sum_{b_j \in Y} p_1(b_j) \left[\frac{p_\alpha(b_j)}{p_1(b_j)} - 1 \right] \\
&= 0
\end{aligned}$$

所以

$$\alpha \sum_{a_i \in X} \sum_{b_j \in Y} p_1(a_i b_j) \mathrm{lb} \frac{p_1(b_j)}{p_\alpha(b_j)} \geqslant 0$$

同理

$$(1-\alpha) \sum_{a_i \in X} \sum_{b_j \in Y} p_2(a_i b_j) \mathrm{lb} \frac{p_2(b_j)}{p_\alpha(b_j)} \geqslant 0$$

$$\begin{aligned}
I[p_\alpha(a_i)] &= \alpha I[p_1(a_i)] + (1-\alpha) I[p_2(a_i)] + \alpha \sum_{a_i \in X} \sum_{b_j \in Y} p_1(a_i b_j) \mathrm{lb} \frac{p_1(b_j)}{p_\alpha(b_j)} \\
&\quad + (1-\alpha) \sum_{a_i \in X} \sum_{b_j \in Y} p_2(a_i b_j) \mathrm{lb} \frac{p_2(b_j)}{p_\alpha(b_j)}
\end{aligned}$$

所以，

$$I[p_\alpha(a_i)] \geqslant \alpha I[p_1(a_i)] + (1-\alpha) I[p_2(a_i)]$$

定理得证。由此可得熵的上凸性。

(2) 当信源 X 的概率分布 $p(a_i)$保持不变时，平均互信息量 $I(X;Y)$是条件概率分布

$p(b_j/a_i)$的下凸函数。

证明：输入概率分布 $p(a_i)$保持不变时，平均互信息量 $I(X;Y)$只是条件概率分布 $p(b_j/a_i)$的函数，可将其简记为 $I[p(b_j/a_i)]$。所谓下凸函数，即对两个不同的条件概率分布 $p_1(b_j/a_i)$和 $p_2(b_j/a_i)$($i=1,2,\cdots,n;j=1,2,\cdots,m$)，若有小于 1 的正数 $0<\alpha<1$，使不等式

$$f[\alpha p_1(b_j/a_i)+(1-\alpha)p_2(b_j/a_i)]\leqslant \alpha f[p_1(b_j/a_i)]+(1-\alpha)f[p_2(b_j/a_i)] \tag{2-96}$$

成立，则称函数 f 为 $p(b_j/a_i)$的上凸函数，如果式(2-85)中仅有小于号成立，则称 f 为严格的下凸函数。下面来证明当信道的输入概率分布 $p(a_i)$给定时，平均互信息量 $I(X;Y)$是转移概率分布 $p(b_j/a_i)$的下凸函数。

令

$$p_\alpha(b_j/a_i)=\alpha p_1(b_j/a_i)+(1-\alpha)p_2(b_j/a_i)$$

因 $p_\alpha(b_j/a_i)$是 $p_1(b_j/a_i)$和 $p_2(b_j/a_i)$的线性组合，$p_\alpha(b_j/a_i)$构成一个新的概率分布，它们对应的平均互信息量分别为：

$$I[p_1(b_j/a_i)]=\sum_{a_i\in X}\sum_{b_j\in Y}p_1(a_ib_j)\operatorname{lb}\frac{p_1(b_j/a_i)}{p_1(b_j)}$$

$$I[p_2(b_j/a_i)]=\sum_{a_i\in X}\sum_{b_j\in Y}p_2(a_ib_j)\operatorname{lb}\frac{p_2(b_j/a_i)}{p_2(b_j)}$$

$$I[p_\alpha(b_j/a_i)]=\sum_{a_i\in X}\sum_{b_j\in Y}p_\alpha(a_ib_j)\operatorname{lb}\frac{p_\alpha(b_j/a_i)}{p_\alpha(b_j)}$$

其中联合概率分布

$$p_1(a_ib_j)=p(a_i)p_1(b_j/a_i)$$

$$p_2(a_ib_j)=p(a_i)p_2(b_j/a_i)$$

$$p_\alpha(a_ib_j)=p(a_i)p_\alpha(b_j/a_i)=\alpha p_1(a_ib_j)+(1-\alpha)p_2(a_ib_j)$$

而集合 Y 的概率分布为

$$p_1(b_j)=\sum_{a_i\in X}p(a_i)p_1(b_j/a_i)$$

$$p_2(b_j)=\sum_{a_i\in X}p(a_i)p_2(b_j/a_i)$$

$$p_\alpha(b_j)=\sum_{a_i\in X}p(a_i)p_\alpha(b_j/a_i)=\alpha p_1(b_j)+(1-\alpha)p_2(b_j)$$

要证明定理，需要证明 $I[p_\alpha(b_j/a_i)]\leqslant\alpha I[p_1(b_j/a_i)]+(1-\alpha)I[p_2(b_j/a_i)]$成立。

$$\begin{aligned}
&I[p_\alpha(b_j/a_i)]-\{\alpha I[p_1(b_j/a_i)]+(1-\alpha)I[p_2(b_j/a_i)]\}\\
&=\sum_{a_i\in X}\sum_{b_j\in Y}p_\alpha(a_ib_j)\operatorname{lb}\frac{p_\alpha(b_j/a_i)}{p_\alpha(b_j)}-\alpha\sum_{a_i\in X}\sum_{b_j\in Y}p_1(a_ib_j)\operatorname{lb}\frac{p_1(b_j/a_i)}{p_1(b_j)}\\
&\quad-(1-\alpha)\sum_{a_i\in X}\sum_{b_j\in Y}p_2(a_ib_j)\operatorname{lb}\frac{p_2(b_j/a_i)}{p_2(b_j)}\\
&=\sum_{a_i\in X}\sum_{b_j\in Y}[\alpha p_1(a_ib_j)+(1-\alpha)p_2(a_ib_j)]\operatorname{lb}\frac{p_\alpha(b_j/a_i)}{p_\alpha(b_j)}\\
&\quad-\alpha\sum_{a_i\in X}\sum_{b_j\in Y}p_1(a_ib_j)\operatorname{lb}\frac{p_1(b_j/a_i)}{p_1(b_j)}-(1-\alpha)\sum_{a_i\in X}\sum_{b_j\in Y}p_2(a_ib_j)\operatorname{lb}\frac{p_2(b_j/a_i)}{p_2(b_j)}
\end{aligned}$$

$$=\alpha\sum_{a_i\in X}\sum_{b_j\in Y}p_1(a_ib_j)\text{lb}\,\frac{p_\alpha(b_j/a_i)p_1(b_j)}{p_\alpha(b_j)p_1(b_j/a_i)}+(1-\alpha)\sum_{a_i\in X}\sum_{b_j\in Y}p_2(a_ib_j)\text{lb}\,\frac{p_\alpha(b_j/a_i)p_2(b_j)}{p_\alpha(b_j)p_2(b_j/a_i)}$$

$$\leqslant\text{lbe}\left\{\alpha\sum_{a_i\in X}\sum_{b_j\in Y}p_1(a_ib_j)\left[\frac{p_\alpha(b_j/a_i)p_1(b_j)}{p_\alpha(b_j)p_1(b_j/a_i)}-1\right]\right.$$

$$\left.+(1-\alpha)\sum_{a_i\in X}\sum_{b_j\in Y}p_2(a_ib_j)\left[\frac{p_\alpha(b_j/a_i)p_2(b_j)}{p_\alpha(b_j)p_2(b_j/a_i)}-1\right]\right\}$$

$$=0$$

其中，

$$\sum_{a_i\in X}\sum_{b_j\in Y}p_1(a_ib_j)\left[\frac{p_\alpha(b_j/a_i)p_1(b_j)}{p_\alpha(b_j)p_1(b_j/a_i)}-1\right]$$

$$=\sum_{a_i\in X}\sum_{b_j\in Y}p(a_i)p_1(b_j/a_i)\left[\frac{p_\alpha(b_j/a_i)p_1(b_j)}{p_\alpha(b_j)p_1(b_j/a_i)}-1\right]$$

$$=\sum_{a_i\in X}\sum_{b_j\in Y}\frac{p(a_i)p_\alpha(b_j/a_i)p_1(b_j)}{p_\alpha(b_j)}-\sum_{a_i\in X}\sum_{b_j\in Y}p_1(a_ib_j)$$

$$=\sum_{b_j\in Y}p_1(b_j)\frac{\sum_{a_i\in X}p(a_i)p_\alpha(b_j/a_i)}{p_\alpha(b_j)}-1$$

$$=\sum_{b_j\in Y}p_1(b_j)\frac{\sum_{a_i\in X}p_\alpha(a_ib_j)}{p_\alpha(b_j)}-1$$

$$=\sum_{b_j\in Y}p_1(b_j)-1$$

$$=0$$

同理可得

$$\sum_{a_i\in X}\sum_{b_j\in Y}p_2(a_ib_j)\left[\frac{p_\alpha(b_j/a_i)p_2(b_j)}{p_\alpha(b_j)p_2(b_j/a_i)}-1\right]=0$$

因此 $I[p_\alpha(b_j/a_i)]\leqslant\alpha I[p_1(b_j/a_i)]+(1-\alpha)I[p_2(b_j/a_i)]$成立。

类似于平均互信息量的定义，在三维概率空间$\begin{bmatrix}XYZ\\p(a_ib_jc_k)\end{bmatrix}$也可以给出条件平均互信息量和联合平均互信息量。

对于给定的三维概率空间$\begin{bmatrix}XYZ\\p(a_ib_jc_k)\end{bmatrix}$，其条件互信息量 $I(a_i;b_j/c_k)$的数学期望为平均条件互信息量，即

$$I(X;Y/Z)=E_{XYZ}[I(a_i;b_j/c_k)]$$

$$=\sum_{a_i\in X}\sum_{b_j\in Y}\sum_{c_k\in Z}p(a_ib_jc_k)\text{lb}\,\frac{p(a_i/b_jc_k)}{p(a_i/c_k)}\tag{2-97}$$

对于给定的三维概率空间$\begin{bmatrix}XYZ\\p(a_ib_jc_k)\end{bmatrix}$，其联合互信息量 $I(a_i;b_jc_k)$的数学期望为联合平

均互信息量，即

$$I(X;YZ)=E_{XYZ}[I(a_i;b_jc_k)]$$
$$=\sum_{a_i\in X}\sum_{b_j\in Y}\sum_{c_k\in Z}p(a_ib_jc_k)\text{lb}\frac{p(a_i/b_jc_k)}{p(a_i)} \tag{2-98}$$

由式(2-97)和式(2-98)，可以得到

$$I(X;Y/Z)\geqslant 0 \tag{2-99}$$
$$I(X;YZ)\geqslant 0 \tag{2-100}$$
$$I(X;Y/Z)=H(X/Z)-H(X/YZ) \tag{2-101}$$
$$I(X;YZ)=I(YZ;X) \tag{2-102}$$
$$=I(X;Y)+I(X;Z/Y) \tag{2-103}$$
$$=I(X;Z)+I(X;Y/Z) \tag{2-104}$$

在 Z 出现的条件下，X 与 Y 相互独立，即

$$p(a_ib_j/c_k)=p(a_i/c_k)p(b_j/c_k),\quad a_i\in X,b_j\in Y,c_k\in Z$$

则有

$$H(X/YZ)=H(X/Z)$$

此时

$$I(X;Y/Z)=0$$

条件平均互信息量和联合平均互信息量的定义以及以上各种关系式，都可以推广到多维概率空间，这里不再赘述。

2.9 信息不增性原理

下面在条件平均和信息量及联合平均互信息量定义的基础上，来研究数据处理过程中信息的变化。

信息处理已成为信息系统的一个重要环节。随着计算机技术的发展，信息处理系统变得越来越复杂，其处理功能也越来越强，效果越来越好，例如图像处理中使原本受噪声污染的图像变得更加清晰；语音处理能增强语音的可懂度，甚至还有增强的效果。这就使人们产生一种错觉，认为通过信息处理可以增加信息，甚至会获得新的信息。究竟是不是这样呢？下面来进行研究。

设有一个信源符号集为 X，其概率空间可写为

$$\begin{bmatrix}X\\p(X)\end{bmatrix}=\begin{bmatrix}a_1, & a_2, & \cdots, & a_n\\p(a_1), & p(a_2), & \cdots, & p(a_n)\end{bmatrix}$$

Y 代表 X 传输或变换后的输出概率空间，可表示为

$$\begin{bmatrix}Y\\p(Y)\end{bmatrix}=\begin{bmatrix}b_1, & b_2, & \cdots, & b_m\\p(b_1), & p(b_2), & \cdots, & p(b_m)\end{bmatrix}$$

X 和 Y 都是随机变量，由于在传输过程中存在干扰，使得 X 和 Y 不是确定的一一对应关系，它们之间的关系可用条件概率 $p(b_j/a_i)(i=1,2,3,\cdots,n;j=1,2,3,\cdots,m)$ 来描述。这时，随机变量 X 和 Y 之间的平均互信息量为

$$I(X;Y)=H(X)-H(X/Y)=\sum_{i=1}^{n}\sum_{j=1}^{m}p(a_i)p(b_j/a_i)\mathrm{lb}\frac{p(a_i/b_j)}{p(a_i)} \qquad (2\text{-}105)$$

有时，对于所获得数据 Y 需要处理，以便使得测量过程简化，如图 2.6 所示。

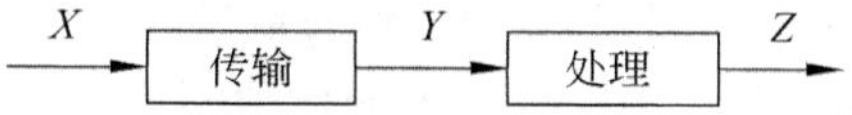

X → 传输 → Y → 处理 → Z

图 2.6　数据处理系统

将数据 Y 处理成 $Z=T(Y)$，这是一个确定的变换关系。将 Y 的取值域 B 分割成 r 个子集 $(r<m)$，每个子集 $c_k(k=1,2,\cdots,r)$ 都包括一些 b_j。如将 b_1,b_2,b_3 合并成 $c_1,\cdots,b_{m-2},b_{m-1},b_m$ 合并成 c_r。这样就将 $b_1,b_2,\cdots,b_m$ 兼并处理成 $c_1,c_2,\cdots,c_r$。很显然，兼并处理后的数据量被压缩了。兼并处理后的数据 $Z=T(Y)$ 概率空间可表示为

$$\begin{bmatrix} z \\ p(z) \end{bmatrix}=\begin{bmatrix} c_1, & c_2, & \cdots, & c_r \\ p(c_1), & p(c_2), & \cdots, & p(c_r) \end{bmatrix}$$

此时，从数据处理后的随机变量 $Z=T(Y)$ 所获得关于随机变量 X 的平均信息应为

$$I(X;Z)=H(X)-H(X/Z)=\sum_{i=1}^{n}\sum_{k=1}^{r}p(a_i)p(c_k/a_i)\mathrm{lb}\frac{p(a_i/c_k)}{p(a_i)} \qquad (2\text{-}106)$$

对观测得到的数据 Y 进行兼并处理，有数据处理定理成立。

数据处理定理：对于信源集合 X 所观测得到的集合 Y 进行确定的变换 $Z=T(Y)$ 时，则有

$$I(X;Z)\leqslant I(X;Y) \qquad (2\text{-}107)$$

$$H(X/Z)\geqslant H(X/Y) \qquad (2\text{-}108)$$

当且仅当 $Z=T(Y)$ 是确定的一一对应的变换关系时，等号才成立。

下面证明式(2-108)和式(2-107)。

证明：
$$\begin{aligned}
H(X/Z) &= -\sum_{i=1}^{n}\sum_{k=1}^{r}p(a_ic_k)\mathrm{lb}p(a_i/c_k) \\
&= -\sum_{i=1}^{n}\sum_{k=1}^{r}\sum_{b_j\in c_k}p(a_ib_j)\mathrm{lb}p(a_i/c_k) \\
&= -\sum_{i=1}^{n}\sum_{k=1}^{r}\sum_{b_j\in c_k}p(b_j)p(a_i/b_j)\mathrm{lb}p(a_i/c_k) \\
&= -\sum_{k=1}^{r}\sum_{j(b_j\in c_k)}p(b_j)\sum_{i=1}^{n}p(a_i/b_j)\mathrm{lb}p(a_i/c_k) \\
&\geqslant -\sum_{k=1}^{r}\sum_{j(b_j\in c_k)}p(b_j)\sum_{i=1}^{n}p(a_i/b_j)\mathrm{lb}p(a_i/b_j) \\
&= -\sum_{i=1}^{n}\sum_{j=1}^{m}p(b_j)p(a_i/b_j)\mathrm{lb}p(a_i/b_j) \\
&= H(X/Y)
\end{aligned}$$

由式(2-105)和式(2-106)及式(2-108)可得

$$I(X;Z)\leqslant I(X;Y)$$

数据处理定理表明，数据经过兼并处理后将会丢失一些信息。这是因为数据处理就

意味着是观测变粗，即数据处理后只能是不确定度增加而不会减少。这就回答了人们一开始提出的问题。

如果想尽可能多地从观测结果 Y 中取得关于信源 X 的信息，即增加互信息，必须要付出代价。一种方法是进行多次测量，扩大 N 的取值域，例如观测两次，得到 Y_1 和 Y_2，则矢量(Y_1Y_2)的取值就可能有 m^2 中，而原来的取值只有 m 中，扩大了取值域。

根据式(2-104)，矢量(Y_1Y_2)提供的关于 X 的平均互信息为

$$I(X;Y_1Y_2) = I(X;Y_1) + I(X;Y_2/Y_1)$$

根据平均互信息的非负性，即

$$I(X;Y_2/Y_1) \geqslant 0$$

可以知道

$$I(X;Y_1Y_2) \geqslant I(X;Y_1) \tag{2-109}$$

式(2-109)表明，经过多次观测之后，平均互信息增加了。同时

$$H(X/Y_1Y_2) \leqslant H(X/Y_1) \tag{2-110}$$

式(2-110)表明，观测次数越多，关于 X 的条件熵就越小。尤其是当各次的观测是彼此统计独立时，关于 X 的条件熵就更显著地减小。当观测次数 N 趋于无限时，这个 N 维矢量 $\boldsymbol{Y}=(Y_1Y_2\cdots Y_N)$取值域中有 m^N 种，增加了很多。将其分割成 n 个互不相交的子集，只要分割的恰当，可使信源输出 a_i 时，矢量 $\boldsymbol{Y}$ 落在第 i 个子集的概率接近于 1。那么a_i 就相当于 N 维矢量 $\boldsymbol{Y}$ 取值域中第 i 个子集，a_i 和第 i 个子集成为确定的一一对应的函数关系，使得条件熵 $H(X/Y)\to 0$ 也就是说，这时可以从矢量 $\boldsymbol{Y}$ 取得关于 X 的全部信息，与直接观测 X 一样。当然，这种做法的代价相当高，因为需要无数次观测。

条件熵 $H(X/Y)$永远是正值，所以不管怎样设计观测系统，顶多使之为零。因而所获得的信息不会超过信源的信息熵 $H(X)$。同时，当易用某种方法取得观测值 Y 后，不论怎样对其进行数据处理，所获得的信息都不会超过 $I(X;Y)$，每处理一次，都只会使信息量减少，至多 Y 保持不变。这就是说，在任何信息流通系统中，最后所获得的信息量至多是信源所能提供的信息量，而其一旦在某一处理过程中丢失信息，系统不论再怎样处理(如果不能在接触到信息处理的输入端)就不能够恢复已丢失的信息。这就是所谓的信息不增性原理，是互信息的重要性质之一，它对于正确理解信息的实质有着重要的意义。

2.10 平稳离散信源

前面所研究的是单符号离散无记忆信源，信源每次输出单个符号，并且符号之间也是统计独立的。一般情况下，离散信源的输出是时间上或空间上的离散符号序列，而且序列中符号之间有依赖关系，这种信源称为多符号离散信源。此时，可用随机矢量或者是随机变量序列来描述信源发出的消息符号，即

$$\boldsymbol{X} = X_1X_2X_3\cdots X_N$$

其中任一变量 X_i 都是离散的随机变量，取值于离散符号集合$\{a_1,a_2,a_3,\cdots,a_n\}$。

一般随机序列比较复杂，不同时刻的随机变量 X_i 和 X_{i+r} 的概率分布 $p(X_i)$ 和 $p(X_{i+r})$是不同的，即随机变量的统计特性随着时间的推移而有所变化。因此本书只讨论

经常遇到的平稳随机序列。

所谓平稳随机序列，就是它的统计特性与时间的推移无关，即信源发出符号序列概率分布与时间的起点无关。可用以下的数学描述定义平稳信源。

在任意两个不同的时刻 $t=i$ 和 $t=j$，信源发出符号的概率分布完全相同，即

$$p(a_i)=p(a_j) \quad i\neq j$$

具有这样性质的信源称为一维平稳信源。

信源发出符号序列，除具有上述条件之外，其二维联合概率分布也与时间起点无关，即

$$p(a_i,a_{i+1})=p(a_j,a_{j+1}) \quad i\neq j$$

这种信源称为二维平稳信源。

如果信源发出的符号序列的各维联合概率分布均与时间起点无关，即有

$$\begin{aligned}&p(a_i)=p(a_j)\\&p(a_i,a_{i+1})=p(a_j,a_{j+1}) \quad i\neq j\\&\qquad\vdots\\&p(a_i,a_{i+1},\cdots,a_{i+N})=p(a_j,a_{j+1},\cdots,a_{j+N})\end{aligned}$$

具有这种性质的信源则称为完全平稳信源，简称为平稳信源。

平稳信源发出来的符号序列是一个平稳随机序列。

又由于联合概率和条件概率具有以下的关系：

$$\begin{aligned}&p(a_i,a_{i+1})=p(a_i)p(a_{i+1}/a_i)\\&p(a_i,a_{i+1},a_{i+2})=p(a_i)p(a_{i+1}/a_i)p(a_{i+2}/a_ia_{i+1})\\&\qquad\vdots\\&p(a_i,a_{i+1},\cdots,a_{i+m})=p(a_i)p(a_{i+1}/a_i)\cdots p(a_{i+m}/a_ia_{i+1}\cdots a_{i+m-1})\end{aligned}$$

所以对于平稳信源来说，其条件概率也均与时间的起点无关，只与关联长度 m 有关，即有

$$p(a_{i+m}/a_ia_{i+1}\cdots a_{i+m-1})=p(a_{j+m}/a_ja_{j+1}\cdots a_{j+m-1})=p(a_m/a_0a_1\cdots a_{m-1})$$

表明平稳信源发出的平稳随机序列前后符号之间的依赖关系与时间的起点无关。如果在某时刻发出什么符号与它前面发出的 m 个符号有关，那么平稳随机序列在任何时刻的这种依赖关系是一样的，则 m 称为平稳随机序列的关联程度。

当 $m=0$ 时，即平稳随机序列中任一符号与前面符号的出现情况都无关，对应的平稳信源是无记忆的。$m\neq0$ 时，则是有记忆的平稳信源。

2.10.1 离散平稳无记性信源的扩展信源

上面已经说过，当平稳信源的关联长度 $m=0$ 时，对应的平稳信源是无记忆的。即信源输出的符号序列中，各符号之间无依赖关系，则称这类信源是离散平稳无记忆信源，也可以称为离散平稳无记忆信源的扩展信源。序列中符号组的长度称为扩展次数。

一般情况下，如果有一个离散无记忆信源 X，取值集合为$\{a_1,a_2,a_3,\cdots,a_n\}$，其输出的消息序列可用一组组长度为 N 的序列来表示。这时，它就等效为一个新的信源。新信源每次输出为长度为 N 的消息序列，用 N 维的离散随机矢量来描述，记为

$$\boldsymbol{X} = X_1 X_2 X_3 \cdots X_N$$

其中，每个分量 $X_i(i=1,2,3,\cdots,N)$ 都是随机变量，它们都取值于同一集合 $\{a_1, a_2, a_3, \cdots, a_n\}$，且各个分量之间统计独立。则由随机矢量 $\boldsymbol{X}$ 组成的新信源称为离散无记忆信源 X 的 N 次扩展信源。

若单符号离散信源的数学模型为

$$\begin{bmatrix} X \\ p(X) \end{bmatrix} = \begin{bmatrix} a_1, & a_2, & a_3, & \cdots, & a_n \\ p(a_1), & p(a_2), & p(a_3), & \cdots, & p(a_n) \end{bmatrix}$$

$$0 \leqslant p(a_i) \leqslant 1, \quad \sum_{i=1}^{n} p(a_i) = 1$$

则信源 X 的 N 次扩展信源用 X^N 来表示。这个信源有 n^N 个元素（消息序列），相应的数学模型为：

$$\begin{bmatrix} X^N \\ p(X^N) \end{bmatrix} = \begin{bmatrix} \alpha_1, & \alpha_2, & \alpha_3, & \cdots, & \alpha_{n^N} \\ p(\alpha_1), & p(\alpha_2), & p(\alpha_3), & \cdots, & p(\alpha_{n^N}) \end{bmatrix} \tag{2-111}$$

其中，每个符号 $\alpha_i(i=1,2,3,\cdots,n^N)$ 对应于某个有 N 个 $a_i(i=1,2,3,\cdots,n)$ 组成的序列。而 α_i 的概率 $p(\alpha_i)$ 是对应的 N 个 a_i 概率组成的联合概率。

因为信源是无记忆的，所以消息序列 $\alpha_i = (a_{i1} a_{i2} \cdots a_{iN})$ 的概率

$$p(\alpha_i) = p(a_{i1} a_{i2} \cdots a_{iN}) = p(a_{i1}) p(a_{i2}) \cdots p(a_{iN}) \quad i1, i2, \cdots, iN \in \{1, 2, \cdots, n\}$$

根据信源熵的定义，N 次扩展信源的熵（序列信源的熵）

$$H(\boldsymbol{X}) = H(X^N) = -\sum_{X^N} p(X^N) \mathrm{lb} p(X^N) = -\sum_{X^N} p(\alpha_i) \mathrm{lb} p(\alpha_i) \tag{2-112}$$

对于离散平稳无记忆信源 X 的 N 次扩展信源的熵就是离散信源 X 的熵的 N 倍，即

$$H(X^N) = NH(X) \tag{2-113}$$

下面就来证明式(2-113)。

证明：
$$\begin{aligned} H(X^N) &= -\sum_{X^N} p(X^N) \mathrm{lb} p(X^N) \\ &= -\sum_{X^N} p(\alpha_i) \mathrm{lb} p(\alpha_i) \\ &= -\sum_{X^N} p(\alpha_i) \mathrm{lb} p(a_{i1}) - \sum_{X^N} p(\alpha_i) \mathrm{lb} p(a_{i2}) - \cdots - \sum_{X^N} p(\alpha_i) \mathrm{lb} p(a_{iN}) \end{aligned}$$

上式中共有 N 项，考察其中的第一项

$$\begin{aligned} -\sum_{X^N} p(\alpha_i) \mathrm{lb} p(a_{i1}) &= -\sum_{X^N} p(a_{i1}) p(a_{i2}) p(a_{i3}) \cdots p(a_{iN}) \mathrm{lb} p(a_{i1}) \\ &= -\sum_{i1=1}^{n} p(a_{i1}) \mathrm{lb} p(a_{i1}) \sum_{i2=1}^{n} p(a_{i2}) \sum_{i3=1}^{n} p(a_{i3}) \cdots \sum_{iN=1}^{n} p(a_{iN}) \\ &= H(X) \end{aligned}$$

其中

$$\sum_{ik=1}^{n} p(a_{ik}) = 1, \quad k = 1, 2, \cdots, N$$

同理，除了第一项，余下的 $(N-1)$ 项各项均等于 $H(X)$。于是

$$H(X^N) = H(X) + H(X) + \cdots + H(X) = NH(X)$$

例 2.4　有一单符号离散平稳无记忆信源 X,其数学模型为

$$\begin{bmatrix} X \\ p(X) \end{bmatrix} = \begin{bmatrix} a_1, & a_2, & a_3 \\ \frac{1}{2}, & \frac{1}{4}, & \frac{1}{4} \end{bmatrix}, \quad \sum_{i=1}^{3} p(a_i) = 1$$

求该信源的二次扩展信源的熵。

解:该信源的二次扩展信源的数学模型为

$$\begin{bmatrix} X^2 \\ p(X^2) \end{bmatrix} = \begin{bmatrix} \alpha_1, & \alpha_2, & \alpha_3, & \cdots, & \alpha_9 \\ p(\alpha_1), & p(\alpha_2), & p(\alpha_3), & \cdots, & p(\alpha_9) \end{bmatrix}$$

$$= \begin{bmatrix} a_1a_1, & a_1a_2, & a_1a_3, & a_2a_1, & a_2a_2, & a_2a_3, & a_3a_1, & a_3a_2, & a_3a_3 \\ \frac{1}{4}, & \frac{1}{8}, & \frac{1}{8}, & \frac{1}{8}, & \frac{1}{16}, & \frac{1}{16}, & \frac{1}{8}, & \frac{1}{16}, & \frac{1}{16} \end{bmatrix}$$

按照熵的定义,二次扩展信源的熵为

$$H(X^2) = -\sum_{i=1}^{9} p(\alpha_i) \mathrm{lb} p(\alpha_i) = 3(\text{比特/符号})$$

也可以按照式(2-113)计算,先计算单符号离散信源的熵,即

$$H(X) = -\sum_{i=1}^{3} p(a_i) \mathrm{lb} p(a_i) = 1.5(\text{比特/符号})$$

$$H(X^2) = 2H(X) = 3(\text{比特/符号})$$

式(2-113)表明,计算单符号离散平稳信源的扩展信源的熵时,不必构造新的信源,可直接利用原信源 X 的熵来计算,即一个离散平稳信源 X 的 N 次扩展信源的熵等于信源 X 的熵的 N 倍。

单符号离散平稳信源以及 N 次扩展信源的熵的单位都是"比特/符号",但需要注意的是,该单位中的"符号"的含义不同,前者指的是某个 a_i,后者指的是某个 α_i,它是有 N 个 a_i 构成的符号组。

式(2-113)的结论很容易理解。因为序列信源的熵,实际上是求 N 个符号的联合熵。当序列中的 N 个符号相互独立时,由熵的可加性可知,这 N 个符号的联合熵就等于各符号熵之和,又由于各符号的熵都等于 $H(X)$,所以单符号离散平稳无记忆信源的 N 次扩展信源的熵,等于单符号信源的熵 $H(X)$的 N 倍。

2.10.2　离散平稳信源的熵

离散平稳信源一般指的是有记忆信源,即发出的符号序列的各符号之间具有统计关联关系。这种统计关联性可用两种方式来表示,第一种是用信源发出的符号序列的整体概率,即 N 个符号的联合概率来反映有记忆信源的特征。由于联合概率和条件概率的关系,第二种表示方式是用符号序列中各符号的条件概率来反映记忆特征。

首先来研究第一种中最简单的离散平稳信源,即二维平稳信源

$$\boldsymbol{X} = X_1 X_2$$

的熵。所谓二维平稳信源,就是信源发出的符号序列中,每两个符号组成一组,每组代表

信源 $\boldsymbol{X}=X_1X_2$ 的一个消息。每组中的后一个符号与前一个符号有统计关联关系，而这种关联关系用概率表示时，概率分布与时间的起点无关。对于有限关联长度的平稳信源来说，为了便于分析，假定符号序列中组与组之间是统计独立的。这与实际情况不符，由此得到的信源的熵仅仅是近似值，与实际的熵是有差距的。但是当每组中符号的个数很多，组与组之间关联性比较强的只是前一组末尾的一些符号和后一组开头的一些符号，随着每组序列长度的增加，这种差距会越来越小。

假设

$$X_1,X_2\in\{a_1,a_2,a_3,\cdots,a_n\}$$

则矢量

$$\boldsymbol{X}\in\{a_1a_1,a_1a_2,\cdots,a_1a_n,a_2a_1,a_2a_2,\cdots,a_2a_n,\cdots,a_na_1,a_na_2,\cdots,a_na_n\}$$

令

$$\alpha_i=(a_{i1}a_{i2}),\quad i1,i2=1,2,3,\cdots,n\quad i=1,2,\cdots,n^2$$

则相应的概率分布为

$$p(\alpha_i)=p(a_{i1}a_{i2})=p(a_{i1})p(a_{i2}/a_{i1})$$

对应的二维平稳信源的数学模型为

$$\begin{bmatrix}\boldsymbol{X}\\p(\boldsymbol{X})\end{bmatrix}=\begin{bmatrix}\alpha_1, & \alpha_2, & \alpha_3, & \cdots, & \alpha_{n^2}\\ p(\alpha_1), & p(\alpha_2), & p(\alpha_3), & \cdots, & p(\alpha_{n^2})\end{bmatrix}$$

并且

$$\sum_{i=1}^{n^2}p(\alpha_i)=\sum_{i1=1}^{n}\sum_{i2=1}^{n}p(a_{i1})p(a_{i2}/a_{i1})=\sum_{i1=1}^{n}p(a_{i1})\sum_{i2=1}^{n}p(a_{i2}/a_{i1})=1$$

即新的信源也满足概率的归一性。根据信源熵的定义

$$\begin{aligned}H(\boldsymbol{X})=H(X_1X_2)&=-\sum_{i1=1}^{n}\sum_{i2=1}^{n}p(a_{i1}a_{i2})\operatorname{lb}p(a_{i1}a_{i2})\\&=-\sum_{i1=1}^{n}\sum_{i2=1}^{n}p(a_{i1}a_{i2})\operatorname{lb}p(a_{i1})p(a_{i2}/a_{i1})\\&=-\sum_{i1=1}^{n}\sum_{i2=1}^{n}p(a_{i1}a_{i2})\operatorname{lb}p(a_{i1})-\sum_{i1=1}^{n}\sum_{i2=1}^{n}p(a_{i1}a_{i2})\operatorname{lb}p(a_{i2}/a_{i1})\\&=H(X_1)+H(X_2/X_1)\end{aligned}\tag{2-114}$$

其中，

$$\sum_{i2=1}^{n}p(a_{i1}a_{i2})=p(a_{i1})$$

式(2-114)表明：两个有相互依赖关系的随机变量 X_1 和 X_2 所组成的随机矢量 $\boldsymbol{X}=X_1X_2$ 的联合熵 $H(\boldsymbol{X})$，等于第一个随机变量的熵 $H(X_1)$与第一个随机变量 X_1 已知的前提下，第二个随机变量 X_2 的条件熵 $H(X_2/X_1)$之和。当随机变量 X_1 和 X_2 相互统计独立时，则由概率的性质有：

$$p(\alpha_i)=p(a_{i1}a_{i2})=p(a_{i1})p(a_{i2})$$

代入式(2-114)，得

$$
\begin{aligned}
H(\boldsymbol{X}) = H(X_1X_2) &= -\sum_{i1=1}^{n}\sum_{i2=1}^{n} p(a_{i1}a_{i2})\text{lb}p(a_{i1}a_{i2}) \\
&= -\sum_{i1=1}^{n}\sum_{i2=1}^{n} p(a_{i1}a_{i2})\text{lb}p(a_{i1})p(a_{i2}) \\
&= -\sum_{i1=1}^{n} p(a_{i1})\text{lb}p(a_{i1}) - \sum_{i2=1}^{n} p(a_{i2})\text{lb}p(a_{i2}) \\
&= H(X_1) + H(X_2)
\end{aligned} \tag{2-115}
$$

其中

$$
\sum_{i1=1}^{n} p(a_{i1}) = \sum_{i2=1}^{n} p(a_{i2}) = 1
$$

式(2-115)表明,随机变量 X_1 和 X_2 统计独立时,二维离散平稳 $\boldsymbol{X}=X_1X_2$ 的熵 $H(\boldsymbol{X})$等于 X_1 的熵 $H(X_1)$和 X_2 的熵 $H(X_2)$之和。当 X_1 和 X_2 取值于同一集合时,$H(X_1)=H(X_2)=H(\boldsymbol{X})$,$H(\boldsymbol{X})=2H(\boldsymbol{X})=H(\boldsymbol{X}^2)$,与单符号离散无记忆信源的二次扩展信源的情况相同。所以可以把单符号离散无记忆信源的二次扩展信源看成二维离散平稳信源的特例;反过来,又可以把二维离散平稳信源看成是单符号离散无记忆信源的二次扩展信源的推广。

前面已经证明了条件熵小于等于无条件熵,即

$$
H(X_2/X_1) \leqslant H(X_2)
$$

故有

$$
H(X_1X_2) \leqslant H(X_1) + H(X_2) \tag{2-116}
$$

式(2-116)说明,二维平稳离散有记忆信源的熵小于等于二维平稳离散无记忆信源的熵。这是因为对二维平稳无记忆离散信源 $\boldsymbol{X}=X_1X_2$ 来说,X_1 和 X_2 之间不存在任何统计依赖关系,也就是说前后两个符号是互不相关的,第一个符号发生与否对第二个符号不产生任何影响。因此,已知 X_1 的情况下 X_2 仍然存在不确定度 $H(X_2/X_1)$与对 X_1 一无所知的情况下 X_2 本身存在的不确定度 $H(X_2)$是一样的,即 $H(X_2/X_1)=H(X_2)$,所以两个随机变量的联合熵等于一个随机变量的熵之和。而对二维离散平稳有记忆信源来说,X_1 和 X_2 之间存在统计依赖关系,前一个符号发生后,对后一个符号的发生产生一定的影响,即第一个符号的发生已经提供了第二个符号的部分相关信息,其不确定度当然要比 X_1 和 X_2 统计独立的情况下要小些。

例 2.5 设某二维离散信源 $\boldsymbol{X}=X_1X_2$ 的原始信源 $\boldsymbol{X}$ 的数学模型为

$$
\begin{bmatrix} \boldsymbol{X} \\ p(\boldsymbol{X}) \end{bmatrix} = \begin{bmatrix} a_1, & a_2, & a_3 \\ \dfrac{1}{4}, & \dfrac{4}{9}, & \dfrac{11}{36} \end{bmatrix},
$$

$\boldsymbol{X}=X_1X_2$ 中前后两个符号的条件概论为

$$
p(a_1/a_1) = \frac{7}{9}, \quad p(a_2/a_1) = \frac{2}{9}, \quad p(a_3/a_1) = 0;
$$

$$
p(a_1/a_2) = \frac{1}{8}, \quad p(a_2/a_2) = \frac{3}{4}, \quad p(a_3/a_2) = \frac{1}{8};
$$

$$p(a_1/a_3)=0,\quad p(a_2/a_3)=\frac{2}{11},\quad p(a_3/a_3)=\frac{9}{11};$$

原始信源 X 的熵

$$H(X)=\sum_{i=1}^{3}p(a_i)\mathrm{lb}p(a_i)=1.542(\text{比特/符号})$$

条件熵

$$H(X_2/X_1)=-\sum_{i=1}^{3}\sum_{j=1}^{3}p(a_i)p(a_j/a_i)\mathrm{lb}p(a_j/a_i)=0.870(\text{比特/符号})$$

可以看出来,条件熵 $H(X_2/X_1)$比无条件熵 $H(X)$减少了 0.672 比特/符号,这是由于符号之间的统计依赖关系造成的。信源 $\boldsymbol{X}=X_1X_2$ 平均每发一个消息所能提供的信息量,即联合熵为

$$\begin{aligned}H(X_1X_2)&=H(X_1)+H(X_2/X_1)=1.542+0.870\\&=2.412(\text{比特/符号})\end{aligned}$$

则每一个信源符号所提供的平均信息量为

$$H_2(X)=\frac{1}{2}H(\boldsymbol{X})=\frac{1}{2}H(X_1X_2)=1.206(\text{比特/符号})$$

小于信源 X 所提供的平均信息量 $H(X)$,这同样也是由于符号之间的统计依赖关系,使得不确定性减小了。

二维平稳离散有记忆信源的情况可以推广到 N 维的情况。

$$H(\boldsymbol{X})=H(X_1)+H(X_2/X_1)+H(X_3/X_1X_2)+\cdots+H(X_N/X_1X_2\cdots X_{N-1})$$

证明:

$$\begin{aligned}H(\boldsymbol{X})&=H(X_1X_2\cdots X_N)=H(X_1X_2\cdots X_{N-1})+H(X_N/X_1X_2\cdots X_{N-1})\\&=H(X_1X_2\cdots X_{N-2})+H(X_{N-1}/X_1X_2\cdots X_{N-2})+H(X_N/X_1X_2\cdots X_{N-1})\\&\cdots\\&=H(X_1X_2)+H(X_3/X_1X_2)+\cdots+H(X_N/X_1X_2\cdots X_{N-1})\\&=H(X_1)+H(X_2/X_1)+H(X_3/X_1X_2)+\cdots+H(X_N/X_1X_2\cdots X_{N-1})\end{aligned}\tag{2-117}$$

式(2-117)表明多符号离散平稳有记忆信源 $\boldsymbol{X}$ 的熵 $H(\boldsymbol{X})$是 $\boldsymbol{X}$ 起始时刻的随机变量 X_1 的熵与各阶的条件熵之和。由于是平稳信源,这个值与起始时刻的选择无关,对时刻的推移来说,它是一个固定不变的值。

根据这一性质可以证明,条件熵 $H(X_N/X_1X_2\cdots X_{N-1})$随 N 的增加是非递增的,即

$$H(X_N/X_1X_2\cdots X_{N-1})\leqslant H(X_{N-1}/X_1X_2\cdots X_{N-2})$$

下面做出证明。

证明:条件熵小于或等于无条件熵,条件较多的条件熵小于或等于条件较少的条件熵,同时考虑序列的平稳性,则必有

$$\begin{aligned}H(X_N/X_1X_2\cdots X_{N-1})&\leqslant H(X_N/X_2X_3\cdots X_{N-1})\\&=H(X_{N-1}/X_1X_2\cdots X_{N-2})\\&\leqslant H(X_{N-1}/X_2X_3\cdots X_{N-2})\\&=H(X_{N-2}/X_1X_2\cdots X_{N-3})\end{aligned}$$

$$
\begin{aligned}
&\vdots\\
&\leqslant H(X_4/X_2X_3)\\
&=H(X_3/X_1X_2)\\
&\leqslant H(X_3/X_2)\\
&=H(X_2/X_1)\\
&\leqslant H(X_2)\\
&=H(X_1)
\end{aligned}
$$

即有

$$
\begin{aligned}
H(X_N/X_1X_2\cdots X_{N-1}) &\leqslant H(X_{N-1}/X_1X_2\cdots X_{N-2})\\
&\leqslant\cdots\leqslant H(X_3/X_1X_2)\leqslant H(X_2/X_1)\leqslant H(X_1)
\end{aligned}
$$

式(2-117)所描述的矢量熵 $H(\boldsymbol{X})$，即离散平稳有记忆信源的联合熵 $H(X_1X_2\cdots X_N)$ 表示平均每发一个消息(由 N 个符号组成的序列)所提供的信息量。那么从数学的角度，信源平均每发一个符号所提供的信息量应为

$$H_N(\boldsymbol{X})=\frac{1}{N}H(X_1X_2\cdots X_N) \tag{2-118}$$

称 $H_N(\boldsymbol{X})$ 为平均符号熵。当 $N\to\infty$ 时，平均符号熵取极限值，称为极限熵，用 H_∞ 表示，即

$$H_\infty=\lim_{N\to\infty}H_N(\boldsymbol{X})=\lim_{N\to\infty}\frac{1}{N}H(X_1X_2\cdots X_N) \tag{2-119}$$

多符号离散平稳信源实际上就是原始信源不断地发出符号，符号之间的统计关系也并不仅限与长度 N 之内，而是延伸向无穷远。所以要研究实际信源，必须求出信源的极限熵 H_∞，才能确切地表达多符号离散平稳有记忆信源平均每发一个符号提供的信息量。

那么，极限熵是否存在呢？当离散有记忆信源是平稳信源时，从数学上可以证明，极限熵是存在的，且等于关联长度 $N\to\infty$ 时，条件熵 $H(X_N/X_1X_2\cdots X_{N-1})$ 的极限值。即

$$H_\infty=\lim_{N\to\infty}H_N(\boldsymbol{X})=\lim_{N\to\infty}H(X_N/X_1X_2\cdots X_{N-1}) \tag{2-120}$$

极限熵代表了一般平稳有记忆信源平均每发一个符号提供的信息量。要准确地计算这个熵值，必须测定信源的无穷阶联合概率和条件概率分布，这是相当困难的。有时为了简化分析，往往用条件熵或者平均符号熵作为极限熵的近似值。在有些情况下，即使 N 值并不是很大，这些熵值也很接近于 H_∞，马尔可夫信源就是这样一种信源。

2.10.3 马尔可夫信源

1. 马尔可夫信源的定义

在汉语中，出现“无所不”三个字时，后面接“谈”、“用”、“好”、“有”等字的概率就比较大；如果已经出现了“闻鸡起”三个字，那么下一个字是“舞”的概率就几乎等于 1。也就是说，信源输出序列中的一个符号(文字或者字母)的出现，和它以往所出现的符号之间是有关系的，研究的时候需要考虑条件概率，并且这种信源是有记忆的。

马尔可夫信源是这样一种信源，信源输出的符号序列中，任意某个符号的出现只与它前面的 m 个符号有关，而与更前面的符号无关。严格来说，马尔可夫信源可以定义如下。

定义 2.9 假设信源符号集为 $X=\{a_1,a_2,a_3,\cdots,a_n\}$，对于 $0<m<q<l$ 的任意整数，信源输出的随机变量序列中第 l 个随机变量 X_l 的取值，以它前面发生的 q 个输出 $(X_{l-q},X_{l-(q-1)},\cdots,X_{l-2},X_{l-1})$ 为条件的 X_l 出现的概率，和以它前面发生的 m 个输出 $(X_{l-m},X_{l-(m-1)},\cdots,X_{l-2},X_{l-1})$ 为条件的 X_l 出现的概率如果是一致的，即满足

$$p(a_l/a_{l-q},a_{l-(q-1)},\cdots,a_{l-2},a_{l-1})=p(a_l/a_{l-m},a_{l-(m-1)},\cdots,a_{l-2},a_{l-1}) \quad (2\text{-}121)$$

并有

$$\sum_{a_l\in X}p(a_l/a_{l-m},a_{l-(m-1)},\cdots,a_{l-2},a_{l-1})=1$$

条件时，这种信源称为 m 阶马尔可夫信源，其输出的随机变量序列称为 m 阶马尔可夫过程。

当 $m=1$ 时，即符号发生的概率仅与前面一个符号有关，有时不称为一阶马尔可夫过程，而称为单纯的马尔可夫过程。序号 l 和 q,m 可表示为时间，这样的一个 m 阶马尔可夫过程就是一种时间离散的，取值也是离散的无后效性的特殊的随机过程，通常称为马尔可夫链。在式(2-121)中，若条件概率与时间 l 的选取无关，即它满足遍历性，则称为时齐马尔可夫链。

马尔可夫信源，表明其输出的随机变量序列只考虑较短时间范围内具有相互影响的因果关系，也表明其输出的某个符号仅受前面有限个符号出现情况的影响。所谓 m 阶就是表示其影响涉及前面符号的数目。

2. 香农线图

由符号集 $X=\{a_1,a_2,a_3,\cdots,a_n\}$ 构成的 n 进制 m 阶马尔可夫信源，它发出第 l 个符号 $a_l\in X$ 的概率分布取决于它前面出现的 m 个符号所构成的序列，即取决于 m 维随机矢量 $\{X_{l-m},X_{l-m+1},\cdots,X_{l-2},X_{l-1}\}$ 出现的情况。这 m 维随机矢量存在着 n^m 种取值，其中每一种 m 维矢量的取值 $\{a_{l-m},a_{l-m+1},\cdots,a_{l-2},a_{l-1}\}$，$l-m,l-m+1,\cdots,l-2,l-1\in 1,2,3,\cdots,n$，称为信源的状态矢量，简称为状态。

如果给定了信源的这些状态的概率分布 $p(a_{l-m},a_{l-m+1},\cdots,a_{l-2},a_{l-1})$ 和在这些状态下发出下一个符号 $a_l\in X$ 的条件概率分布 $p(a_l/a_{l-m},a_{l-m+1},\cdots,a_{l-2},a_{l-1})$ 也就完全确定了该信源的马尔可夫过程。

信源每发出一个符号 $a_l\in X$ 之后，就从原来的某一状态

$$s_i=\{a_{l-m},a_{l-m+1},\cdots,a_{l-2},a_{l-1}\} \quad (i=1,2,\cdots,n^m)$$

转移到下一个新的状态

$$s_j=\{a_{l-m+1},a_{l-m+2},\cdots,a_{l-2},a_l\} \quad (j=1,2,\cdots,n^m)$$

一个 n 进制的 m 阶马尔可夫信源可以在 n^m 个状态之间相互转移。

马尔可夫信源在某一状态下发符号的概率就是状态转移概率，由条件概率

$$p(a_l/a_{l-m},a_{l-m+1},\cdots,a_{l-2},a_{l-1})=p(s_j/s_i)$$

来确定的，该条件概率称为马尔可夫信源的状态转移概率。马尔可夫信源及其状态转移可以用所谓的状态图来表示，状态图也称为香农线图。

例 2.6 一个二阶的马尔可夫信源，其符号集 $X=\{0,1\}$。该信源任何时候发出的符号只与它前面的两个符号有关，而与更前面的符号无关。那么信源共有 $n^m=4$ 种可能的

状态，即为(00)、(01)、(10)、(11)，分别用 s_1、s_2、s_3、s_4 表示。该信源的香农线图如图 2.7 所示。

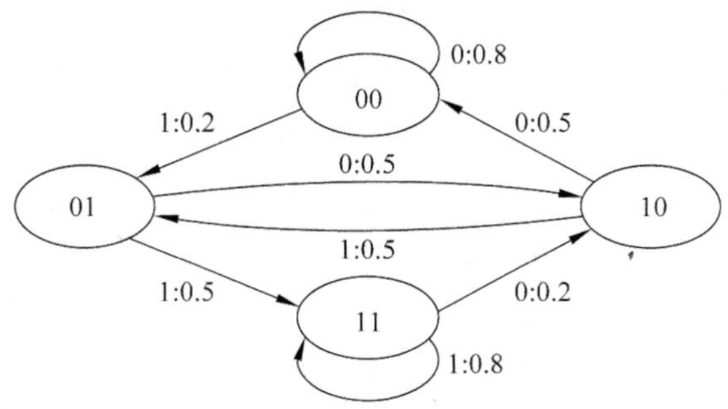

图 2.7 例 2.6 的香农线图

在状态 s_1 下发出符号 0 的概率为 $p(0/s_1)$，信源的从状态仍为 s_1，并且状态转移概率就等于在 s_1 状态下发符号 0 的概率 $p(s_1/s_1)=p(0/s_1)$，在状态 s_1 发符号 1 的概率为 $p(1/s_1)$，信源就从状态 s_1 转移到了状态 s_2，并且状态转移概率 $p(s_2/s_1)=p(1/s_1)$，等等。图 2.7 中的圈分别表示信源的状态；带有箭头的方向线表示状态的转移，方向线旁边标注有随状态转移信源发出的符号和在此状态下发出该符号的状态转移概率。

$$p(s_1/s_1)=p(0/s_1)=0.8 \quad p(s_2/s_1)=p(1/s_1)=0.2 \quad p(s_3/s_1)=0 \quad p(s_4/s_1)=0$$
$$p(s_1/s_2)=0 \quad p(s_2/s_2)=0 \quad p(s_3/s_2)=p(0/s_2)=0.5 \quad p(s_4/s_2)=p(1/s_2)=0.5$$
$$p(s_1/s_3)=p(0/s_3)=0.5, \quad p(s_2/s_3)=p(1/s_3)=0.5 \quad p(s_3/s_3)=0 \quad p(s_4/s_3)=0$$
$$p(s_1/s_4)=0 \quad p(s_2/s_4)=0 \quad p(s_3/s_4)=p(0/s_4)=0.2 \quad p(s_4/s_4)=p(1/s_4)=0.8$$

从任一状态发出的所有方向线的转移概率之和都应等于 1。

总之，香农线图是用状态和方向线的统一形式表示马尔可夫过程的结构及其统计特性。由任一状态 s_i 沿着方向线根据状态转移概率的大小转移到另一状态 s_j。若给定信源任意起始状态的初始概率分布和所有方向线有关状态转移的概率分布，那么就完全规定了信源的马尔可夫过程。这样，可以用信源的状态序列来表示信源的输出符号序列。

3. 马尔可夫信源的熵

由符号集 $X=\{a_1,a_2,a_3,\cdots,a_n\}$ 构成的 n 进制 m 阶马尔可夫信源，它存在 n^m 中可能的状态 $S=\{s_1,s_2,\cdots,s_{n^m}\}$。假定信源处于状态 s_i 时，当它发出一个符号 $a_j\in X$ 后，就沿着一个方向线转移到另一状态 s_j，假定在状态 s_i 下发符号 $a_j\in X$ 的概率为 $p(a_j/s_i)$，那么可用转移概率矩阵

$$\boldsymbol{\rho}=[p_{ji}]=\begin{bmatrix} p(a_1/s_1) & p(a_2/s_1) & \cdots & p(a_n/s_1) \\ p(a_1/s_2) & p(a_2/s_2) & \cdots & p(a_n/s_2) \\ \vdots & \vdots & & \vdots \\ p(a_1/s_{n^m}) & p(a_2/s_{n^m}) & \cdots & p(a_n/s_{n^m}) \end{bmatrix} \tag{2-122}$$

表示信源状态之间的转移，其中

$$\begin{cases} p(a_j/s_i) \geqslant 0, & i = 1,2,\cdots,n^m \\ \sum_{j=1}^{n} p(a_j/s_i) = 1, & j = 1,2,\cdots,n \end{cases}$$

当马尔可夫信源在某一时刻 t 处于状态 s_i，而它在下一时刻 $t+1$ 转移到状态 s_j，如果给定状态转移概率，那么信源也可用状态转移概率矩阵

$$\boldsymbol{S} = [s_{ji}] = \begin{bmatrix} p(s_1/s_1) & p(s_2/s_1) & \cdots & p(s_{n^m}/s_1) \\ p(s_1/s_2) & p(s_2/s_2) & \cdots & p(s_{n^m}/s_2) \\ \vdots & \vdots & & \vdots \\ p(s_1/s_{n^m}) & p(s_2/s_{n^m}) & \cdots & p(s_{n^m}/s_{n^m}) \end{bmatrix} \tag{2-123}$$

来描述，其中

$$\begin{cases} p(s_j/s_i) \geqslant 0, \\ \sum_{j=1}^{n^m} p(s_j/s_i) = 1, \end{cases} \quad i,j = 1,2,\cdots,n^m$$

并且，式(2-123)中各元素 $S_{ji} = p(s_j/s_i)$ 可由式(2-122)中的元素 $p_{ji} = p(a_j/s_i)$ 求得。

对于遍历的马尔可夫信源，从某一充分大的序号起可达到稳定状态，其各状态出现的概率 $p(s_i)$ 一定存在，这时马尔可夫过程可看作平稳过程，且有

$$\begin{cases} p(s_i) = \sum_{j=1}^{n^m} p(s_j)p(s_i/s_j), \\ \sum_{j=1}^{n^m} p(s_i) = 1, \end{cases} \quad i,j = 1,2,\cdots,n^m \tag{2-124}$$

如果已知状态转移概率 $p(s_i/s_j)$，可通过式(2-124)解出 $p(s_i)$。

由于 $\sum_{i=1}^{n^m} p(s_i/s_j) = 1,\quad i = 1,2,\cdots,n^m$，可知 $p(s_i) = \sum_{j=1}^{n^m} p(s_j)p(s_i/s_j)$ 中只能有 $n^m - 1$ 方程是独立的，加上 $\sum_{j=1}^{n^m} p(s_i) = 1$，共有 n^m 独立方程。

于是，马尔可夫信源处于状态 s_i 条件下，每发出一个符号 $a_j \in X$ 的平均信息量，即信源处于 s_i 条件下的熵为

$$H(X/s_i) = -\sum_{j=1}^{n} p(a_j/s_i) \operatorname{lb} p(a_j/s_i) \quad i = 1,2,\cdots,n^m \tag{2-125}$$

信源所处的状态也是随机变化的，如果它处于状态 $s_i, i=1,2,\cdots,n^m$ 出现的概率为 $p(s_i)$，在考虑所有状态的情况下信源发出一个符号的平均信息量，即马尔可夫信源的信息熵为

$$\begin{aligned} H = H(X/S) &= \sum_{i=1}^{n^m} p(s_i)H(H/s_i) \\ &= -\sum_{i=1}^{n^m}\sum_{j=1}^{n} p(s_i)p(a_j/s_i) \operatorname{lb} p(a_j/s_i) \end{aligned}$$

$$=-\sum_{i=1}^{n^m}\sum_{j=1}^{n^m}p(s_i)p(s_j/s_i)\mathrm{lb}\,p(s_j/s_i) \tag{2-126}$$

式(2-126)中，$p(s_i)$，$i=1,2,\cdots,n^m$ 是 m 阶马尔可夫信源稳定后的状态极限概率，$p(s_j/s_i)$是状态的一步转移概率。

马尔可夫信源是平稳的有记忆信源，其记忆长度为 $m+1$，熵可以表示为

$$H_\infty = H_{m+1} = -\sum_{i=1}^{n^m}\sum_{j=1}^{n^m}p(s_i)p(s_j/s_i)\mathrm{lb}\,p(s_j/s_i) \tag{2-127}$$

正是利用了马尔可夫信源的“有限记忆长度”这一特性，使式(2-127)中的无限大参数 N 变为有限值 $m+1$，把求一个极限熵的问题变成一个求有限阶条件熵的问题。

例 2.7 求例 2.5 中的马尔可夫信源的熵。

解：由图 2.7 可知，该马尔可夫信源已知状态下发符号的概率为

$$[p_{ji}]=\begin{bmatrix} p(0/s_1) & p(1/s_1)\\ p(0/s_2) & p(1/s_2)\\ p(0/s_3) & p(1/s_3)\\ p(0/s_4) & p(1/s_4)\end{bmatrix}=\begin{bmatrix}0.8 & 0.2\\ 0.5 & 0.5\\ 0.5 & 0.5\\ 0.2 & 0.8\end{bmatrix}$$

由此可得状态之间的一步状态转移概率矩阵为

$$[s_{ji}]=\begin{bmatrix} p(s_1/s_1) & p(s_2/s_1) & p(s_3/s_1) & p(s_4/s_1)\\ p(s_1/s_2) & p(s_2/s_2) & p(s_3/s_2) & p(s_4/s_2)\\ p(s_1/s_3) & p(s_2/s_3) & p(s_3/s_3) & p(s_4/s_3)\\ p(s_1/s_4) & p(s_2/s_4) & p(s_3/s_4) & p(s_4/s_4)\end{bmatrix}$$

$$=\begin{bmatrix}0.8 & 0.2 & 0 & 0\\ 0 & 0 & 0.5 & 0.5\\ 0.5 & 0.5 & 0 & 0\\ 0 & 0 & 0.2 & 0.8\end{bmatrix}$$

由式(2-124)可得到

$$\begin{cases} p(s_1)=0.8p(s_1)+0.5p(s_3)\\ p(s_2)=0.2p(s_1)+0.5p(s_3)\\ p(s_3)=0.5p(s_2)+0.2p(s_4)\\ p(s_4)=0.5p(s_2)+0.8p(s_4)\end{cases}$$

这四个方程中只有三个是独立方程，加上 $p(s_1)+p(s_2)+p(s_3)+p(s_4)=1$，联立解方程组得

$$p(s_1)=p(s_4)=\frac{5}{14}$$

$$p(s_2)=p(s_3)=\frac{1}{7}$$

利用式(2-127)可以计算出该二阶马尔可夫信源的信息熵为

$$H_\infty = H_{m+1} = -\sum_{i=1}^{n^m}\sum_{j=1}^{n^m} p(s_i)p(s_j/s_i)\text{lb}p(s_j/s_i) = 0.8014(\text{比特/符号})$$

2.10.4 信源的冗余度

由最大离散熵定理可知，信源 $X=\{a_1,a_2,a_3,\cdots,a_n\}$ 等概分布时，即

$$p(a_i) = \frac{1}{n} \quad (i = 1,2,\cdots,n)$$

信源的平均符号熵有最大值

$$H_{\max}(X) = \text{lb}n \triangleq H_0 \tag{2-128}$$

对于给定的关联长度 m，可算得信源平均符号熵 H_{m+1}。当关联长度 $m=0$ 时，是无记忆信源，得到 H_1。当 $m=1$ 时，就得到 H_2。显然，根据前面讨论可知

$$H_\infty \leqslant \cdots \leqslant H_{m+1} \leqslant H_m \leqslant \cdots \leqslant H_2 \leqslant H_1 \leqslant H_0 \tag{2-129}$$

由此可见，由于信源输出的符号之间的依赖关系而使信源的平均符号熵减少。如果它们之间的依赖关系即相关性越大，信源的平均符号熵就越小。并且，只有当信源输出的符号之间彼此独立且各符号以等概分布时，信源的符号熵才有最大值。为了衡量信源的相关性程度，引入信源冗余度 R 的概念。为此，首先给出熵的相对率 η 的定义。

定义 2.10 一个信源的实际信息熵 H_∞ 与具有同样符号集的最大熵 H_0 的比值

$$\eta = \frac{H_\infty}{H_0} \tag{2-130}$$

称为信源熵的相对率，通常也叫作效率。

信源的冗余度 R 定义为 1 减去熵的相对率 η。即

$$R = 1 - \eta = 1 - \frac{H_\infty}{H_0} \tag{2-131}$$

由定义 2.10 可知，信源输出符号之间的依赖关系越大，符号熵 H_∞ 就越小，信源的冗余度也就越大。

对于一般的平稳信源来说，实际符号熵是 H_∞，就是说要传送一个信源的信息，理论上只要有能够传送 H_∞ 的手段即可。实际上由于对它的概率分布未能完全掌握，只好用算 H_m 的办法来解决。因而也只好用能传送 H_m 手段来传送信源的信息。当然，这样就很不经济了，尤其是只能得到 H_1，甚至是 H_0，那就更不经济了，也就是效率 η 低。这种效率 η 不高，表现在传输手段上必然是太富裕了，即信源的冗余度 R 太大。事实上，当只知道信源有 n 个可能取值，而对其统计特性一无所知时，假定这 n 个取值是等可能的，此时熵取最大值 $H_0=\text{lb}n$。这种假定是自然的，最无主观性的，是最合理的假定。一旦能测得其一维概率分布，就能计算出 H_1。显然，$I_{01}=H_0-H_1\geqslant 0$ 是测得一维概率分布之后所获得的信息。测得 m 维概率分布后获得的信息就是 $I_{0m}=H_0-H_m$。若所有维的概率分布都能测得，就可得到 $I_{0\infty}=H_0-H_\infty=RH_0$ 的信息。H_∞ 是实际信源的信息熵，则 $I_{0\infty}=RH_0$ 是没有必要传送的信息，是多余的信息。因此，信源的冗余度 R 表示信源信息的可压缩程度。压缩传输的信息，依赖于预先从测量中获得的信息。通常，将

$$I_{0m} = H_0 - H_m \tag{2-132}$$

称为信息变差。

以英文字母构成的信源为例，说明信源冗余度的物理含义。该信源输出的是由英文字母组成的字母序列。英文符号共 27 个(其中包括一个单词的间隔符号，其实还得加上标点符号，由于不用标点符号也可以表达意思，所以标点不计在内)，因此由英文字母构成的信源，其最大熵为：

$$H_0 = \mathrm{lb}n = \mathrm{lb}27 = 4.76(\text{比特/符号})$$

但实际上，英文字母的出现并非等概的，字母间还有严格的依赖关系。表 2.1 列出了各英文符号出现的概率而不考虑英文符号之间的依赖关系，可得到无记忆平稳信源的熵

$$H_1 = \sum_{i=1}^{27} p(a_i)\mathrm{lb}p(a_i) = 4.03(\text{比特/符号})$$

表 2.1　27 个英文符号出现的概率

符号	概 率	符号	概 率	符号	概 率
空格	0.200	S	0.052	Y，W	0.012
E	0.105	H	0.047	G	0.011
T	0.072	D	0.035	B	0.011
O	0.065	L	0.029	V	0.008
A	0.063	C	0.023	K	0.003
N	0.059	F，U	0.023	X	0.002
I	0.055	M	0.021	J,O	0.001
R	0.054	P	0.018	Z	0.001

通过计算，还得到

$$H_2 = 3.32(\text{比特/符号})$$

$$H_3 = 3.1(\text{比特/符号})$$

对于由英文字母构成的实际的自然语信源，实际的信息熵 H_∞ 有很多近似值。这是由于统计逼近的方法不同或所取的样本书不同而引起的一些差异。一般认为

$$H_\infty = 1.40(\text{比特/符号})$$

若用一般传送方式即在等概假定下的信源，其符号熵为 H_0，那么熵的相对率和冗余度分别为

$$\eta = \frac{H_\infty}{H_0} = 0.29$$

$$R = 1 - \eta = 1 - \frac{H_\infty}{H_0} = 0.71$$

表明用英文字母写文章时，有 71％是由语言结构预先获得的信息确定好的，而其余 29％才是写文章的人自由选择的。这也意味着在传送或存储英文文字信息时，只需传送或存储那些必要的字母，而那些有关联的字母可以大幅度地压缩。例如 100 页的书，大约

只要 29 页就可以了。从而可以大大提高传送或存储英文信息的效率。信源的冗余度真是表示这种信源可以压缩的程度。

从提高信息传输效率的观点出发，总是希望减少或去掉信源的冗余度。例如在发中文电报时，为了经济与节省时间，总希望在原意不变的情况下尽可能地把电报内容写得简单些。因为中文文字构成的消息也有很大的冗余度，可以得到压缩。例如把"中华人民共和国"压缩成"中国"，把"奥林匹克运动会"压缩成"奥运会"，等等。这样原意没有发生改变，电文却变得简洁，冗余度可以大大减少。然而从提高信息传输的可靠性的角度出发，总希望增加或者保留一定的信源冗余度。这样即使由于干扰使消息在传输过程中出现错误，也可以从消息序列的上下关联关系上得到纠正。例如收到"X 林匹克 X 动会"这样的电文，就很容易把它纠正。如果发出的是压缩电文"奥运会"，那么当收到"X 运会"，就很难确定电文的确切含义，是"全运会"还是"大运会"就很难确定，所以冗余大的消息具有较强的抗干扰能力。

2.11 连续信源

截至目前所讨论的信源，其取值是有限可数的，其输出的消息是由这样取值构成的时间离散随机序列。实际中，还存在一类相当重要的信源，其输出在取值和时间上都是连续的。称为连续信源。连续信源输出的消息是随机的，可用连续随机过程来描述。每个可能的消息 $x(t)$ 都是随机过程 $X(t)$ 的一个样本函数，即 $x(t)\in X(t)$；反之，可以说随机过程 $X(t)$ 是所有样本函数 $x(t)$ 的集合，即 $X(t)=\{x(t)\}$。随机过程 $X(t)$ 的统计特性可用有限的 n 维联合概率密度函数 $f_n(x_1,x_2,\cdots,x_n;t_1,t_2,\cdots,t_n)$ 表示，其中 $x_1,x_2,\cdots,x_n$ 是随机过程 $X(t)$ 在 $t_1,t_2,\cdots,t_n$ 时刻的取值。

就统计特性而言，连续随机过程包括平稳随机过程与非平稳随机过程。对于平稳随机过程来说，它的统计特性即它的概率密度函数不随时间的推移而发生变化，即有

$$\begin{aligned}&f_n(x_1,x_2,\cdots,x_n;t_1,t_2,\cdots,t_n)\\&=f_n(x_1,x_2,\cdots,x_n;t_1+\tau,t_2+\tau,\cdots,t_n+\tau)\end{aligned}\tag{2-133}$$

其中，τ 是任意常数。

就一维概率密度来说，平稳随机过程的特征有

$$f_1(x_1,t_1)=f_1(x_1,t_1+\tau)\tag{2-134}$$

最常见的平稳随机过程是具有各态历经的平稳随机过程。

随机过程 $X(t)=\{x(t)\}$ 的集合平均是它在某一时刻 t 取值，即随机变量 $X_t=x(t)$ 的统计平均值，即

$$E[X_t]=\int_{-\infty}^{\infty}x(t)f_1(x,t)\mathrm{d}x\tag{2-135}$$

随机过程 $X(t)=\{x(t)\}$ 的时间平均 $\overline{x(t)}$ 是它的某一样本函数 $x(t)$ 的时间平均值，即

$$\overline{x(t)}=\lim_{T\to\infty}\frac{1}{T}\int_{-T/2}^{T/2}x(t)\mathrm{d}t\tag{2-136}$$

如果满足 $E[X_t]=\overline{x(t)}$，则该随机过程 $X(t)$ 就称为各态历经的随机过程。

严格来说，通信系统中的噪声和受衰落现象干扰的无线电信号都属于非平稳随机过程。但是，在正常通信条件下的无线电信号都可以近似地当作平稳随机过程来处理，况且非平稳随机过程的信息尚处于研究之中，还不成熟。因此，本书讨论的连续信源，仅限于各态历经的平稳随机过程。

连续信源输出是一个连续随机过程，如果仅讨论其中某一时刻输出的取值，它是一个连续随机变量。这种信源亦称为一维连续信源。描述其输出取值的方式是符号的一维概率密度函数和符号间的一维条件概率密度函数。

一维连续信源的数学模型为

$$X=\begin{bmatrix} R \\ f(x) \end{bmatrix} \quad \text{且} \quad \int_R f(x)\mathrm{d}x=1 \tag{2-137}$$

其中，$f(x)\triangleq f_X(x)$，是连续随机变量 X 的一维概率密度函数。R 为 X 的取值范围，可以是有限区间$[a,b]$，也可以是无限区间$(-\infty,\infty)$。

2.11.1 连续随机变量的熵

连续随机变量 X，可以通过量化分层的方式变成离散变量来描述。当量化单位 $\Delta x\to 0$ 时，则所得的离散变量就逼近于原连续变量 X。就是说，连续随机变量总可以用离散随机变量来逼近。或者说连续随机变量可认为是离散随机变量的极限情况。这样，连续随机变量的熵也就可以用离散随机变量的信息熵来逼近。

已知离散随机变量 X 的概率分布时，其信息熵为

$$H(X)=-\sum_X p_X(x)\mathrm{lb}\,p_X(x)$$

由离散随机变量的信息熵出发就可以用极限的方法导出连续随机变量，即连续信源 $X(t)$在某一样点 t 的取值 X 的信息熵。

假设连续随机变量 X 的概率密度函数 $f_X(x)$，且可以认为在很小的量化区间 Δx 内它是一个常数，则随机变量 X 的取值落在区间$(x_i,x_i+\Delta x)$的概率为

$$p_X(x_i\leqslant x\leqslant x_i+\Delta x)=f_X(x)\Delta x$$

于是，连续随机变量 X 的信息熵

$$\begin{aligned} H(X)&=\lim_{\substack{\Delta x\to 0\\ i\to\infty}}\Big\{-\sum_i[f_X(x)\Delta x\,\mathrm{lb}(f_X(x)\Delta x)]\Big\}\\ &=\lim_{\substack{\Delta x\to 0\\ i\to\infty}}\Big\{-\sum_i[(f_X(x)\mathrm{lb}f_X(x))\Delta x]\Big\}\\ &\quad+\lim_{\substack{\Delta x\to 0\\ i\to\infty}}\Big\{-\sum_i[f_X(x)\Delta x\,\mathrm{lb}(\Delta x)]\Big\}\\ &=-\int_R f_X(x)\mathrm{lb}f_X(x)\mathrm{d}x+\Big[\int_R f_X(x)\mathrm{d}x\Big]\Big[-\lim_{\Delta x\to 0}\mathrm{lb}(\Delta x)\Big]\\ &\triangleq H_c(X)+H_\Delta(X) \end{aligned} \tag{2-138}$$

其中

$$H_c(x)=-\int_R f_X(x)\mathrm{lb}f_X(x)\mathrm{d}x \tag{2-139}$$

称为随机变量 X 的相对熵。

$$H_{\Delta}(X)=\left[\int_{R}f_X(x)\mathrm{d}x\right]\left[-\lim_{\Delta x\to 0}\mathrm{lb}(\Delta x)\right]=-\lim_{\Delta x\to 0}\mathrm{lb}(\Delta x) \tag{2-140}$$

称为随机变量 X 的绝对熵。

可见连续随机变量的信息熵 $H(X)$ 等于相对熵 $H_c(X)$ 与绝对熵 $H_{\Delta}(X)$ 之和。当 $\Delta x\to 0$ 时，X 取值有无限多个，使得绝对熵 $H_{\Delta}(X)\to\infty$，而相对熵是不随着 Δx 变化而发生变化，是一有限值。因此，连续随机变量的信息熵除相对熵之外，还要加上一项无限大的常数。这表明连续信源潜在的信息量是无穷的。这一点容易理解，连续随机变量的可能取值数目是无限多个，信源的不确定性必然是无限大，其输出的信息量也就为无限大。对连续随机变量取值进行量化分层是，分层越细即量化精度越高（Δx 越小），它显现出来的信息量越大。当然为达到这一精度所需要的代价也就越大。但在实际中，由于人或机器的分辨力是有限的，又由于干扰的存在，使得对任何物理量的测量既不过于精细也不可能做到过于精细。当量化单位 Δx 给定（不为零）时，绝对熵 $H_{\Delta}(X)$ 就是一个较大的确定值。

实际问题中，经常讨论两个熵之间的差（如互信息），只要两者在逼近时所取的 Δx 一致，它们的绝对熵便相互抵消。所以常常将相对熵 $H_c(X)$ 定义为连续随机变量 X 的信源熵，即

$$H(X)\triangleq H_c(X)=-\int_{R}f_X(x)\mathrm{lb}f_X(x)\mathrm{d}x \tag{2-141}$$

这样定义的连续随机变量的信源熵，在形式上和离散随机变量的信源熵是相似的。但是，在概念上两者却有本质区别。因为连续信源的不确定性实际上是无限大的，所以用有限值的相对熵 $H_c(X)$ 来表示时，就不能表示信源的平均不确定性，也不能够表示信源输出的信息量，它只是表示连续随机变量的熵所具有的相对性。再取两熵之间的差时，才具有信息量的所有特征。另外，连续随机变量的熵 $H_c(X)$ 虽然具有一些离散熵的主要性质，如可加性，但许多特性却不相同，如 $H_c(X)$ 不具备非负性。下面举个例子来说明。

例 2.8　试求在区间 $[a,b]$ 上均匀分布的连续随机变量 X 的相对熵。

解：根据题意，可得随机变量 X 的概率密度函数

$$f_X(x)=\begin{cases}\dfrac{1}{b-a}, & x\in[a,b]\\ 0, & x\notin[a,b]\end{cases}$$

于是，可求得 X 的相对熵为

$$H_c(X)=-\int_{R}f_X(x)\mathrm{lb}f_X(x)\mathrm{d}x=-\int_a^b\frac{1}{b-a}\mathrm{lb}\frac{1}{b-a}\mathrm{d}x=\mathrm{lb}(b-a)$$

可知，当 $(b-a)\geqslant 1$ 时，$H_c(X)\geqslant 0$；而当 $(b-a)<1$ 时，$H_c(X)<0$。例 2.7 表明，$H_c(X)$ 不具备非负性。那么，$H_c(X)$ 就不能用来表示信源的输出信息，这和离散随机变量的熵不同。

例 2.9　试求数学期望为 μ，方差为 σ^2 的正态随机变量 X 的相对熵。

解：正态随机变量 X 的概率密度函数为

$$f_X(x)=\frac{1}{\sqrt{2\pi}\sigma}\exp\left[-\frac{(x-\mu)^2}{2\sigma^2}\right]$$

代入 $H_c(X)=-\int_R f_X(x)\mathrm{lb}f_X(x)\mathrm{d}x$ 中，

$$H_c(X)=\int_{-\infty}^{\infty} f_X(x)\left[\ln\sqrt{2\pi\sigma^2}+\frac{(x-\mu)^2}{2\sigma^2}\right]\mathrm{d}x$$

$$=\ln\sqrt{2\pi\sigma^2}+\frac{1}{2}$$

$$=\frac{1}{2}\ln(2\pi\mathrm{e}\sigma^2)(\mathrm{nat})$$

$$=\frac{1}{2}\mathrm{lb}(2\pi\mathrm{e}\sigma^2)(\mathrm{b})$$

可见正态分布的随机变量的熵 $H_c(X)$ 与数学期望无关，只与方差 σ^2 有关。且 $H_c(X)$ 视方差 σ^2 的大小可为正，可为负或者为零。通常认为 $E[(x-\mu)^2]$ 是随机变量 X 的平均功率，常写成 $P=\sigma^2$。由于正态分布的熵 $H_c(X)$ 与其方差 σ^2（平均功率）是一一对应的，因此将

$$\sigma^2=\frac{1}{2\pi\mathrm{e}}\exp[2H_c(X)] \tag{2-142}$$

称为熵功率。

有了连续随机变量熵的理解，同样可定义几个连续随机变量的联合熵和它们之间的条件熵。

如果给定连续随机变量 X 和 Y 的联合概率密度函数 $f_{XY}(xy)$，定义

$$H_c(XY)=-\int_{R_X}\int_{R_Y} f_{XY}(xy)\mathrm{lb}f_{XY}(xy)\mathrm{d}x\mathrm{d}y \tag{2-143}$$

为连续随机变量 X 和 Y 的联合熵。

它们之间的条件熵定义为

$$H_c(Y/X)=-\int_{R_X}\int_{R_Y} f_{XY}(xy)\mathrm{lb}f_{Y/X}(y/x)\mathrm{d}x\mathrm{d}y \tag{2-144}$$

或

$$H_c(X/Y)=-\int_{R_X}\int_{R_Y} f_{XY}(xy)\mathrm{lb}f_{X/Y}(x/y)\mathrm{d}x\mathrm{d}y \tag{2-145}$$

还可以定义连续随机变量 X 和 Y 之间的平均互信息

$$I(X;Y)=\int_{R_X}\int_{R_Y} f_{XY}(xy)\mathrm{lb}\frac{f_{XY}(xy)}{f_X(x)f_Y(y)}\mathrm{d}x\mathrm{d}y \tag{2-146}$$

其中 R_X 和 R_Y 分别为 X 和 Y 的取值区间。

容易证明连续随机变量的相对熵和互信息具有如下性质。

(1) 互信息具有非负性，即 $I(X;Y)\geqslant 0$ 当且仅当 X 和 Y 统计独立时上式取等号。

(2) 互信息具有对称性

$$I(X;Y)=I(Y;X) \tag{2-147}$$

(3) $I(X;Y)=H_c(X)-H_c(X/Y)$

$$=H_c(Y)-H_c(Y/X) \tag{2-148}$$

(4) 互信息具有数据处理定理，即对连续信源 X 的测量值 Y 进行数据处理 $Z=f(Y)$ 时，将有 $I(X;Z)\leqslant I(X;Y)$。

(5) $H_c(XY)=H_c(X)+H_c(Y/X)$

$$=H_c(Y)+H_c(X/Y) \tag{2-149}$$

(6) $H_c(X/Y)\leqslant H_c(Y)$ (2-150)

$$H_c(Y/X)\leqslant H_c(X) \tag{2-151}$$

$$H_c(XY)\leqslant H_c(X)+H_c(Y) \tag{2-152}$$

且仅当 X 和 Y 统计独立时,以上各式中的等号才成立。

类似地,还可以定义多维连续随机变量,即连续随机矢量 $\boldsymbol{X}=(X_1,X_2,\cdots,X_N)$ 的联合熵(矢量熵)

$$\begin{aligned}H_c(\boldsymbol{X})&=H_c(X_1,X_2,\cdots,X_N)\\&=-\int_{R_1}\int_{R_2}\cdots\int_{R_n}f(x_1,x_2,\cdots,x_N)\mathrm{lb}f(x_1,x_2,\cdots,x_N)\mathrm{d}x_1\mathrm{d}x_2\cdots\mathrm{d}x_N\end{aligned} \tag{2-153}$$

并且也具有二维随机变量联合熵的一些类似性质。例如,可加性

$$H_c(X_1,X_2,\cdots,X_N)=H_c(X_1)+H_c(X_2/X_1)+\cdots+H_c(X_N/X_1X_2\cdots X_{N-1}) \tag{2-154}$$

2.11.2 最大相对熵

对于离散随机变量,当随机变量可能的取值等概分布时,能得到最大的信息熵 $H_{\max}(X)=\mathrm{lb}n$,其中 n 为离散随机变量可能取值(符号)的数目。在确定这个最大信息熵时,除了需要满足 $\sum_i p(a_i)=1$ 这一完备集条件之外,并无其他约束条件。然而欲求取连续随机变量的最大相对熵,要比求取离散随机变量的最大熵的情况复杂。除了满足完备集条件 $\int_R p(x)=1$ 之外,还会存在其他约束条件。并且对于不同的约束条件,连续随机变量的最大相对熵也不同,对应的概率分布,即最佳的概率分布 $p_{\mathrm{opt}}(x)$ 也不同。

在峰值功率受限的条件下,最佳概率密度函数是一个恒值,即当 $p(x)$ 为均匀分布时相对熵达到最大值。也就是说,在峰值功率受限的条件下,任何概率分布时的相对熵必小于均匀分布时的相对熵。

定理 2.1 若随机变量 X 的取值范围被限定在(a,b)范围之内,则 X 的相对熵

$$H_c(X)\leqslant \mathrm{lb}(b-a) \tag{2-155}$$

当且仅当 X 取值的概率密度函数

$$p(x)=\frac{1}{b-a} \tag{2-156}$$

为均匀分布时等号成立。

证明: $$\begin{aligned}H_c(X)&=-\int_a^b p(x)\mathrm{lb}p(x)\mathrm{d}x=\int_a^b p(x)\mathrm{lb}\frac{1}{p(x)}\mathrm{d}x\\&=\int_a^b p(x)\mathrm{lb}(b-a)\mathrm{d}x+\int_a^b p(x)\mathrm{lb}\frac{1}{p(x)(b-a)}\mathrm{d}x\\&\leqslant \mathrm{lb}(b-a)+\left[\int_a^b p(x)\left(\frac{1}{p(x)(b-a)}-1\right)\mathrm{d}x\right]\\&=\mathrm{lb}(b-a)\end{aligned}$$

当且仅当 $p(x)=\frac{1}{b-a}$ 时不等式中等号成立。

此定理可以推广到 N 维随机矢量的情况。

定理 2.2　若 N 维随机矢量 $\boldsymbol{X}=(X_1,X_2,\cdots,X_n)$ 的取值范围被限定为 $\prod_{i=1}^{N}(a_i,b_i)$ 范围内，则 $\boldsymbol{X}$ 的相对熵

$$H_c(\boldsymbol{X})\leqslant \mathrm{lb}\prod_{i=1}^{N}(b_i-a_i)=\sum_{i=1}^{N}\mathrm{lb}(b_i-a_i) \tag{2-157}$$

当且仅当 $\boldsymbol{X}$ 的 N 维矢量概率密度函数

$$p(x)=\begin{cases}\dfrac{1}{\prod\limits_{i=1}^{N}(b_i-a_i)}, & \boldsymbol{X}\in\prod\limits_{i=1}^{N}(a_i,b_i)\\ 0, & \boldsymbol{X}\notin\prod\limits_{i=1}^{N}(a_i,b_i)\end{cases} \tag{2-158}$$

为均匀分布时，上式等号成立。

均值不为零的一维随机变量 X 在其方差 σ^2 受限时最佳概率密度函数是什么形式呢？对于均值为零，其受限的方差 σ^2 就是它受限的平均功率，前者是一种特例，在这种情况下，约束的条件有两个：

(1) $\int_{-\infty}^{\infty}p(x)\mathrm{d}x=1$ (完备集条件)　　(2-159)

(2) $\int_{-\infty}^{\infty}(x-m)^2p(x)\mathrm{d}x=\sigma^2$ (方差受限条件)　　(2-160)

其中，$p(x)$ 是一维随机变量 X 的概率密度函数，m 是均值。

均值不为零的一维随机变量的方差为定值时，其取值的最佳概率函数为正态分布(高斯分布)。由于均值为零的一维随机变量的方差 σ^2 就是其平均功率，因此当平均功率为定值时，其取值的最佳概率密度函数是平均值为零，方差等于平均功率的正态分布。也就是说，在平均功率受限的条件下，任何概率密度分布时相对熵均小于正态分布时的相对熵。

定理 2.3　具有给定方差 σ^2 的随机变量 X，则其相对熵

$$H_c(X)\leqslant\frac{1}{2}\ln(2\pi e\sigma^2) \tag{2-161}$$

当且仅当 X 的概率密度函数

$$p(x)=\frac{1}{\sqrt{2\pi}\sigma}e^{-\frac{(x-m)^2}{2\sigma^2}} \tag{2-162}$$

为正态分布(高斯分布)时等号成立。

证明：
$$\begin{aligned}H_c(X)&=-\int_{-\infty}^{\infty}p(x)\mathrm{lb}p(x)\mathrm{d}x\\&=-\int_{-\infty}^{\infty}p(x)\ln p'(x)\mathrm{d}x+\int_{-\infty}^{\infty}p(x)\ln\frac{p'(x)}{p(x)}\mathrm{d}x\end{aligned}$$

$$
\begin{aligned}
&= -\int_{-\infty}^{\infty} p(x)\ln \frac{1}{\sqrt{2\pi}\sigma} \mathrm{e}^{-\frac{(x-m)^2}{2\sigma^2}} \mathrm{d}x + \int_{-\infty}^{\infty} p(x)\ln \frac{p'(x)}{p(x)} \mathrm{d}x \\
&\leqslant -\int_{-\infty}^{\infty} p(x)\ln \frac{1}{\sqrt{2\pi}\sigma} \mathrm{d}x + \int_{-\infty}^{\infty} p(x) \frac{(x-m)^2}{2\sigma^2} \mathrm{d}x \\
&\quad + \int_{-\infty}^{\infty} p(x)\left(\frac{p'(x)}{p(x)} - 1\right) \mathrm{d}x \\
&= \ln \sqrt{2\pi}\sigma + \frac{1}{2} \\
&= \frac{1}{2}\ln(2\pi \mathrm{e}\sigma^2)
\end{aligned}
$$

当 $p(x)=p'(x)$（正态分布）时不等式中等号成立。

该定理也可以推广到 N 维随机矢量的情况。

定理 2.4 若 N 维随机矢量 $\boldsymbol{X}=(X_1,X_2,\cdots,X_n)$ 的联合概率密度函数 $p(\boldsymbol{X})=p(x_1,x_2,\cdots,x_N)$ 的协方差（二阶中心矩），

$$
\begin{aligned}
p_{ij} &= E[(x_i-m_i)(x_j-m_j)] \\
&= \int_{R^N} (x_i-m_i)(x_j-m_j) p(\boldsymbol{X}) \mathrm{d}x \quad (i,j=1,2,\cdots,N)
\end{aligned} \tag{2-163}
$$

为定值，即以其各分量构成的协方差矩阵（二阶中心矩矩阵）

$$
\begin{aligned}
\boldsymbol{A} &= E[(\boldsymbol{X}-m)^{\mathrm{T}}(\boldsymbol{X}-m)] \\
&= \int_{R^N} (\boldsymbol{X}-m)(\boldsymbol{X}-m) p(\boldsymbol{X}) \mathrm{d}x \\
&= \begin{bmatrix} A_{11} & A_{12} & \cdots & A_{1N} \\ A_{21} & A_{22} & \cdots & A_{2N} \\ \vdots & \vdots & & \vdots \\ A_{N1} & A_{N2} & \cdots & A_{NN} \end{bmatrix}
\end{aligned} \tag{2-164}
$$

为定值时，则 N 维随机变量 $\boldsymbol{X}$ 的相对熵

$$
H_c(\boldsymbol{X}) \leqslant \frac{1}{2}\ln[(2\pi \mathrm{e})^N \cdot |A|] \tag{2-165}
$$

当且仅当 $\boldsymbol{X}$ 的概率密度函数服从正态分布时等号才成立。其中符号 T 表示转置，$(\boldsymbol{X}-m)$ 表示行矢量，所以 $(\boldsymbol{X}-m)^{\mathrm{T}}$ 是列矢量，$|A|$ 是 A 所对应的行列式。

可见，正态分布时的相对熵与均值无关，而仅与方差或矩方差矩阵有关。因为相对熵定义式(2-161)的积分对坐标系的平移是不变量，因而相对熵与均值无关。

定理 2.3 和定理 2.4 表明，当连续信号输出随机信号的平均功率受限时，只有信号的统计特性与高斯噪声的统计特性一样时，才会有最大的相对熵。从直观上看这是合理的，因为噪声是一个不确定的随机过程，而最大的信息量只能从不确定的事件中获得。

2.11.3 熵功率

当信号平均功率受限时，正态分布信号的相对熵最大。假设其平均功率为 P 时，则其相对熵为

$$H_{cm} = \frac{1}{2}\ln(2\pi eP) \tag{2-166}$$

可得

$$P = \frac{1}{2\pi e}e^{2H_{cm}} \tag{2-167}$$

如果另一信号的平均功率也为 P,但不是正态分布,那么它的相对熵 H_c 一定比式 $H_{cm}=\frac{1}{2}\ln(2\pi eP)$ 计算的值 H_{cm} 小。为此引进"熵功率"的概念。

定义 2.11 假设任一个随机变量 X 与一个正态分布随机变量具有相同的相对熵 H_c,则其等效正态分布随机变量的功率

$$\overline{P} = \frac{1}{2\pi e}e^{2H_c} \tag{2-168}$$

称为随机变量 X 的熵功率。

若信源在 T 时间内发出 n 符号,各符号之间相互独立,均值为 0,平均功率均为 P,且为正态分布,那么它们的联合熵

$$\begin{aligned} H_c(X_1X_2\cdots X_n) &= H_c(X_1)+H_c(X_2)+\cdots+H_c(X_n) \\ &= \frac{n}{2}\ln(2\pi eP) \end{aligned} \tag{2-169}$$

时间熵

$$\frac{1}{T}H_c(X_1X_2\cdots X_n) = \frac{n}{2T}\ln(2\pi eP) \tag{2-170}$$

限带高斯白噪声具有如下的性质:

(1) 它们是各态历经的平稳的随机过程,并服从正态分布,均值为 0,方差 $\sigma^2=p$,p 为交流功率,也是平均功率。

(2) 它们在带宽 F_m 之内有均匀的功率谱。

(3) 自相关函数在 $\tau=\frac{1}{2F_m}\cdot k$ 的点上为 0,所以在以 $\frac{1}{2F_m}$ 为间隔的点上各随机变量是不相关的,由于是正态分布,因而是统计独立的。在时间 T 内可取 $n=2F_mT$ 个样点,由于抽样点包含了限带高斯白噪声的全部信息,限带高斯白噪声的时间熵为

$$H_m = F_m\ln(2\pi eP) \tag{2-171}$$

这是限带信号的最大时间熵。按取样定理取样,取样点包含了原信号的全部信息,但在一般情况下样值不一定是正态分布,各取样值间不一定统计独立,而高斯白噪声既是正态分布,样值间又统计独立,因而具有最大熵。

从而,正态分布随机过程的平均功率为

$$p = \frac{1}{2\pi e}e^{H_m/F_m} \tag{2-172}$$

定义 2.12 假设任意一个随机过程的时间熵和频带都与一个高斯白噪声相同,则其等效高斯白噪声功率

$$\overline{p} = \frac{1}{2\pi e}e^{H_m/F_m} \tag{2-173}$$

称为随机过程的熵功率。

熵功率是频带限制于 F_m 的高斯白噪声达到时间熵 H_m 所需的平均功率 $\bar{p}$。其他类型的随机过程在相同频带限制的条件下，要达到相同时间熵所需的平均功率 p 必大于 $\bar{p}$。也就是说，熵功率总小于随机过程的平均功率，即

$$\bar{p} \leqslant p \tag{2-174}$$

熵功率的大小可以表示连续信源剩余的大小。如果熵功率等于信号的平均功率，就表示信源没有剩余；熵功率和信号平均功率相差越大，说明信源的剩余就越大。所以，可用信号平均功率和熵功率的相对差$\dfrac{p-\bar{p}}{\bar{p}}$来表示连续信源的冗余度。

对于两个相互独立的各态历经平稳随机过程 $X_1(t)$和 $X_2(t)$，其平均功率分别为 p_1 和 p_2，其熵功率分别为 $\bar{p}_1$ 和 $\bar{p}_2$。将它们合成一个新的随机过程 $X_3(t)=X_1(t)+X_2(t)$，且其平均功率和熵功率分别为 p_3 和 $\bar{p}_3$，则存在如下关系：

(1) $p_3=p_1+p_2$ (2-175)

(2) $\bar{p}_3\geqslant\bar{p}_1+\bar{p}_2$ (2-176)

且式(2-176)仅当 $X_1(t)$和 $X_2(t)$是两个彼此统计独立的正态分布随机过程时，等号才成立。式(2-176)称为熵功率不等式。当两个彼此统计独立的正态分布随机过程迭加后所得随机过程仍然是正态分布的，此时熵功率不等式必取等号；而任意两个彼此统计独立的随机过程迭加后，各样点之间的相关性必然小于原来各自随机过程各样点之间的相关性，随着各样点之间相关性的减小，随机过程的熵将增大，故使迭加后的随机过程的熵功率增大。

2.12 习题

2.1 某学校的班级为 A、B、C、D，人数分别为 41、42、43、42，试求“S 学生在 B 班”的信息量是多少。

2.2 某汽车工厂按相同流程生产四种类型的产品：A、B、C、D。其中 A 占 10%，B 占 30%，C 占 35%，D 占 25%。有两个消息“现在完成 1 台 A 型产品”、“现在完成一台 B 型产品”，试确定哪一个信息的信息量大些。

2.3 设某地方的天气报晴(记为 A)占 4/8，阴(记为 B)占 2/8，雨(记为 C)占 1/8，大雨(记为 D)占 1/8。又设另一地方 A 占 7/8，C 占 1/8。试求各自的熵，极端情况下，如 A 的出现的概率 p_A 为 1，在其余的为 0，以及 $p_A=p_B=p_C=p_D$ 时，试计算这两种极端情况下的熵。

2.4 同时掷两个正常的骰子，也就是各面呈现的概率都是 1/6，求

(1) “3 和 5 同时出现”这事件的自信息量。

(2) “两个 1 同时出现”这事件的自信息量。

(3) 两个点数的各自组合(无序对)的熵或平均信息量。

(4) 两个点数之和(即 2,3,…,12 构成的子集)的熵。

(5) 两个点数中至少有一个是 1 的自信息。

2.5 有两个离散随机变量 X 和 Y，其和为 $Z=X+Y$(一般加法)，若 X 和 Y 相互独立，

求证：

(1) $H(X)\leqslant H(Z)$，$H(Y)\leqslant H(Z)$

(2) $H(XY)\geqslant H(Z)$。

2.6　有一信源输出 $X\in\{0,1,2\}$，其概率为 $p_0=\frac{1}{4}$，$p_1=\frac{1}{4}$，$p_2=\frac{1}{2}$，设计两个独立实验去观察它，其结果分别为 $Y_1\in\{0,1\}$，$Y_2\in\{0,1\}$。已知条件概率如表 2.2 所示，求：

表 2.2　题 2.6 表

$p(Y_1/X)$	0	1	$p(Y_2/X)$	0	1
0	1	0	0	1	0
1	0	1	1	1	0
2	$\frac{1}{2}$	$\frac{1}{2}$	2	0	1

(1) $I(X;Y_1)$和 $I(X;Y_2)$，并判断哪个实验好一些。

(2) $I(X;Y_1Y_2)$，并计算做 Y_1 和 Y_2 两个实验比做 Y_1 或 Y_2 中的一个实验各可得到多少关于 X 的信息。

2.7　有一个由 A、B、C、D 四种消息(各自出现的概率为 1/4)组成的信源，通过某一通信系统传输时，设 B、C 无误，A 以 1/4 概率传为 A，以 1/4 的概率误传为 B、C、D，D 以 1/2 的概率正确传输，以 1/2 概率误传为 C。

(1) 求其疑义度。

(2) 收到的信号中最可靠的是哪一个？

2.8　为了传输一个由字母 A、B、C、D 组成的符号集，把每个字母编码成两个二进制码序列，以(00)代表 A，(01)代表 B，(10)代表 C，(11)代表 D，每个二进制码脉冲宽度为 5 毫秒。

(1) 不同字母等概率出现时，计算传输的平均信息速率。

(2) 若每个字母出现的概率分别为 $p_A=1/5$，$p_B=1/4$，$p_C=1/4$，$p_D=3/10$，试计算传输的平均信息速率。

2.9　一阶马尔科夫信源的状态图如图 2.8 所示，信源符号集为$\{0,1,2\}$，并定义 $\bar{p}=1-p$

(1) 求信源平稳后的概率分布 $p(0)$、$p(1)$、$p(2)$；

(2) 求此信源的熵；

(3) 近似认为此信源为无记忆时，符号的概率分布等于平稳分布，求此近似信源的熵 $H(X)$ 并与 H_∞ 进行比较；

(4) 对一阶马尔科夫信源 X，p 取何值时 H_∞ 取最大值。又当 $p=0$、$p=1$ 时结果又如何？

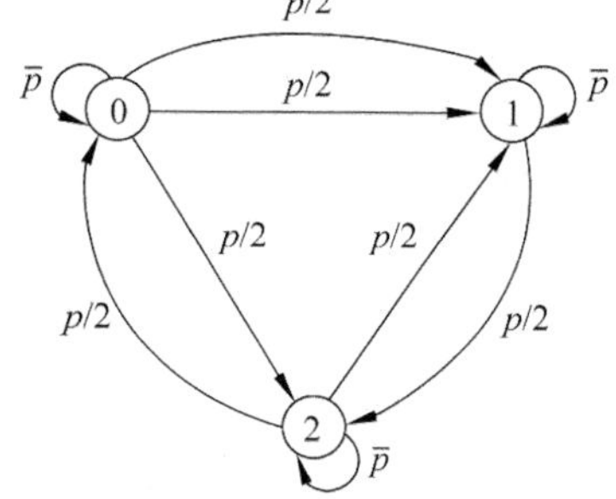

图 2.8　题 2.9 图

2.10　设有一马尔科夫信源，它的状态集 $S=\{S_1,S_2,S_3\}$，符号集 $X=\{a_1,a_2,a_3\}$，及在某状态下发符号的概率为 $p(a_k|s_i)$，$i,k=1,2,3$，如图 2.9 所示。

(1) 求出图中马尔科夫信源的状态极限概率并找出符号的极限概率；

(2) 计算信源处在某一状态下输出符号的条件熵 $H(X|S=j)$，$j=S_1,S_2,S_3$；

(3) 求出马尔科夫信源熵 H_∞。

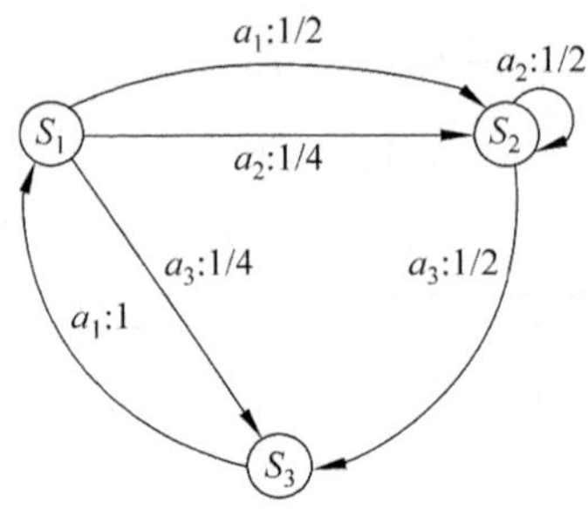

图 2.9 题 2.10 图

2.11 试确定 $p(X)$在$-1\leqslant X\leqslant 1$ 内均匀分布时的信源的熵与在$-2\leqslant X\leqslant 2$ 内均匀分布时的熵哪个大？

2.12 信源变量 X 的取值范围为 $0\leqslant a\leqslant X\leqslant b$ 时，试求熵为最大的概率密度函数 $p(X)$。

第3章

信道及信道容量

信道是传送信息的物理通道，是构成信息通信系统的重要组成部分，其任务是以信号形式传输和存储信息。例如，二人面对面聊天，语言靠声波通过空气来传送，因此二人间的空气就是信道。再如，手机等无线通话的信道是电波传播所通过的空间，而有线电话的信道就是连接电话机的双绞线电缆。在物理信道一定的情况下，人们总是希望传输的信息越多越好，例如在载波电话中，一个电话机作为发出信息的信源，接听的另一方就是接收信息的信宿，而它们之间的设施就是一条信道，而这条信道可以通过采用不同频率载波的方式被多组用户所共享。一条信道能传输多少信息，不仅与物理信道本身的特性有关，还与载荷信息的信号形式和信源输出信号的统计特性有关。本章主要讨论所谓的信道容量问题，它反映了信道所能传输的最大信息量，即在什么条件下通过信道的信息量最大。

3.1 信道的数学模型和分类

3.1.1 信道的分类

信息论不研究信号在信道中传输的物理过程，它假定信道的传输特性是已知的，这样信道就可以用如图3.1所示的抽象模型来描述，其符号表示为$\{XP(X/Y)Y\}$。

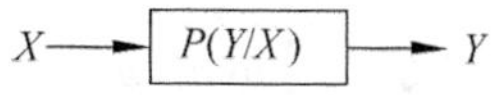

$X \longrightarrow$ [$P(Y/X)$] $\longrightarrow Y$

图3.1 一般信道的数学模型

信号在信道中传输，不可避免地会受到噪声的干扰，从而产生错误和失真，所以信道的输入和输出之间一般不是确定的函数关系，而是统计依赖关系。只要知道输入输出信号之间的依赖关系，信道的特性也就确定了。根据实际应用的需求，信道可以有多种分类方法。

(1) 根据输入输出信号在时间和幅度上的取值是否连续来分类可分为离散信道，输入输出随机变量都取离散值；连续信道，输入输出随机变量都取连续值；半离散/半连续信道，输入变量取离散值而输出变量取连续值，或反之。

(2) 根据输入输出随机变量个数的多少分类可分为单符号信道，输入和输出端都只用一个随机变量来表示；多符号信道，输入和输出端用随机变量序列/随机矢量来表示。

(3) 根据输入输出个数分类可分为单用户信道，只有一个输入和输出的信道；多用户信道，有多个输入和输出的信道。

(4) 根据信道上有无干扰分类可分为有干扰信道和无干扰信道。

(5) 根据信道有无记忆特性分类可分为有记忆信道和无记忆信道。

(6) 根据输入和输出之间有无反馈可分为有反馈信道和无反馈信道。

实际信道的带宽总是有限的，所以输入和输出信号总可以分解成随机序列来研究。一个实际信道可同时具有多种属性，其中最简单的信道是单符号离散信道。

3.1.2 单符号离散信道的数学模型

单符号离散信道是指信道的输入输出都取值于离散集合并且都用一个随机变量来表示的信道。设单符号离散信道的输入随机变量为 X，其所有可能的取值为 a_i，$i=1,2,3,\cdots,n$，输出随机变量为 Y，其所有可能的取值为 b_j，$j=1,2,3,\cdots,m$，则其信道模型如图 3.2 所示。

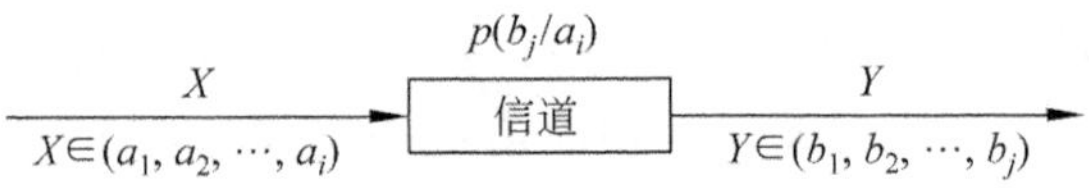

$p(b_j/a_i)$

X → 信道 → Y

$X\in(a_1,a_2,\cdots,a_i)$　　$Y\in(b_1,b_2,\cdots,b_j)$

图 3.2　离散单符号信道模型

由于信道中存在干扰，因此输入的符号会在传输中产生错误，这种信道干扰对传输的影响可以用传递概率 $p(b_j/a_i)$ 来表示：

$$p(b_j/a_i)=p(Y=b_j/X=a_i),\quad i=1,2,\cdots,n,\quad j=1,2,\cdots,m \tag{3-1}$$

这时信道传递概率实际上是一个传递概率矩阵，称为信道矩阵，记为：

$$\begin{array}{cc} & \begin{array}{cccc} b_1 & b_2 & \cdots & b_m \end{array}\ (\text{输出}) \\ (\text{输入})\ \begin{array}{c} a_1 \\ a_2 \\ \vdots \\ a_n \end{array} & \begin{bmatrix} p(b_1/a_1) & p(b_2/a_1) & \cdots & p(b_m/a_1) \\ p(b_1/a_2) & p(b_2/a_2) & \cdots & p(b_m/a_2) \\ \vdots & \vdots & \vdots & \vdots \\ p(b_1/a_n) & p(b_2/a_n) & \cdots & p(b_m/a_n) \end{bmatrix} = \boldsymbol{P} \end{array} \tag{3-2}$$

其中满足 $\sum_{j=1}^{m}p(b_j/a_i)=1$，即信道矩阵中每个元素均为非负，每一行元素之和为 1。由式(3-2)所示的信道矩阵，可以得出输入和输出符号的联合概率为 $p(X=a_i,Y=b_j)=p(a_ib_j)$，则有

$$p(a_ib_j)=p(a_i)p(b_j/a_i)=p(b_j)p(a_i/b_j) \tag{3-3}$$

由全概公式可求得输出符号的概率为：

$$p(b_j)=\sum_{i=1}^{n}p(a_i)p(b_j/a_i)\quad (\text{对 } j=1,2,\cdots,m \text{ 都成立}) \tag{3-4}$$

由贝叶斯公式可得后向概率公式为：

$$p(a_i/b_j)=\frac{p(a_ib_j)}{p(b_j)}\quad (p(b_j)\neq 0)$$

$$=\frac{p(a_i)p(b_j/a_i)}{\sum_{i=1}^{n} p(a_i)p(b_j/a_i)} \quad i=1,2,\cdots,n \quad j=1,2,\cdots,m \tag{3-5}$$

其中 $\sum_{i=1}^{n} p(a_i/b_j)=1, j=1,2,\cdots,m$。

最常见的信道是二元对称信道(Binary Symmetric Channel,BSC),发送端发送 0、1 数据分别用 a_1、a_2 表示,接收端收到 0、1 数据分别用 b_1、b_2 表示,如图 3.3 所示。

其信道的传递概率为:

$$p(b_1/a_1)=p(0/0)=1-p=\bar{p}$$

$$p(b_2/a_2)=p(1/1)=1-p=\bar{p}$$

$$p(b_1/a_2)=p(0/1)=p$$

$$p(b_2/a_1)=p(1/0)=p$$

其中,p 表示单个符号传输发生错误的概率,$1-p$ 表示单个符号无错误传输的概率。其信道矩阵也可表示为:

$$\boldsymbol{P}=\begin{bmatrix}1-p & p\\ p & 1-p\end{bmatrix} \tag{3-6}$$

式(3-6)满足 $\sum_{j=1}^{2} p(b_j/a_1)=\sum_{j=1}^{2} p(b_j/a_2)=1$。

另一种常见的二元信道是删除信道,如图 3.4 所示。

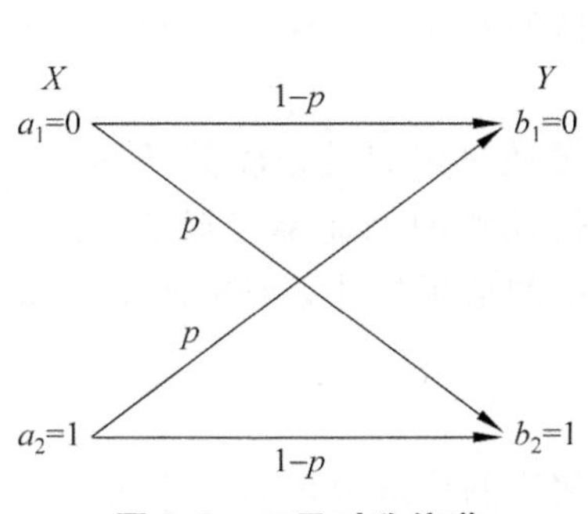

图 3.3 二元对称信道

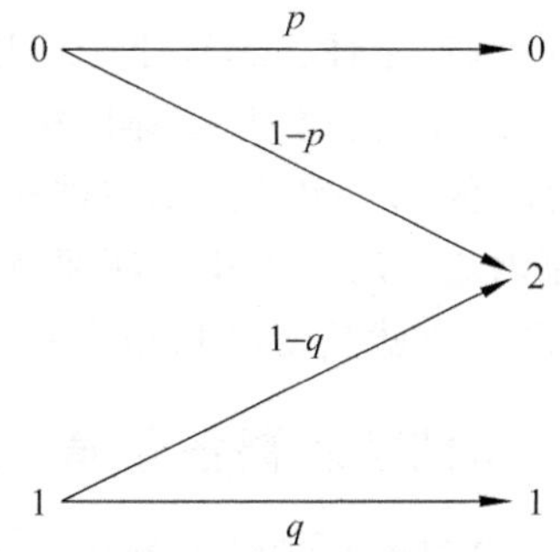

图 3.4 二元删除信道

其信道矩阵可表示为:

$$\boldsymbol{P}=\begin{bmatrix}p & 1-p & 0\\ 0 & 1-q & q\end{bmatrix} \tag{3-7}$$

3.2 单符号离散信道中的熵速率与信道容量

3.2.1 离散无噪声信道的熵速率和信道容量

1. 离散无噪声信道的熵速率

离散无噪声信道的熵速率(信息速率)可以定义为信源在单位时间内输出的熵(或平均信息量)。离散信道的熵也就是离散信道每个消息(符号)的平均信息量,它完全由信源

的概率空间来描述。即如果离散信道每秒钟输出的消息(符号)数为 t 个,则离散信源的熵速率可以表示为:

$$R = tH(X) = -t\sum_{i=1}^{n} p(a_i)\mathrm{lb}p(a_i) \tag{3-8}$$

2. 离散无噪声信道的信道容量

知道了离散无噪声信道的熵速率,那么离散无噪声信道的信道容量就可以定义为:信道对信源一切可能的概率分布(先验分布)而言能够传送的最大熵速率,即:

$$C = \max_{P(a_i)} R \tag{3-9}$$

这里需要指出,信道容量通常可以认为是一条信道内可以传输数据的最大值,换言之信道容量主要研究的是在什么条件下,通过信道的信息量最大。

假定某个离散信源具有 n 种状态,离散信道每秒钟输出的消息(符号)数为 t 个。则当信源等概时,输出最大熵为:

$$H_{\max}(X) = \mathrm{lb}n \tag{3-10}$$

此时,该无噪声离散信道的信道容量为:

$$C = t\mathrm{lb}n \text{ 比特/符号} \tag{3-11}$$

例如,某个离散信源 $n=2$,则根据式(3-11)可知其信道容量 $C=t$ 比特/符号,如果 $n=4$,这时的 $C=2t$ 比特/符号。

在实际的信源中,由于信源符号不一定等概,同时符号间很可能具有相关性,因此,实际信源的熵速率往往远远小于信道容量,从而使信道的实际传信率大大下降,但信道可能的最大熵速率(信道容量)却比实际值要大得多。

因此,信源输出的消息在被送入信道之前往往要通过编码技术将其转换为其他形式的码,原因之一就是希望将所要发送的消息变成能使信源的熵速率接近于信道容量的信号来传送。也就是使信源和信道相匹配,这就是所谓的信源最佳编码或匹配编码。

3.2.2 几种特殊离散信道的容量

下面来讨论几种常见的离散信道,并讨论离散信道的信道容量的计算问题。

1. 具有一一对应关系的离散无噪信道

假定信道输入和信道输出的符号集分别表示为

$$x \in \{a_1, a_2, \cdots, a_n\} \tag{3-12}$$

$$y \in \{b_1, b_2, \cdots, b_m\} \tag{3-13}$$

(1) 当输入 X 和输出 Y 符号集的元素个数相等,并且一一对应时,即有 $m=n$ 且 $a_i=b_i$,这时符号间的对应关系如图 3.5 所示。

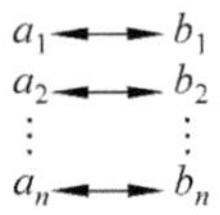

$a_1 \leftrightarrow b_1$

$a_2 \leftrightarrow b_2$

$\vdots \quad\quad \vdots$

$a_n \leftrightarrow b_n$

图 3.5 一一对应的无噪信道

其信道矩阵可以表示为:

$$\begin{bmatrix} 1 & 0 & \cdots & 0 \\ 0 & 1 & \cdots & 0 \\ \vdots & \vdots & & \vdots \\ 0 & 0 & \cdots & 1 \end{bmatrix}$$

(2) 当输入 X 和输出 Y 符号集的元素个数相等，并且一一对应时，并且满足关系式 $a_i = b_{m+1-i}$ 且 $m = n$，这时符号间的对应关系如图 3.6 所示。

其信道矩阵可以表示为：

$$\begin{bmatrix} 0 & 0 & \cdots & 0 & 1 \\ 0 & 0 & \cdots & 1 & 0 \\ \vdots & \vdots & & \vdots & \vdots \\ 0 & 1 & \cdots & 0 & 0 \\ 1 & 0 & \cdots & 0 & 0 \end{bmatrix}$$

根据信道容量的定义，这种 X、Y 一一对应的无噪信道，有噪声熵 $H(Y/X)=0$，且收到 Y 后 X 也不存在不确定性，信道疑义度 $H(X/Y)=0$。此时输入端符号熵等于输出端符号熵，$H(X)=H(Y)$。当信源呈等概率分布时，具有一一对应确定关系的无噪信道达到信道容量

$$C = \max_{p(a_i)} tH(X) = t\mathrm{lb}n(\text{比特/符号}) \tag{3-14}$$

式(3-14)表明当信源呈等概分布时，具有一一对应关系的无噪信道会达到信道容量其值就是信源 X 的最大熵值。同时还说明信道容量只决定于信道的输入符号数 n，与信源无关，是表征信道特性的一个参量。

2. 具有扩展功能的无噪通道

对于一个输入对应多个输出的信道，一般称为具有扩展性能的无损信道，如图 3.7 所示。

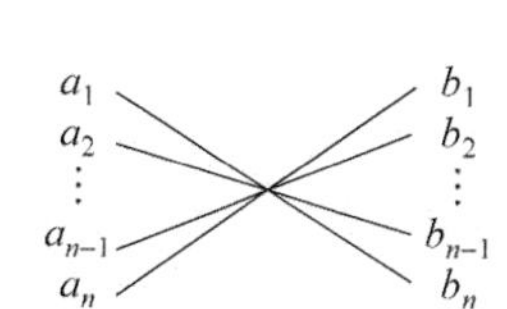

图 3.6 交叉对应的无噪信道

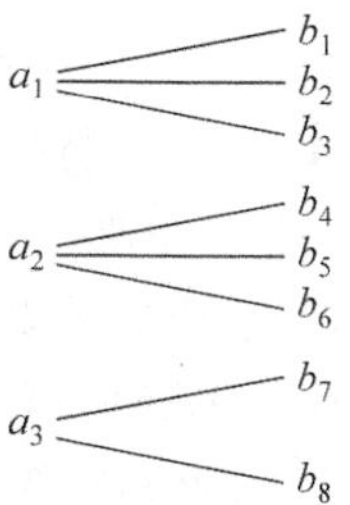

图 3.7 具有扩展性的无噪信道

其信道矩阵可以表示为：

$$\begin{bmatrix} p(b_1/a_1) & p(b_2/a_1) & p(b_3/a_1) & 0 & 0 & 0 & 0 & 0 \\ 0 & 0 & 0 & p(b_4/a_2) & p(b_5/a_2) & p(b_6/a_2) & 0 & 0 \\ 0 & 0 & 0 & 0 & 0 & 0 & p(b_7/a_3) & p(b_8/a_3) \end{bmatrix}$$

虽然信道矩阵中的元素不再是一一对应的关系，但每列中只有一个非 0 元素，也就是说在已知 Y 的条件下，X 就完全确定了，即有信道疑义度 $H(X/Y)=0$。例如，输出端收到 b_2 后可以确定输入端发送的是 a_1，收到 b_7 后可以确定输入端发送的是 a_3，等等。与一一对应信道不同的是，此时输入端符号熵小于输出端符号熵，$H(X)<H(Y)$。当信源呈等概率分布时，具有扩展性能的无噪信道达到信道容量

$$C = \max_{p(a_i)} tI(X;Y) = \max_{p(a_i)} tH(X) = t\mathrm{lb}n(\text{比特/符号}) \tag{3-15}$$

3. 具有归并性的信道

如果无噪信道是一个输出对应多个输入，则该类信道称为具有归并性的信道，如图 3.8 所示。

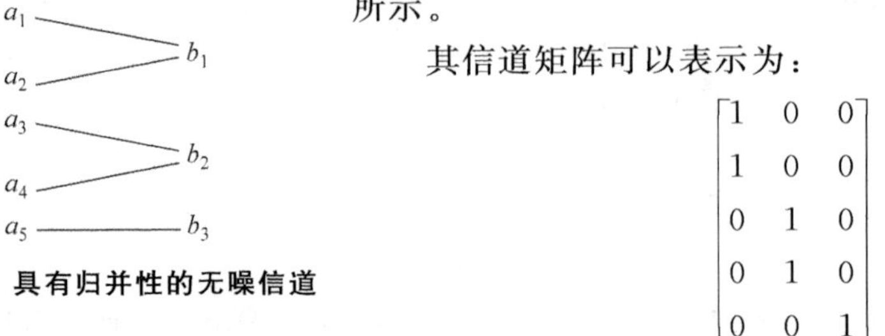

图 3.8 具有归并性的无噪信道

其信道矩阵可以表示为：

$$\begin{bmatrix} 1 & 0 & 0 \\ 1 & 0 & 0 \\ 0 & 1 & 0 \\ 0 & 1 & 0 \\ 0 & 0 & 1 \end{bmatrix}$$

信道矩阵中的元素每行仅有一个非 0 元素，但是每列的非 0 元素个数大于 1，也就是说在已知 X 的条件下，对应的 Y 是完全确定的。但是收到某一个 b_j 后，对应的 a_i 不完全确定，信道疑义度 $H(X/Y)\neq 0$。此时输入端符号熵大于输出端符号熵，即有 $n>m$，$H(X)>H(Y)$。只有当 Y 集合等概率分布时，才能达到信道容量

$$C=\max_{p(a_i)} tI(X;Y)=\max_{p(a_i)} tH(Y)=t\mathrm{lb}m(\text{比特/符号}) \tag{3-16}$$

对于图 3.8 所示的例子，由信道矩阵有

$$p(b_1)=p(a_1)\times 1+p(a_2)\times 1$$
$$p(b_2)=p(a_3)\times 1+p(a_4)$$
$$p(b_3)=p(a_5)$$
$$p(b_1)=p(b_2)=p(b_3)=\frac{1}{3}$$

这时 $C=\mathrm{lb}3=1.585$(比特/符号)。此时必须满足 $p(b_1)=p(b_2)=p(b_3)$ 这一条件，可见信源的 $p(a_i)$ 的分布是不唯一的。由此，得到结论：无噪信道的信道容量 C 只决定于信道的输入符号数 n，或输出符号数 m，与信源无关。

例 3.1 有一无噪信道如图 3.9 所示，写出其信道矩阵。

解：由图 3.9，容易得到该信道的信道矩阵为

$$\boldsymbol{P}=\begin{bmatrix} \frac{1}{2} & \frac{1}{2} & 0 & 0 & 0 & 0 \\ 0 & 0 & \frac{3}{5} & \frac{3}{10} & \frac{1}{10} & 0 \\ 0 & 0 & 0 & 0 & 0 & 1 \end{bmatrix}$$

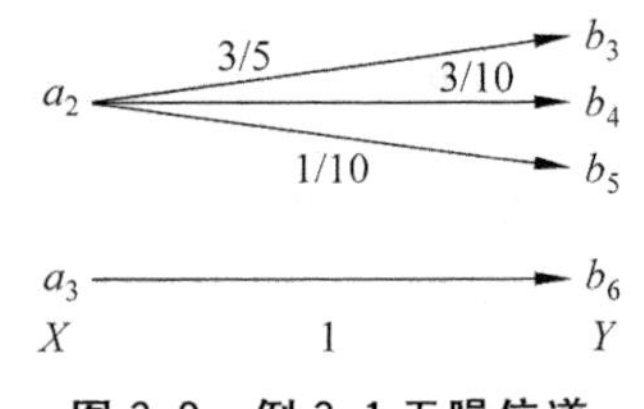

图 3.9 例 3.1 无噪信道

3.2.3 对称离散信道的信道容量

若信道转移矩阵中所有列都是第一列的一种排列，就称信道输出为对称的。若矩阵中每行都是同一集合 $p=\{p_1,p_2,\cdots,p_n\}$ 中元素的不同排列，称行可排列。若矩阵中每列都是同一集合 $Q=\{q_1,q_2,\cdots,q_n\}$ 中元素的不同排列，称列可排列。若行、列都可排列，则矩阵可排列，这时它所表示的信道称对称离散信道。

例如：

$$\boldsymbol{P}=\begin{bmatrix}\frac{1}{3} & \frac{1}{3} & \frac{1}{6} & \frac{1}{6}\\ \frac{1}{6} & \frac{1}{6} & \frac{1}{3} & \frac{1}{3}\end{bmatrix} \quad 和 \quad \boldsymbol{P}=\begin{bmatrix}\frac{1}{2} & \frac{1}{3} & \frac{1}{6}\\ \frac{1}{6} & \frac{1}{2} & \frac{1}{3}\\ \frac{1}{3} & \frac{1}{6} & \frac{1}{2}\end{bmatrix}$$

都是对称信道。

1. 强对称(均匀)离散信道及其信道容量

若对称信道中输入符号和输出符号个数相同,并且信道中总的错误概率为 p,对称地平均分配给 $n-1$ 个输出符号,其中 n 表示输入输出符号的个数,则称此信道为强对称信道(也称均匀信道),其信道矩阵为

$$\boldsymbol{P}=\begin{bmatrix}\bar{p} & \frac{p}{n-1} & \frac{p}{n-1} & \vdots & \frac{p}{n-1}\\ \frac{p}{n-1} & \bar{p} & \frac{p}{n-1} & \vdots & \frac{p}{n-1}\\ \vdots & \vdots & \vdots & \vdots & \vdots\\ \frac{p}{n-1} & \frac{p}{n-1} & \frac{p}{n-1} & \vdots & \bar{p}\end{bmatrix}, \quad p+\bar{p}=1 \tag{3-17}$$

对于一般的信道,其信道矩阵中各行之和为 1,各列之和不一定等于 1,而均匀信道中各行、列之和均为 1 且元素相同。例如,二元对称信道就是 $n=2$ 的均匀信道。

例 3.2 求如图 3.10 所示二元强对称离散信道的信道容量。

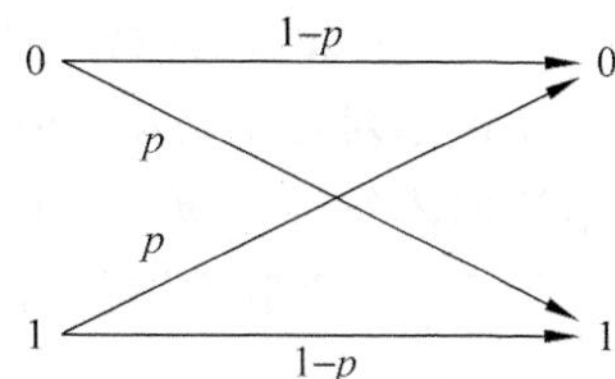

图 3.10 二元强对称离散信道

解: $H(X \mid Y)=-\sum_{i=0}^{1}\sum_{j=0}^{1}p(a_ib_j)\mathrm{lb}p(a_i \mid b_j)$

$=-p\mathrm{lb}p-(1-p)\mathrm{lb}(1-p)$

$H(X)=-\sum_{i=0}^{1}p(a_i)\mathrm{lb}p(a_i)$

设信道每秒传输的消息数为 t,则接收熵速率 $R(X;Y)$为:

$$R=t[H(X)-H(X \mid Y)]$$

该信道的信道容量为:

$$C=\max_{p(x)}\{R\}$$

可见只有当 $H(X)$最大,$H(X/Y)$最小的时候,该信道具有最大熵速率(信道容量)。即当 $p(a_1)=p(a_2)=1/2$ 时,有

$$C=1+p\mathrm{lb}p+(1-p)\mathrm{lb}(1-p)$$

根据平均互信息的定义

$$I(X;Y)=H(Y)-H(Y/X)$$

$$H(Y/X)=\sum_{i=1}^{n}p(a_i)\sum_{j=1}^{m}p(b_j/a_i)\mathrm{lb}\frac{1}{p(b_j/a_i)}=\sum_{i=1}^{n}p(a_i)H(Y/X=a_i)$$

$$H(Y/X=a_i)=\sum_{j=1}^{m}p(b_j/a_i)\mathrm{lb}\frac{1}{p(b_j/a_i)}$$

由于信道的对称性，$H(Y/X=a_i)$与a_i无关，且$H(Y/X=a_i)=H(p_1',p_2',\cdots,p_m')$，这里$\{p_1',p_2',\cdots,p_s'\}$为信道矩阵行矢量，所以有

$$I(X;Y)=H(Y)-H(p_1',p_2',\cdots,p_m')$$

根据信道容量的定义

$$C=\max_{p(x)}[H(Y)-H(p_1',p_2',\cdots,p_m')]$$

当输出Y为等概分布时，$H(Y)$达到最大值$\text{lb}\,m$，这时信道达到信道容量，即

$$C=\text{lb}\,m-H(p_1',p_2',\cdots,p_m')\text{(比特/符号)} \tag{3-18}$$

另外，需要指出的一点是对于对称信道，当输入符号达到等概率分布时，输出符号一定也达到等概率分布。

例 3.3 设某离散对称信道的信道矩阵为

$$\boldsymbol{P}=\begin{bmatrix}\frac{1}{3} & \frac{1}{3} & \frac{1}{6} & \frac{1}{6}\\ \frac{1}{6} & \frac{1}{6} & \frac{1}{3} & \frac{1}{3}\end{bmatrix}$$

求该信道的信道容量。

解：由于该信道为对称信道，因此其信道容量可用式(3-18)求得，即将信道矩阵中的各参数代入式$C=\text{lb}m-H(p_1',p_2',\cdots,p_m')$中有

$$C=\text{lb}4-H\left(\frac{1}{3},\frac{1}{3},\frac{1}{6},\frac{1}{6}\right)=2+\left[\frac{1}{3}\text{lb}\,\frac{1}{3}+\frac{1}{3}\text{lb}\,\frac{1}{3}+\frac{1}{6}\text{lb}\,\frac{1}{6}+\frac{1}{6}\text{lb}\,\frac{1}{6}\right]$$
$$=0.0817\text{(比特/符号)}$$

在这个对称信道中，每个符号平均能够传输的最大信息量为0.0817比特，而且只有在信道输入符号等概的条件下才能达到这个最大值。

例 3.4 离散均匀信道的信道矩阵为

$$\boldsymbol{P}=\begin{bmatrix}\bar{p} & \frac{p}{n-1} & \frac{p}{n-1} & \cdots & \frac{p}{n-1}\\ \frac{p}{n-1} & \bar{p} & \frac{p}{n-1} & \cdots & \frac{p}{n-1}\\ \cdots & \cdots & \cdots & & \cdots\\ \frac{p}{n-1} & \frac{p}{n-1} & \frac{p}{n-1} & \cdots & \bar{p}\end{bmatrix}$$

求该信道的信道容量。

解：均匀信道中输入输出符号数相等，有$n=m$成立，所以

$$C=\text{lb}n-H\left(\bar{p},\frac{p}{n-1},\frac{p}{n-1},\cdots,\frac{p}{n-1}\right)$$
$$=\text{lb}n+\bar{p}\text{lb}\bar{p}+\underbrace{\frac{p}{n-1}\text{lb}\,\frac{p}{n-1}+\cdots+\frac{p}{n-1}\text{lb}\,\frac{p}{n-1}}_{\text{共}(n-1)\text{项}}$$
$$=\text{lb}n+\bar{p}\text{lb}\bar{p}+p\text{lb}\,\frac{p}{n-1}$$
$$=\text{lb}n-p\text{lb}(n-1)-H(p)$$

其中，p 是错误传输概率，$\bar{p}$ 是正确传输概率。因此，得到结论：均匀信道的信道容量为 $C=\mathrm{lb}n-p\mathrm{lb}(n-1)-H(p)$。

2. 准对称离散信道及其信道容量

若信道矩阵 $\boldsymbol{Q}$ 的列可以划分成若干个互不相交的子集 B_k，即 $B_1\cap B_2\cap\cdots\cap B_K=\varnothing$，$B_1\cup B_2\cup\cdots\cup B_K=Y$，由 $\boldsymbol{B}_k$ 为列组成的矩阵 $\boldsymbol{Q}_k$ 是对称矩阵，则称信道矩阵 $\boldsymbol{Q}$ 所对应的信道为准对称信道。

也可以理解为：若矩阵行可排列，列不可排列，但列的子集构成的子矩阵可排列，则矩阵表示准对称信道。

例如，信道

$$\boldsymbol{p}=\begin{bmatrix}\frac{1}{2} & \frac{1}{4} & \vdots & \frac{1}{8} & \frac{1}{8}\\ \frac{1}{4} & \frac{1}{2} & \vdots & \frac{1}{8} & \frac{1}{8}\end{bmatrix}$$

具有行可排列性，列则不具有可排列性，但是如果把前两列和后两列分成互不相交的子集，构成两个子矩阵：

$$\boldsymbol{p}_1=\begin{bmatrix}\frac{1}{2} & \frac{1}{4}\\ \frac{1}{4} & \frac{1}{2}\end{bmatrix} \quad 和 \quad \boldsymbol{p}_2=\begin{bmatrix}\frac{1}{8} & \frac{1}{8}\\ \frac{1}{8} & \frac{1}{8}\end{bmatrix}$$

两个子矩阵的行和列都是可排列的，这时就称该信道为准排列信道。

准对称信道的信道容量为

$$C=\mathrm{lb}n-H(p_1',p_2',\cdots,p_m')-\sum_{k=1}^{K}N_k\mathrm{lb}M_k \tag{3-19}$$

其中，n 表示输入符号集的个数，$\{p_1',p_2',\cdots,p_m'\}$ 表示准对称信道矩阵中的行元素。设矩阵可划分成 n 个互不相交的子集，N_k 为第 k 个子矩阵 $\boldsymbol{Q}_k$ 中行元素之和，M_k 为第 k 个子矩阵 $\boldsymbol{Q}_k$ 中列元素之和。即 $N_k=\sum_j P(b_j\mid a_i)$，$M_k=\sum_i P(b_j\mid a_i)$，$y\in Y_k$，$(k=1,2,\cdots,K)$。可以证明，当输入为等概分布时，可以达到信道容量。

例 3.5 二元删除信道的信道矩阵如下，求该信道的信道容量。

$$\boldsymbol{P}=\begin{bmatrix}1-p-q & q & p\\ p & q & 1-p-q\end{bmatrix}$$

解：该信道是一个准对称信道，有

$$N_1=1-q,\quad N_2=q$$
$$M_1=1-q,\quad M_2=2q$$

所以其信道容量为

$$\begin{aligned}C&=\mathrm{lb}\,n-H(p_1',p_2',\cdots,p_m')-\sum_{k=1}^{K}N_k\mathrm{lb}M_k\\&=\mathrm{lb}2-H(1-p-q,q,p)-(1-q)\mathrm{lb}(1-q)-q\mathrm{lb}2q\\&=p\mathrm{lb}p+(1-p-q)\mathrm{lb}(1-p-q)+(1-q)\mathrm{lb}\frac{2}{1-q}\end{aligned}$$

当满足 $p+q=1$ 时，上例的信道矩阵变为

$$\boldsymbol{P}=\begin{bmatrix}1-q & q & 0\\ 0 & q & 1-q\end{bmatrix}$$

这时的信道容量为

$$\begin{aligned}C&=p\operatorname{lb}p+(1-p-q)\operatorname{lb}(1-p-q)+(1-q)\operatorname{lb}\frac{2}{1-q}\\&=1-q(\text{比特/符号})\end{aligned}$$

例 3.6 已知信道矩阵

$$\boldsymbol{P}=\begin{bmatrix}\frac{1}{2} & \frac{1}{4} & \frac{1}{8} & \frac{1}{8}\\[4pt] \frac{1}{4} & \frac{1}{2} & \frac{1}{8} & \frac{1}{8}\end{bmatrix}$$

求其信道容量。

解：将 $\boldsymbol{P}$ 分成可排列子矩阵

$$\boldsymbol{p}_1=\begin{bmatrix}\frac{1}{2} & \frac{1}{4}\\[4pt] \frac{1}{4} & \frac{1}{2}\end{bmatrix}\quad 和\quad \boldsymbol{p}_2=\begin{bmatrix}\frac{1}{8} & \frac{1}{8}\\[4pt] \frac{1}{8} & \frac{1}{8}\end{bmatrix}$$

由于每个子集都只有两个元素即 $m_1=m_2=2$，所以 $p(a_1)=p(a_2)=\frac{1}{2}$

$$\bar{p}(b_1)=\frac{\sum\limits_{i=1}^{2}p(a_i)\sum\limits_{p(b_j)\in M_1}p(b_j/a_i)}{m_1}=\frac{\sum\limits_{i=1}^{2}\sum\limits_{j=1}^{2}p(a_i)p(b_j/a_i)}{m_1}=\frac{1}{2}\left[\frac{1}{2}+\frac{1}{4}\right]=\frac{3}{8}$$

同理：

$$\bar{p}(b_2)=\frac{\sum\limits_{i=1}^{2}\sum\limits_{j=3}^{4}p(a_i)p(b_j/a_i)}{m_2}=\frac{1}{2}\left[\frac{1}{8}+\frac{1}{8}\right]=\frac{1}{8}$$

相应的，该准对称信道的信道容量为

$$\begin{aligned}C&=-\sum_{k=1}^{2}M_k\bar{p}(b_k)\operatorname{lb}\bar{p}(b_k)-H(q_1,q_2,\cdots,q_m)\\&=-\left[2\cdot\frac{3}{8}\operatorname{lb}\frac{3}{8}+2\cdot\frac{1}{8}\operatorname{lb}\frac{1}{8}\right]-\left[-\frac{1}{2}\operatorname{lb}\frac{1}{2}-\frac{1}{4}\operatorname{lb}\frac{1}{4}-2\cdot\frac{1}{8}\operatorname{lb}\frac{1}{8}\right]\\&=0.061\,278(\text{比特/符号})\end{aligned}$$

3.2.4 离散信道容量的一般计算方法

研究信道的主要目的之一便是讨论信道中平均每个符号所能传送的信息量，即信道的信息传输率 R。前文已经提到过，信道容量即是在固定信道的条件下，对所有可能的输入概率分布 $P(a_i)$ 求平均互信息的极大值。信道的信息传输率 R 可以表示为

$$R=I(X;Y)=H(X)-H(X\mid Y)(\text{比特/符号})$$

考虑到信道传输信息时的时间因素，则有

$$R_t=\frac{1}{t}I(X;Y)=\frac{1}{t}H(X)-\frac{1}{t}H(X\mid Y)(\text{比特/秒})$$

R_t 称为信息传输速率,表征信道在单位时间内可以传输的信息量。$I(X;Y)$是输入信源概率分布 $P(a_i)$的凸函数,对于一个固定的信道,总存在一种信源(某种概率分布 $P(a_i)$),使传输每个符号平均获得的信息量最大,即每个固定信道都有一个最大的信息传输率。定义这个最大的信息传输率为信道容量 C,即 $C=\max\limits_{P(a_i)}\{I(X;Y)\}$(比特/符号),相应的输入概率分布称为最佳输入分布。信道容量 C 是信道传输概率函数,只与信道的统计特性有关。它是一个能够完全描述信道特性的参量,是信道能够传输的最大信息量。

由前面的讨论可知,$I(X;Y)$是 n 个变量$\{P(a_1),P(a_2),\cdots,P(a_n)\}$的多元函数,并满足 $\sum\limits_{i=1}^{n}P(a_i)=1$。所以可以用拉格朗日乘子法来求这个条件极大值,构造新函数

$$\Phi=I(X;Y)-\lambda\sum_{i}P(a_i) \tag{3-20}$$

其中,λ 为拉格朗日乘子(待定常数)。解方程组:

$$\frac{\partial\Phi}{\partial P(a_i)}=\frac{\partial\left[I(X;Y)-\lambda\left[\sum\limits_{i=1}^{n}p(a_i)-1\right]\right]}{\partial P(a_i)}=0 \tag{3-21}$$

有 $I(X;Y)$的表达式

$$I(X;Y)=\sum_{i=1}^{n}\sum_{j=1}^{m}P(a_i)P(b_j\mid a_i)\mathrm{lb}\,\frac{P(b_j\mid a_i)}{P(b_j)}$$

并且有

$$P(b_j)=\sum_{i=1}^{n}P(a_i)P(b_j\mid a_i)$$

将以上两式代入式(3-21)得

$$\frac{\partial}{\partial P(a_i)}\mathrm{lb}P(b_j)=\left[\frac{\partial}{\partial P(a_i)}\ln P(b_j)\right]\mathrm{lbe}=\frac{P(b_j\mid a_i)}{P(b_j)}\mathrm{lbe}$$

求偏导

$$\sum_{j=1}^{m}P(b_j\mid a_i)\mathrm{lb}\,\frac{P(b_j\mid a_i)}{P(b_j)}-\sum_{i=1}^{n}\sum_{j=1}^{m}P(a_i)P(b_j\mid a_i)\mathrm{lb}\,\frac{P(b_j\mid a_i)}{P(b_j)}\mathrm{lbe}-\lambda=0$$

上式对 $i=1,2,\cdots,n$ 均成立,同时因为 $\sum\limits_{i=1}^{n}P(a_i)P(b_j\mid a_i)=P(b_j)$ 且有 $\sum\limits_{j=1}^{m}P(b_j\mid a_i)=1$,整理得到

$$\sum_{j=1}^{m}P(b_j\mid a_i)\mathrm{lb}\,\frac{P(b_j\mid a_i)}{P(b_j)}=\lambda+\mathrm{lbe} \tag{3-22}$$

上式左边即为平均互信息量的极大值 C,因此可以得到信道容量的表达式为:

$$C=\lambda+\mathrm{lbe} \tag{3-23}$$

令 $I(a_i;Y)=\sum\limits_{j=1}^{m}P(b_j\mid a_i)\mathrm{lb}\,\dfrac{P(b_j\mid a_i)}{P(b_j)}$,该式表示输出端接收到 Y 后获得关于 $X=a_i$ 的信息量,即信源符号 $X=a_i$ 对输出端 Y 平均提供的互信息。要使 $I(a_i;Y)=C(i=1,2,\cdots,n)$,可得到如下定理:

定理 3.1 一般离散信道的平均互信息 $I(X;Y)$达到极大值(即等于信道容量)的充要条件是输入概率分布$\{p(a_i)\}$满足

$$\begin{cases} I(x_i;Y)=C, & \text{对所有 } x_i \text{ 其 } p_i\neq 0 \\ I(x_i;Y)\leqslant C, & \text{对所有 } x_i \text{ 其 } p_i=0 \end{cases} \tag{3-24}$$

或

$$\begin{cases} \dfrac{\partial I(X;Y)}{\partial p(a_i)}=\lambda, & \text{对所有 } a_i \text{ 其 } p(a_i)\neq 0 \\ \dfrac{\partial I(X;Y)}{\partial p(a_i)_i}\leqslant\lambda, & \text{对所有 } a_i \text{ 其 } p(a_i)=0 \end{cases} \tag{3-25}$$

证明：(为表达方便，以下过程中 $I(X;Y)$ 简写成 $I(P)$)

首先来证明其充分性。假设有一输入概率分布 $\{p(a_i)\}=P$ 满足式(3-24)和式(3-25)，证明分布 $\{p(a_i)\}$ 一定使平均互信息 $I(P)$ 达到极大值，即证明对于任何其他输入概率分布 $Q=\{q(a_i)\}$，有 $I(Q)\leqslant I(P)$。

设 $0<\theta<1$，则有

$$\theta I(Q)-(1-\theta)I(P)\leqslant I[\theta Q+(1-\theta)P]$$

整理可得

$$I(Q)-I(P)\leqslant\frac{\{I[\theta Q+(1-\theta)P]-I(P)\}}{\theta}$$

当 $\theta\to 0$ 时，有 $I(Q)-I(P)\leqslant\sum_{i=1}^{n}(q_i-p_i)\dfrac{\partial}{\partial p_i}I(P)$ 成立。

因为 P 满足式(3-25)，即当 $p_i\neq 0$ 时，$\dfrac{\partial I(P)}{\partial p_i}=\lambda$；而当 $p_i=0$，$(q_i-p_i)=q_i\geqslant 0$ 时，$\dfrac{\partial I(P)}{\partial p_i}\leqslant\lambda$。所以得：$I(Q)-I(P)\leqslant\lambda\sum_{i=1}^{r}(q_i-p_i)=\lambda\left[\sum_{i=1}^{r}q_i-\sum_{i=1}^{r}p_i\right]=0\Rightarrow I(Q)\leqslant I(P)$。

下面再来证明必要性。假设有一输入概率分布 P 使 $I(X;Y)$ 达到极大值 $I(P)$，证明概率分布 P 满足条件式(3-24)和式(3-25)。

设存在任意其他概率分布 $Q=\{q_i\}$，满足：$I[\theta Q+(1-\theta)P]-I(P)\leqslant 0$，$0<\theta<1$。将该式除以 θ，并取 $\theta\to 0$ 的极限，可以得到：$\sum_{i=1}^{r}(q_i-p_i)\dfrac{\partial}{\partial p_i}I(P)\leqslant 0$。对于 $\{p_i\}$，因为 $\sum_{i=1}p_i=1$，所以至少有一分量 $p_i\neq 0$，令 $p_l\neq 0$。选择另一种概率分布 $Q=\{q_i\}$ 满足 $\begin{cases} q_l=p_l-\varepsilon \\ q_i=p_i \\ q_j=p_j+\varepsilon \end{cases}$，$(i\neq l,j)$，其中 ε 为任意数，满足 $-p_j\leqslant\varepsilon\leqslant p_l$。于是，$\sum_{i=1}^{r}(q_i-p_i)\dfrac{\partial}{\partial p_i}I(P)\leqslant 0$ 就变为 $-\varepsilon\dfrac{\partial I}{\partial p_l}+\varepsilon\dfrac{\partial I}{\partial p_j}\leqslant 0$。如令 $\dfrac{\partial I}{\partial p_l}=\lambda$，会得到 $\varepsilon\dfrac{\partial I}{\partial p_j}\leqslant\lambda\varepsilon$。

因为 $p_l>0$，所以当 $p_j=0$，ε 总取正数，得 $\dfrac{\partial I}{\partial p_j}\leqslant\lambda$。

若 $p_j\neq 0$，ε 可取正数，也可取负数。若取正数，得 $\dfrac{\partial I}{\partial p_j}\leqslant\lambda$，若取负数，得 $\dfrac{\partial I}{\partial p_j}\geqslant\lambda$。故当 $p_j\neq 0$，$\dfrac{\partial I}{\partial p_j}=\lambda$，满足定理条件。由此可以得到以下结论：当信道平均互信息达到信道容量时，输入信源符号集中每一个信源符号 x 对输出端 Y 提供相同的互信息，只是概率为

零的符号除外。

对于一般的离散信道，很难利用上述定理来寻求信道容量和对应的输入概率分布。因此仍只能采用求解方程组的方法。即

$$\begin{cases} \sum_{j=1}^{m} P(b_j \mid a_i) \mathrm{lb} \dfrac{P(b_j \mid a_i)}{P(b_j)} = \lambda + \mathrm{lbe} \\ \sum_{i=1}^{n} P(a_i) = 1 \end{cases}$$

$$\sum_{j=1}^{m} P(b_j \mid a_i) \mathrm{lb} P(b_j \mid a_i) - \sum_{j=1}^{m} P(b_j \mid a_i) \mathrm{lb} P(b_j) = C, \quad (i = 1,2,\cdots,n)$$

$$\sum_{j=1}^{m} P(b_j \mid a_i)[C + \mathrm{lb} P(b_j)] = \sum_{j=1}^{m} P(b_j \mid a_i) \mathrm{lb} P(b_j \mid a_i), \quad (i = 1,2,\cdots,n)$$

令 $\beta_j = C + \mathrm{lb}P(b_j)$，得到：

$$\sum_{j=1}^{m} P(b_j \mid a_i)\beta_j = \sum_{j=1}^{m} P(b_j \mid a_i) \mathrm{lb} P(b_j \mid a_i) \tag{3-26}$$

设 $n=m$，信道传递矩阵 $\boldsymbol{P}$ 是非奇异矩阵，则此方程组有解。这时就可以求出 β_j 的数值，然后再根据 $P(b_j)=2^{\beta_j-C}$，$(j=1,2,\cdots,m)$ 和 $\sum_{i=1}^{m} P(b_j) = 1$ 求得信道容量：

$$\sum_{j} 2^{\beta_j - C} = 1$$

所以有

$$C = \mathrm{lb}\left(\sum_{j=1}^{m} 2^{\beta_j}\right) \tag{3-27}$$

对一般离散信道而言，求信道容量，就是在固定信道的条件下，对所有可能的输入概率分布，求其平均互信息量的极大值。

下面来总结一下计算信道容量 C 的步骤：

(1) 利用公式 $\sum_{j=1}^{m} p(b_j/a_i) \mathrm{lb} p(b_j/a_i) = \sum_{j=1}^{m} p(b_j/a_i)\beta_j$，求 β_j；

(2) 利用公式 $C = \mathrm{lb}\left(\sum_{j=1}^{m} 2^{\beta_j}\right)$，求 C；

(3) 利用公式 $P(b_j)=2^{\beta_j-C}$，求 $P(b_j)$；

(4) 利用公式 $p(b_j) = \sum_{i=1}^{n} p(a_i)p(b_j/a_i)$，求 $p(a_i)$。

例 3.7　设某离散信道如图 3.11 所示，输入符号集为 $[a_1, a_2, a_3]$，输出符号集为 $[b_1, b_2, b_3]$，求其信道容量。

解：该信道转移矩阵为

$$\boldsymbol{P} = \begin{bmatrix} 0.7 & 0.3 & 0 \\ \dfrac{1}{3} & \dfrac{1}{3} & \dfrac{1}{3} \\ 0 & 0.3 & 0.7 \end{bmatrix}$$

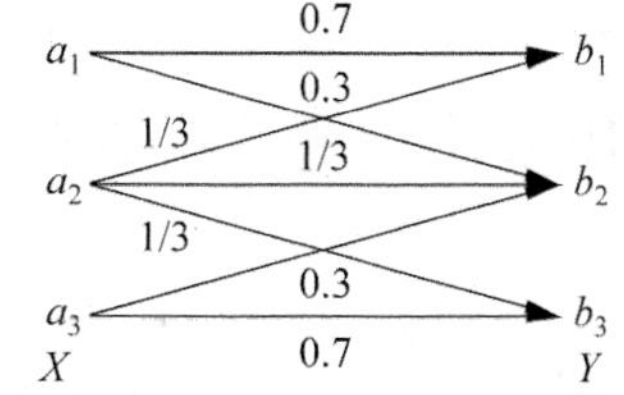

图 3.11　例 3.7 中的离散信道

因此有

$$I(a_1;Y)=\sum_{j=1}^{3}p(b_j/a_1)\mathrm{lb}\frac{p(b_j/a_1)}{p(b_j)}=0.7\mathrm{lb}\frac{0.7}{0.35}+0.3\mathrm{lb}\frac{0.3}{0.3}=0.7$$

$$I(a_3;Y)=\sum_{j=1}^{3}p(b_j/a_3)\mathrm{lb}\frac{p(b_j/a_3)}{p(b_j)}=0.7\mathrm{lb}\frac{0.7}{0.35}+0.3\mathrm{lb}\frac{0.3}{0.3}=0.7$$

$$I(a_2;Y)=\sum_{j=1}^{3}p(b_j/a_2)\mathrm{lb}\frac{p(b_j/a_2)}{p(b_j)}=0$$

可以得到

$$\begin{cases}I(a_i;Y)=0.7 & p(a_i)\neq 0\text{ 的所有 }a_i\\ I(a_i;Y)<0.7 & p(a_i)=0\text{ 的所有 }a_i\end{cases}$$

故

$$C=0.7(\text{比特/符号})$$

例 3.8 设某离散信道如图 3.12 所示，求其信道容量。

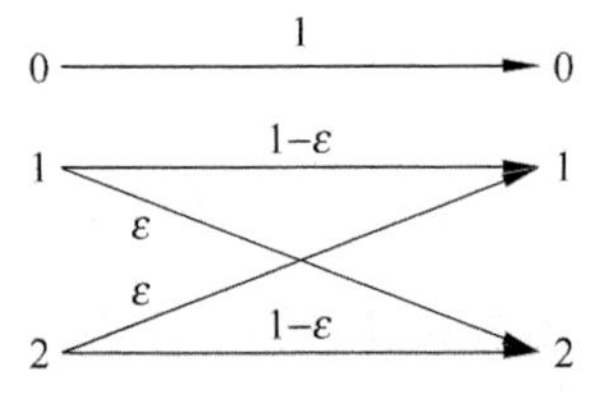

图 3.12 例 3.8 中的离散信道

解：该信道转移矩阵为

$$\boldsymbol{P}=\begin{bmatrix}1 & 0 & 0\\ 0 & 1-\varepsilon & \varepsilon\\ 0 & \varepsilon & 1-\varepsilon\end{bmatrix}$$

根据式(3-25)

$$\sum_{j=1}^{m}p(b_j/a_i)\beta_j=\sum_{j=1}^{m}p(b_j/a_i)\mathrm{lb}p(b_j/a_i),\quad i=1,2,\cdots,n$$

可得方程组

$$\begin{cases}\beta_1=0\\ (1-\varepsilon)\beta_2+\varepsilon\beta_3=(1-\varepsilon)\mathrm{lb}(1-\varepsilon)+\varepsilon\mathrm{lb}\varepsilon\\ \varepsilon\beta_2+(1-\varepsilon)\beta_3=\varepsilon\mathrm{lb}\varepsilon+(1-\varepsilon)\mathrm{lb}(1-\varepsilon)\end{cases}$$

解方程组有

$$\beta_1=0$$
$$\beta_2=\beta_3=\varepsilon\mathrm{lb}\varepsilon+(1-\varepsilon)\mathrm{lb}(1-\varepsilon)$$

因此，该信道的信道容量为

$$\begin{aligned}C&=\mathrm{lb}\sum_{j=1}^{3}2^{\beta_j}=\mathrm{lb}[2^0+2\times 2^{\varepsilon\mathrm{lb}\varepsilon+(1-\varepsilon)\mathrm{lb}(1-\varepsilon)}]\\&=\mathrm{lb}[1+2^{1-H(\varepsilon)}]\\&=\mathrm{lb}[1+2(1-\varepsilon)^{1-\varepsilon}\varepsilon^{\varepsilon}](\text{比特/符号})\end{aligned}$$

再利用 $P(b_j)=2^{\beta_j-C}$式，可得

$$p(b_1)=2^{\beta_1-C}=2^{-C}=\frac{1}{1+2\,(1-\varepsilon)^{1-\varepsilon}\varepsilon^{\varepsilon}}$$

$$p(b_2)=2^{\beta_2-C}=\frac{(1-\varepsilon)^{\varepsilon}\varepsilon^{\varepsilon}}{1+2\,(1-\varepsilon)^{1-\varepsilon}\varepsilon^{\varepsilon}}$$

$$p(b_3)=2^{\beta_3-C}=\frac{(1-\varepsilon)^{\varepsilon}\varepsilon^{\varepsilon}}{1+2\,(1-\varepsilon)^{1-\varepsilon}\varepsilon^{\varepsilon}}=p(b_2)$$

最后利用 $p(b_j)=\sum_{i=1}^{3}p(a_i)p(b_j/a_i),j=1,2,3$ 式，可求得 $p(a_i)$

$$p(a_1)=\frac{1}{1+2\,(1-\varepsilon)^{1-\varepsilon}\varepsilon^{\varepsilon}}$$

$$p(a_2)=p(a_3)=\frac{(1-\varepsilon)^{\varepsilon}\varepsilon^{\varepsilon}}{1+2\,(1-\varepsilon)^{1-\varepsilon}\varepsilon^{\varepsilon}}$$

当 $\varepsilon=\frac{1}{2}$ 时，则有

$$C=\text{lb}2(\text{比特/符号})$$

$$p(a_1)=\frac{1}{2}$$

$$p(a_2)=p(a_3)=\frac{1}{4}$$

从以上讨论可知，信道容量 C 不仅与信源有关，还与信道特性有关，是信道转移概率的函数，不同的信道就有不同的信道容量。它反映了信道本身的传信能力。离散信道容量的计算，就是在各种情况下，计算平均互信息量的最大值。

3.3 多符号离散信道及其信道容量

上一节讨论了单个随机变量通过信道传递的情况，而实际离散信道的输入和输出常常是随机变量序列。如果在不同时刻有多个来自同一信源的随机变量通过离散信道传输，则称这种信道为多符号离散信道。

多符号离散信道相当于单符号离散信道在 N 个不同时刻连续运用了 N 次，所以也称为单符号离散信道的 N 次扩展信道，其数学模型如图 3.13 所示。

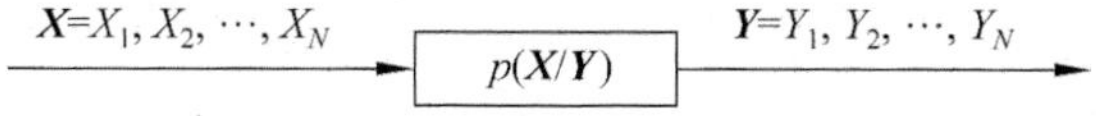

$\boldsymbol{X}=X_1,X_2,\cdots,X_N$ → $p(\boldsymbol{X}/\boldsymbol{Y})$ → $\boldsymbol{Y}=Y_1,Y_2,\cdots,Y_N$

图 3.13 多符号离散信道模型

实际信道往往是记忆信道，为了简单起见，下面主要讨论离散无记忆信道。无记忆信道主要表现出两个性质：

(1) 无记忆性，即 k 时刻的输出只与 k 时刻的输入有关，与之前的输入输出无关。

(2) 无预感性，即 k 时刻之前的输出随机变量序列只与 k 时刻之前的输入随机变量序列有关，与以后的第 k 时刻的输入随机变量无关。

设离散无记忆信道的输入符号集 $A=\{a_1,a_2,\cdots,a_n\}$，输出符号集 $B=\{b_1,b_2,\cdots,b_m\}$，其信道矩阵为：

$$\boldsymbol{P}=\begin{bmatrix}p_{11} & p_{12} & p_{13} & \cdots & p_{1m}\\ p_{21} & p_{22} & p_{23} & \cdots & p_{2m}\\ \vdots & \vdots & \vdots & \cdots & \vdots\\ p_{n1} & p_{n2} & p_{n3} & \cdots & p_{nm}\end{bmatrix}\quad \text{且}\quad \sum_{j=1}^{m}p_{ij}=1\quad(i=1,2,\cdots,n)$$

该信道矩阵是一个 $n^N \times m^N$ 的矩阵，其输入随机序列 X 可能的取值有 n^N 个，输出随机序列 Y 的可能取值有 m^N 个。再根据信道无记忆的特性，可知无记忆信道 N 次扩展后的平均互信息为：

$$\begin{aligned} I(X;Y) &= I(X^N;Y^N) = H(X^N) - H(X^N \mid Y^N) = H(Y^N) - H(Y^N \mid X^N) \\ &= \sum_{X^N,Y^N} P(\alpha_k\beta_h)\mathrm{lb}\,\frac{P(\alpha_k \mid \beta_h)}{P(\alpha_k)} \\ &= \sum_{X^N,Y^N} P(\alpha_k\beta_h)\mathrm{lb}\,\frac{P(\beta_h \mid \alpha_k)}{P(\beta_h)} \end{aligned} \tag{3-28}$$

定理 3.2 若信道的输入随机序列为 $X=(X_1X_2\cdots X_N)$，通过信道传输，接收到的随机序列为 $Y=(Y_1Y_2\cdots Y_N)$。假设信道无记忆，即信道传递概率满足 $P(\beta_h \mid \alpha_k) = \prod_{i=1}^{N} P(b_{h_i} \mid a_{k_i})$，$(k=1,2,\cdots,n^N \quad h=1,2,\cdots,m^N)$，则存在

$$I(X;Y) \leqslant \sum_{i=1}^{N} I(X_i;Y_i) \tag{3-29}$$

证明：设信道输入和输出序列 X 和 Y 的一个取值为：

$$\alpha_k = (a_{k_1}a_{k_2}\cdots a_{k_N}),\quad 其中\ a_{k_i} \in \{a_1,a_2,\cdots,a_n\},(i=1,2,\cdots,N)$$

$$\beta_h = (b_{h_1}b_{h_2}\cdots b_{h_N}),\quad 其中\ b_{h_i} \in \{b_1,b_2,\cdots,b_m\},(i=1,2,\cdots,N)$$

根据式(3-27)给出的无记忆信道 N 次扩展后的平均互信息计算公式可得

$$\begin{aligned} I(X;Y) &= \sum_{X;Y} P(\alpha_k\beta_h)\mathrm{lb}\,\frac{P(\beta_h \mid \alpha_k)}{P(\beta_h)} = E\left[\mathrm{lb}\,\frac{P(\beta_h \mid \alpha_k)}{P(\beta_h)}\right] \\ &= E\left[\mathrm{lb}\,\frac{P(\beta_{h_1} \mid \alpha_{k_1})P(\beta_{h_2} \mid \alpha_{k_2})\cdots P(\beta_{h_N} \mid \alpha_{k_N})}{P(\beta_h)}\right] \end{aligned}$$

输入输出变量的平均互信息之和为

$$\begin{aligned} &\sum_{i=1}^{N} I(X_i;Y_i) \\ &= \sum_{i=1}^{N}\sum_{X_i,Y_i} P(a_{k_i}b_{h_i})\mathrm{lb}\,\frac{P(b_{h_i} \mid a_{k_i})}{P(b_{h_i})} \\ &= \sum_{X_1,Y_1} P(a_{k_1}b_{h_1})\mathrm{lb}\,\frac{P(b_{h_1} \mid a_{k_1})}{P(b_{h_1})} + \sum_{X_2,Y_2} P(a_{k_2}b_{h_2})\mathrm{lb}\,\frac{P(b_{h_2} \mid a_{k_2})}{P(b_{h_2})} + \cdots \\ &\quad + \sum_{X_N,Y_N} P(a_{k_N}b_{h_N})\mathrm{lb}\,\frac{P(b_{h_N} \mid a_{k_N})}{P(b_{h_N})} \\ &= \sum_{X_1,Y_1}\cdots\sum_{X_N,Y_N} P(a_{k_1}\cdots a_{k_N}b_{h_1}\cdots b_{h_N})\mathrm{lb}\,\frac{P(b_{h_1} \mid a_{k_1})\cdot P(b_{h_2} \mid a_{k_2})\cdots P(b_{h_N} \mid a_{k_N})}{P(b_{h_1})\cdot P(b_{h_2})\cdots P(b_{h_N})} \\ &= E\left[\mathrm{lb}\,\frac{P(b_{h_1} \mid a_{k_1})\cdot P(b_{h_2} \mid a_{k_2})\cdots P(b_{h_N} \mid a_{k_N})}{P(b_{h_1})\cdot P(b_{h_2})\cdots P(b_{h_N})}\right] \end{aligned}$$

所以有

$$
\begin{aligned}
& I(X;Y)-\sum_{i=1}^{N} I(X_i;Y_i) \\
=& E\left[\mathrm{lb}\,\frac{P(b_{h_1} \mid a_{k_1})\cdot P(b_{h_2} \mid a_{k_2})\cdots P(b_{h_N} \mid a_{k_N})}{P(\beta_h)}\right. \\
& \left. -\mathrm{lb}\,\frac{P(b_{h_1} \mid a_{k_1})\cdot P(b_{h_2} \mid a_{k_2})\cdots P(b_{h_N} \mid a_{k_N})}{P(b_{h_1})\cdot P(b_{h_2})\cdots P(b_{h_N})}\right] \\
=& E\left[\mathrm{lb}\,\frac{P(b_{h_1})\cdot P(b_{h_2})\cdots P(b_{h_N})}{P(\beta_h)}\right] \\
\leqslant & \mathrm{lb} E\left(\frac{P(b_{h_1})\cdot P(b_{h_2})\cdots P(b_{h_N})}{P(\beta_h)}\right] \\
=& \mathrm{lb}\sum_{X,Y} P(\alpha_k\beta_h)\frac{P(b_{h_1})\cdot P(b_{h_2})\cdots P(b_{h_N})}{P(\beta_h)} \\
=& \mathrm{lb}\sum_{X,Y} P(\alpha_k \mid \beta_h)P(b_{h_1})\cdot P(b_{h_2})\cdots P(b_{h_N}) \\
=& \mathrm{lb}\sum_{Y} P(b_{h_1})\cdot P(b_{h_2})\cdots P(b_{h_N}) = \mathrm{lb}1 = 0
\end{aligned}
$$

因此可得：$I(X;Y) \leqslant \sum_{i=1}^{N} I(X_i;Y_i)$，证毕。

式(3-29)表明，对于无记忆离散信道，其平均互信息小于输入和输出序列中所有对应时刻随机变量的平均互信息之和，只有当信源满足无记忆时，等号成立。下面来证明等号成立的情况，即若信道的输入随机序列为 $X=(X_1X_2\cdots X_N)$，通过信道传输，接收到的随机序列为 $Y=(Y_1Y_2\cdots Y_N)$，而信道的传递概率为 $P(Y_j|X_i)$，假若信源是无记忆的，则存在 $I(X;Y)=\sum_{i=1}^{N} I(X_i;Y_i)$。

证明：平均互信息为

$$
I(X;Y)=\sum_{X;Y} P(\alpha_k\beta_h)\mathrm{lb}\,\frac{P(\alpha_k \mid \beta_h)}{P(\alpha_k)} = E\left[\mathrm{lb}\,\frac{P(\alpha_k \mid \beta_h)}{P(\alpha_k)}\right]
$$

其中，$\alpha_k=(a_{k_1}a_{k_2}\cdots a_{k_N})$，$a_{k_i}\in\{a_1,a_2,\cdots,a_r\}$，$(i=1,2,\cdots,N)$；$\beta_h=(b_{h_1}b_{h_2}\cdots b_{h_N})$，$b_{h_i}\in\{b_1,b_2,\cdots,b_s\}$，$(i=1,2,\cdots,N)$。同时，由于 $P(\alpha_k)=P(a_{k_1})P(a_{k_2})\cdots P(a_{kN})$，所以有

$$
I(X;Y)=E\left[\mathrm{lb}\,\frac{P(\alpha_k \mid \beta_h)}{P(a_{k_1})P(a_{k_2})\cdots P(a_{k_N})}\right]
$$

则

$$
\begin{aligned}
& \sum_{i=1}^{N} I(X_i;Y_i) \\
=& \sum_{i=1}^{N}\sum_{X_i,Y_i} P(a_{k_i}b_{h_i})\mathrm{lb}\,\frac{P(a_{k_i} \mid b_{h_i})}{P(a_{k_i})} \\
=& \sum_{X_1,Y_1}\cdots\sum_{X_N,Y_N} P(a_{k_1}\cdots a_{k_N}b_{h_1}\cdots b_{h_N})\mathrm{lb}\,\frac{P(a_{k_1} \mid b_{h_1})\cdot P(a_{k_2} \mid b_{h_2})\cdots P(a_{k_N} \mid b_{h_N})}{P(a_{k_1})\cdot P(a_{k_2})\cdots P(a_{k_N})} \\
=& E\left[\mathrm{lb}\,\frac{P(a_{k_1} \mid b_{h_1})\cdot P(a_{k_2} \mid b_{h_2})\cdots P(a_{k_N} \mid b_{h_N})}{P(a_{k_1})\cdot P(a_{k_2})\cdots P(a_{k_N})}\right]
\end{aligned}
$$

两式相减得

$$\begin{aligned}\sum_{i=1}^{N} I(X_i;Y_i) - I(X;Y) &= E\left[\mathrm{lb}\,\frac{P(a_{k_1} \mid b_{h_1}) \cdot P(a_{k_2} \mid b_{h_2}) \cdots P(a_{k_N} \mid b_{h_N})}{P(\alpha_k \mid \beta_h)}\right] \\ &\leqslant \mathrm{lb} E\left[\frac{P(a_{k_1} \mid b_{h_1}) \cdot P(a_{k_2} \mid b_{h_2}) \cdots P(a_{k_N} \mid b_{h_N})}{P(\alpha_k \mid \beta_h)}\right] \\ &= \mathrm{lb} \sum_{X,Y} P(\alpha_k \beta_h) \frac{P(a_{k_1} \mid b_{h_1}) \cdot P(a_{k_2} \mid b_{h_2}) \cdots P(a_{k_N} \mid b_{h_N})}{P(\alpha_k \mid \beta_h)} \\ &= \mathrm{lb} \sum_{X,Y} P(\beta_h) P(a_{k_1} \mid b_{h_1}) \cdot P(a_{k_2} \mid b_{h_2}) \cdots P(a_{k_N} \mid b_{h_N}) \\ &= \mathrm{lb} \sum_{Y} P(\beta_h) = \mathrm{lb}1 = 0\end{aligned}$$

这时有 $I(X;Y) = \sum_{i=1}^{N} I(X_i;Y_i)$，即当信源和信道都是无记忆时，式(3-29)中的等号成立。

同时，对于离散无记忆 N 次扩展信道，若信道输入序列 $X=(X_1X_2\cdots X_N)$ 中 X_i 取自同一信源符号集，并具有同一概率分布，且通过相同的信道传送到输出端（即输出序列 $Y=(Y_1Y_2\cdots Y_N)$ 中 Y_i 也取自于同一符号集），则满足：

$$I(X_1,Y_1) = I(X_2,Y_2) = \cdots = I(X_N,Y_N) = I(X;Y) \Rightarrow \sum_{i=1}^{N} I(X_i;Y_i) = NI(X;Y) \tag{3-30}$$

式(3-30)表明，对于离散无记忆信道的 N 次扩展信道，若信源也是无记忆的，则其平均互信息等于单符号信道的平均互信息的 N 倍。

前面已经证明过，对于一般的离散无记忆信道的 N 次扩展信道满足

$$I(X;Y) \leqslant \sum_{i=1}^{N} I(X_i;Y_i)$$

则其信道容量：

$$C^N = \max I(X;Y) = \max \sum_{i=1}^{N} I(X_i;Y_i) = \sum_{i=1}^{N} \max I(X_i;Y_i) = \sum_{i=1}^{N} C_i \tag{3-31}$$

因为输入随机序列在同一个信道中传输，所以其通过离散无记忆信道传输的最大信息量都相同，即有 $C_i=C, i=1,2,\cdots,N$，所以有

$$C^N = NC \tag{3-32}$$

这说明离散无记忆的 N 次扩展信源的信道容量等于原来原单符号离散信道的信道容量的 N 倍。信道容量只有当信源也是无记忆离散信源且每时刻的输入分布达到最佳输入分布时，才能达到该信道容量。一般情况下，消息序列在离散无记忆的 N 次扩展信道中传输的平均互信息量 $I(X;Y) \leqslant NC$。

3.4 组合信道的信道容量

前面分析了单符号离散信道和离散无记忆信道，实际中常常会遇到多个信道组合在一起的情况，也就是令信道和输入和输出随机变量序列中的各随机变量分别取值于不同

的符号集合，就构成了独立并联信道。有时由于某种原因，消息会依次通过一个不同的信道，这就构成一种级联信道，成为串行信道。本节将讨论组合信道及其信道容量问题。

3.4.1 串联信道及其信道容量

串联信道作为最基本的信道组合方式，应用非常广泛，如无线电中继信道等。一般的串联信道如图3.14所示，设信道Ⅰ的输入随机变量为X，其所有可能的取值为$a_i, i=1,2,3,\cdots,n$，输出随机变量为Y，其所有可能的取值为$b_j, j=1,2,3,\cdots,m$。信道Ⅱ的输入随机变量为信道Ⅰ的输出随机变量Y，输出随机变量为Z，其所有可能的取值为$c_k, k=1,2,3,\cdots,l$。

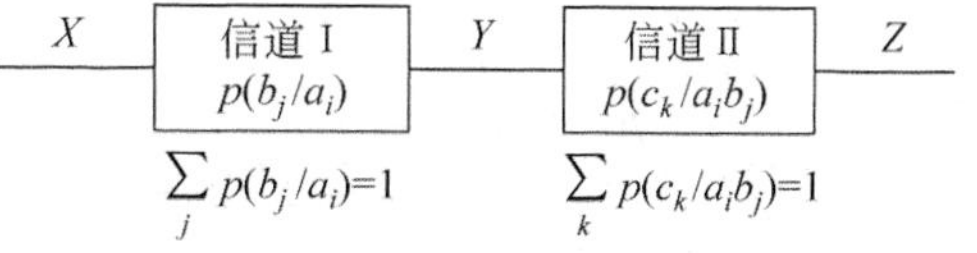

图3.14 串联信道

信道Ⅰ中，输入变量为X，输出变量为Y。信道Ⅱ中，输入变量为Y，输出变量为Z。信道Ⅰ的输出是信道Ⅱ的输入，所以Y与X统计相关，而信道Ⅱ的输出Z与输入Y统计相关，一般来说Z将与X统计相关，但串联结构又决定了在给定Y之后，Z的取值就不与X有关了。所以，X、Y、Z组成了一个马尔科夫链，根据马尔科夫链的性质，串联信道总的信道矩阵等于这两个串联信道的信道矩阵的乘积。当得到串联信道总的信道矩阵后，其信道容量就可以用求离散单符号信道容量的方法完成。

下面来分析串联信道的输出与输入过程，串联信道总的信道输出为两个串联信道的乘积，即

$$p(c_k/a_i) = \sum_j p(b_j/a_i)p(c_k/a_ib_j) \tag{3-33}$$

其中，$p(c_k/a_ib_j)=p(c_k/b_j)$对所有的X、Y、Z的取值均成立，则式(3-33)可写为

$$p(c_k/a_i) = \sum_j p(b_j/a_i)p(c_k/b_j)$$

则有

$$\begin{aligned} I(X;Z/Y) &= H(X/Y) - H(X/YZ) = H(Z/Y) - H(Z/XY) \\ &= H(X/Y) - H(XZ/Y) + H(Z/Y) = 0 \end{aligned}$$

$$I(X;YZ) = I(X;Y) + I(X;Z/Y) = I(X;Z) + I(X;Y/Z)$$

所以

$$I(X;Y) = I(X;Z) + I(X;Y/Z)$$

$$I(X;Y) \geqslant I(X;Z)$$

同理

$$I(XY;Z) = I(X;Z) + I(Y;Z/X) = I(Y;Z) + I(X;Z/Y)$$

$$I(Y;Z) \geqslant I(X;Z)$$

所以$p(b_j/a_i)=p(c_k/a_i)$对所有a_i、b_j、c_k都成立。

例3.9 两个串联信道的信道矩阵分别为

$$\begin{bmatrix} \frac{1}{3} & \frac{1}{3} & \frac{1}{3} \\ 0 & \frac{1}{2} & \frac{1}{2} \end{bmatrix} \quad 和 \quad \begin{bmatrix} 1 & 0 & 0 \\ 0 & \frac{2}{3} & \frac{1}{3} \\ 0 & \frac{1}{3} & \frac{2}{3} \end{bmatrix}$$

求该串联信道总的信道矩阵。

解：因为

$$p(c_k/a_i) = \sum_j p(b_j/a_i)p(c_k/b_j)$$

同时 $p(b_j/a_i)=p(c_k/a_i)$对所有 a_i、b_j、c_k 都成立，则有

$$p(c_k/a_i) = \begin{bmatrix} \frac{1}{3} & \frac{1}{3} & \frac{1}{3} \\ 0 & \frac{1}{2} & \frac{1}{2} \end{bmatrix} \cdot \begin{bmatrix} 1 & 0 & 0 \\ 0 & \frac{2}{3} & \frac{1}{3} \\ 0 & \frac{1}{3} & \frac{2}{3} \end{bmatrix} = \begin{bmatrix} \frac{1}{3} & \frac{1}{3} & \frac{1}{3} \\ 0 & \frac{1}{2} & \frac{1}{2} \end{bmatrix}$$

此时 $I(X;Z)=I(X;Y)$。

若将串联信道从两个子信道的推广到多个子信道，容易证明

$$P_{总} = P_1P_2\cdots P_N = \prod_{i=1}^{N} P_i \tag{3-34}$$

例 3.10 设离散二元对称信道的信道矩阵为

$$\boldsymbol{P}_0 = \begin{bmatrix} 1-\varepsilon & \varepsilon \\ \varepsilon & 1-\varepsilon \end{bmatrix}$$

求 N 个相同的该信道串联后的信道容量。

解：由公式(3-34)可知

$$\boldsymbol{P} = \boldsymbol{P}_0^N$$

要求该信道的信道容量，首先构造

$$\boldsymbol{T}^{-1}\boldsymbol{P}_0\boldsymbol{T} = \boldsymbol{\Lambda} = \begin{bmatrix} 1 & 0 \\ 0 & 1-2\varepsilon \end{bmatrix}$$

其中

$$\boldsymbol{T} = \frac{\sqrt{2}}{2}\begin{bmatrix} 1 & 1 \\ -1 & 1 \end{bmatrix} = \boldsymbol{T}^{-1}$$

则

$$\boldsymbol{P} = \boldsymbol{P}_0^N = \boldsymbol{T}\boldsymbol{\Lambda}^N\boldsymbol{T}^{-1} = T\begin{bmatrix} 1 & 0 \\ 0 & (1-2\varepsilon)^N \end{bmatrix}T^{-1}$$

$$= \frac{1}{2}\begin{bmatrix} 1+(1-2\varepsilon)^N & 1-(1-2\varepsilon)^N \\ 1-(1-2\varepsilon)^N & 1+(1-2\varepsilon)^N \end{bmatrix}$$

这时的串联信道仍旧是一个二元对称信道，其信道容量可表示为

$$C_N = 1 - H\left(\frac{1-(1-2\varepsilon)^N}{2}\right)$$

当 N 趋近于无穷大时

$$\lim_{N\to\infty}\boldsymbol{P} = \begin{bmatrix} \frac{1}{2} & \frac{1}{2} \\ \frac{1}{2} & \frac{1}{2} \end{bmatrix}$$

这时信道容量为

$$\lim_{N\to\infty} C_N = 1 - H\left(\frac{1}{2}\right) = 0$$

3.4.2 独立并联信道的信道容量

上一节分析了串联信道的信道容量，下面来分析独立并联信道的信道容量。设有 N 个信道，它们的输入分别是 $X_1, X_2, \cdots, X_N$，它们的输出分别是 $Y_1, Y_2, \cdots, Y_N$，它们的传递概率分别是 $P(b_{j1} \mid a_{i1}), P(b_{j2} \mid a_{i2}), \cdots, P(b_{jN} \mid a_{iN})$。那么在这 N 个独立并联信道中，每一个信道的输出 Y_i 只与本信道的输入 X_i 有关，与其他信道的输入输出都无关。因此其联合信道传递概率为：

$$P(b_{j1} b_{j2} \cdots b_{jN} \mid a_{i1} a_{i2} \cdots a_{iN}) = P(b_{j1} \mid a_{i1}) P(b_{j2} \mid a_{i2}) \cdots P(b_{jN} \mid a_{jN}) \tag{3-35}$$

这相当于离散无记忆信道应满足的条件，如果将单信道的结论推广到 N 个独立的并联信道，则其联合平均互信息满足

$$I(X_1 X_2 \cdots X_N; Y_1 Y_2 \cdots Y_N) \leqslant \sum_{i=1}^{N} I(X_i; Y_i) \tag{3-36}$$

所以独立并联信道的信道容量

$$C_{1,2,\cdots,N} = \max_{P(x_1 \cdots X_N)} I(X_1 X_2 \cdots X_N; Y_1 Y_2 \cdots Y_N) \leqslant \sum_{i=1}^{N} C_i \tag{3-37}$$

其中 $C_i = \max\limits_{P(x_i)} I(X_i; Y_i)$，当输入符号 X_i 相互独立，且输入符号 X_i 的概率分布达到各信道容量的最佳输入分布时，独立并联信道的信道容量才等于各信道容量之和，即

$$C = \max_{p(x)} I(\boldsymbol{X}; \boldsymbol{Y}) = \max_{p(x)} \sum_{i=1}^{N} I(X_i; Y_i) = \sum_{i=1}^{N} C_i \tag{3-38}$$

3.5 网络信息理论

前面讨论的信道，不论是单符号还是多符号，都是一个输入端和一个输出端的单路通信系统，这类信道称为单用户信道，它只解决两个用户之间的信息传递问题。在实际应用中往往要解决的是多用户之间信息传输的问题，同时为了提高效率，通信网中一般允许有多个输入端和输出端，这类信道称为多用户信道，相应的通信系统就称为多路通信系统。而研究多路通信系统中信息传递相关问题理论就称为网络信息理论。常见的多用户信道可分为图 3.15 所示的三种形式。

多用户信道
- 多址接入信道
- 广播信道
- 相关信源的多用户信道

图 3.15 多用户信道的基本类型

3.5.1 多址接入信道

多址接入信道又称多元接入信道，是指多个用户的信息用多个编码器分别编码以后，送入同一信道传输，在接收端用一个译码器译码，然后分别送给不同用户的信道，其特征是具有多个输入端和一个输出端。该类信道的模型如图 3.16 所示。

下面来研究最简单的二址接入信道，也就是只有两个输入端和一个输出端的信道。设两个输入随机变量 X_1 和 X_2 的取值分别为

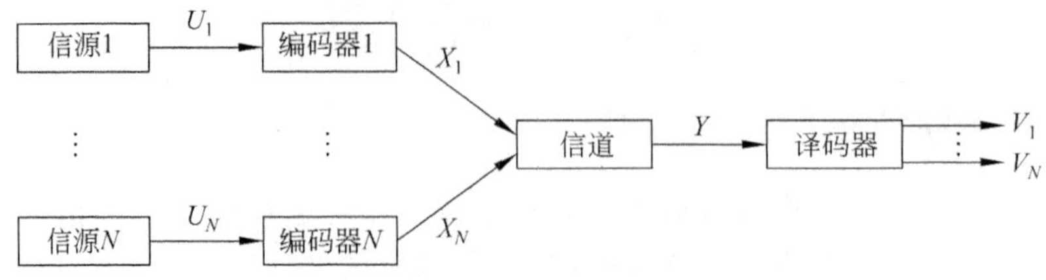

图 3.16　多址接入信道模型

$$X_1 \in \{a_{11}, a_{21}, \cdots, a_{n_1 1}\}$$

$$X_2 \in \{a_{12}, a_{22}, \cdots, a_{n_2 2}\}$$

输出随机变量 Y 的取值为

$$Y \in \{b_1, b_2, \cdots, b_m\}$$

用户信息 U_1 传至接收端 V_1 的信息率用 R_1 表示，它表示从 Y 中获得的关于 X_1 的平均信息量，所以有

$$R_1 = I(X_1;Y) \leqslant \max_{p(x_1)p(x_2)} I(X_1;Y/X_2) \tag{3-39}$$

当 X_1 和 X_2 的取值达到最佳概率分布时，式(3-39)不等号右端的平均条件互信息量达到最大值，这个值就是其信道容量，即

$$C_1 = \max_{p(x_1)p(x_2)} I(X_1;Y/X_2) = \max_{p(x_1)p(x_2)} [H(Y/X_2) - H(Y/X_1X_2)]$$

易知有

$$R_1 \leqslant C_1$$

同理有

$$R_2 = I(X_2;Y) \leqslant \max_{p(x_1)p(x_2)} I(X_2;Y/X_1) = \max_{p(x_1)p(x_2)} [H(Y/X_1) - H(Y/X_1X_2)] = C_2$$

由前面章节讨论可知，从 Y 获得的关于 X_1X_2 的平均信息量可表示为

$$I(X_1X_2;Y) = I(X_1;Y) + I(X_2;Y/X_1) = H(Y) - H(Y/X_1X_2) \tag{3-40}$$

则总信道容量

$$\begin{aligned} C_{12} &= \max_{p(x_1)p(x_2)} I(X_1X_2;Y) \geqslant I(X_1;Y) + \max_{p(x_1)p(x_2)} I(X_2;Y/X_1) \\ &\geqslant I(X_1;Y) + I(X_2;Y) = R_1 + R_2 \end{aligned} \tag{3-41}$$

当 X_1 和 X_2 相互独立时，可证明 $\max(C_1, C_2) \leqslant C_{12} \leqslant C_1 + C_2$。

将上述结论推广至多址信道，设有 N 个输入，1 个输出，第 r 个编码器的输出为 R_r，相应的信道容量为 C_r，信道总容量为 C_Σ，则信息率和信道容量之间满足如下关系：

$$R_r \leqslant C_r = \max_{p(x_1)\cdots p(x_n)} I(X_r;Y/X_1\cdots X_{r-1}X_{r+1}\cdots X_n) \tag{3-42}$$

$$\sum_{r=1}^{n} R_r \leqslant C_\Sigma = \max_{p(x_1)\cdots p(x_w)} I(x_1\cdots;x_n/y) \tag{3-43}$$

当各信源独立时，有

$$\sum_{r=1}^{n} C_r \geqslant C_\Sigma \geqslant \max_r C_r$$

3.5.2 广播信道

具有单输入多输出的信道称为广播信道。一般情况下广播信道只有一个发射台，但是有多个接收机存在。最简单的广播信道是单输入双输出的广播信道，如图 3.17 所示。

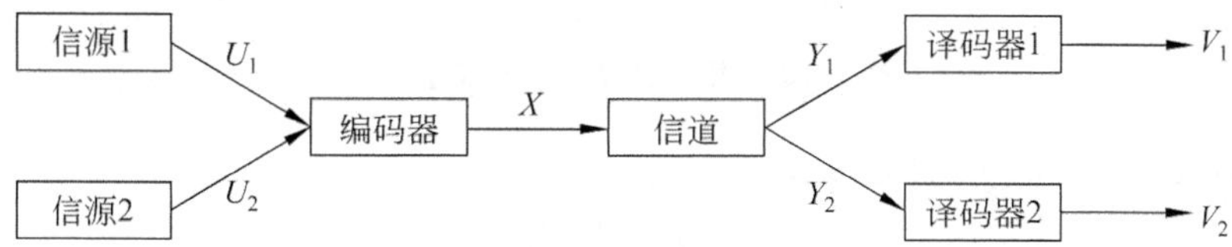

图 3.17 单输入双输出广播信道模型

这类信道难以用系统的方法求出其信息率可达区域，只在某些特殊条件下可以做到，例如图 3.18 所示退化的广播信道。

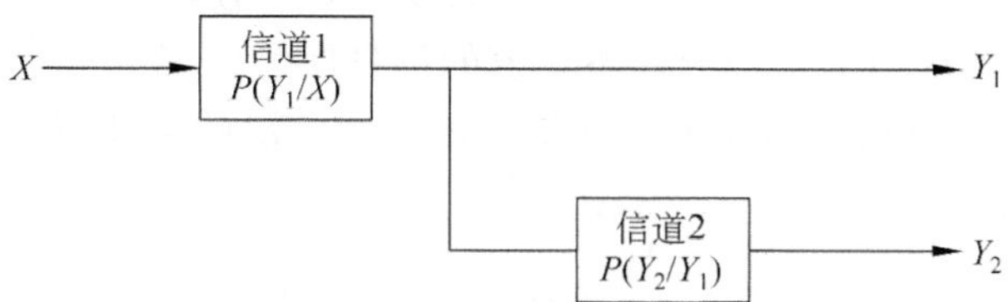

图 3.18 退化的广播信道模型

设信道输入随机变量 X 的取值为

$$X \in \{a_1, a_2, \cdots, a_n\}$$

输出随机变量 Y_1 和 Y_2 的取值为

$$Y_1 \in \{b_{11}, b_{21}, \cdots, b_{m_1 1}\}$$

$$Y_2 \in \{b_{12}, b_{22}, \cdots, b_{m_2 2}\}$$

从图 3.18 可知退化的广播信道满足

$$H(Y_2/Y_1X) = H(Y_2Y_1)$$

这意味着 X_1, Y_1, Y_2 构成马尔可夫链，即 $I(X;Y_1Y_2)=I(X;Y_1)$。若改变 $p(a_i)$使 $I(X;Y_1Y_2)=I(X;Y_1)$最大，可求得 R_1+R_2 的最大值，然后再改变进入编码器的 U_1 和 U_2 的取值，但保持 $p(a_i)$不变，可以得到式

$$\begin{cases} R_1 \leqslant I(X;Y_1/V_2) \\ R_2 \leqslant I(X;Y_2/V_1) \\ R_1 + R_2 \leqslant I(X;Y_1) \end{cases} \tag{3-44}$$

通过式(3-44)即可得到退化的广播信道的信息率可达区域。

3.5.3 相关信源的多用户信道

前面讨论的都是独立信源的多用户信道，下面来分析当两个信源相关时的情况。两个相关信源用两个独立信道传送的多用户信道模型如图 3.19 所示。

根据信源的相关性，有 $H(X_1)+H(X_2) \geqslant H(X_1X_2)$，$H(X_1) \geqslant H(X_1/X_2)$以及

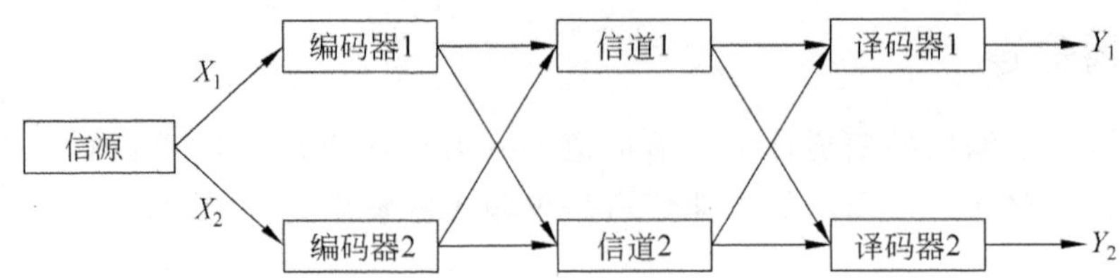

图 3.19 相关信源多用户信道模型

$H(X_2)\geqslant H(X_2/X_1)$成立，只要满足

$$\begin{cases} C_1 > H(X_1/X_2) \\ C_2 > H(X_2/X_1) \\ C_1 + C_2 > H(X_1X_2) \end{cases}$$

就能无差错地传送 X_1、X_2。这时 R_1 不一定要大于 $H(X_1)$，只要大于条件熵 $H(X_1/X_2)$ 就能无差错的传输 X_1，同理也适用于 R_2。这说明关联性使已知 X_2 的同时就获得了部分 X_1 的信息，R_1 只需传送另外一部分尚不知道的信息就可以了。

需要说明的是，随着技术的发展多网信息论受到广泛的关注，但目前许多问题尚未找到系统的解决办法。

3.6 连续信道及其信道容量

前面讨论了离散信道及其信道容量问题，在实际应用中还有一类信道称为连续信道，这种信道中传输的信号在时间和取值上都是连续的，最常见的信号如语音信号、电视信号都是连续信号。本节将讨论连续信道及其信道容量问题。

3.6.1 连续信道的平均互信息量

设信道输入的随机变量 X 的取值范围为$[a,b]$，信道输出随机变量 Y 的取值范围为$[a',b']$，信道转移概率为 $p(y/x)$，$(a\leqslant x\leqslant b, a'\leqslant y\leqslant b')$，其信道模型如图 3.20 所示。

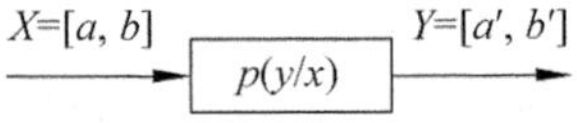

$X=[a, b]$ → $p(y/x)$ → $Y=[a', b']$

图 3.20 连续信道的信道容量

图 3.20 所示连续随机变量 X 和 Y 之间的平均互信息量定义为：

$$I(X,Y) = H(X) - H(X/Y) = H(Y) - H(Y/X) \tag{3-45}$$

连续随机变量的平均互信息的计算与离散随机变量一致，因此，只要将离散情况下的概率分布换成概率密度，求和换成积分即可。所以连续随机变量熵函数的表达式分别为：

$$H(X) = -\int_a^b p(x)\operatorname{lb}p(x)\mathrm{d}x$$

$$H(Y) = -\int_a^b p(y)\operatorname{lb}p(y)\mathrm{d}y$$

$$H(X,Y) = -\int_a^b\int_a^b p(x,y)\operatorname{lb}p(x,y)\mathrm{d}x\mathrm{d}y$$

$$H(X/Y) = -\int_a^b\int_a^b p(x,y)\mathrm{lb}p(x/y)\mathrm{d}x\mathrm{d}y$$

$$H(Y/X) = -\int_a^b\int_a^b p(x,y)\mathrm{lb}p(y/x)\mathrm{d}x\mathrm{d}y$$

虽然连续信源熵可以为负值，但是连续随机变量之间的平均互信息仍然满足非负性，即

$$I(X,Y) \geqslant 0 \tag{3-46}$$

式(3-46)当且仅当 X、Y 相互独立时等号成立。

3.6.2 连续信道的熵速率与信道容量

1. 连续无噪声信道的熵速率

连续信号的熵也就是连续信源每个样值的平均信息量，它完全由信源概率密度函数 $p(x)$来描述：

$$H(X) = -\int_{-\infty}^{\infty} p(x)\mathrm{lb}p(x)\mathrm{d}x$$

如果信源输出信号的带宽是 W，则取样速率为 $2W$。因此，连续信源的熵速率 $R(X)$为：

$$R = 2WH(X) = -2W\int_{-\infty}^{\infty} p(x)\mathrm{lb}p(x)\mathrm{d}x(\text{比特/符号})$$

2. 连续无噪声信道的信道容量

定义连续无噪信道的信道容量为

$$C = \max_{p_X(x)}\{R\}$$

对于频带为 W，平均功率为 N 受限的连续信源，其幅度分布服从高斯分布时，其熵最大，且为：

$$H_{\max}(X) = \frac{1}{2}\mathrm{lb}2\pi eN$$

此时，信道容量 C 为：

$$C = W\mathrm{lb}2\pi eN(\text{比特/符号}) \tag{3-47}$$

实际连续信源由于采样值间的相关性和非高斯概率分布性，熵速率远小于信道容量。只有高斯随机噪声才具有最大熵速率(信道容量)，才能与信道匹配。同时，实际的连续信道中必然存在噪声，所以下面将讨论连续有噪信道的熵速率问题。

3. 连续有噪声信道的接收熵速率

在一个高斯白噪声连续信道中，接收随机变量 Y 为发送消息状态 X 与噪声 n 之和，即为加性高斯白噪声信道，即满足 $Y=X+n$，其信道模型如图 3.21 所示。

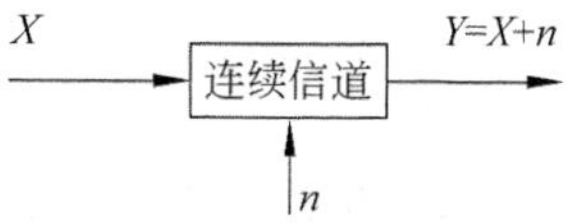

图 3.21 加性连续信道模型

这里首先考虑 X 和 n 的共熵，由于 X 与 n 相互独立，即 $H(n/X)=H(n)$，有 X 和 n 的共熵：

$$\begin{aligned} H(X,n) &= H(X) + H(n/X) \\ &= H(X) + H(n) \end{aligned} \tag{3-48}$$

需要说明的是，由于$Y=X+n$，且X与n独立，所以有$p(x,n)=p(x)p(n)$，并且满足$p(y/x)=p(n/x)=p(n)$。因此

$$p(x,y)=p(x)p(y/x)=p(x)p(n)=p(x,n) \tag{3-49}$$

式(3-49)说明对于给定的x_i，$p(y/x)=p(n/x)=p(n)$，如图3.22所示。也就是说，加性高斯白噪声连续信道的条件概率密度函数$p(y/x)$就是噪声n的概率密度函数$p(n)$，这是加性高斯噪声信道的一个重要特征。

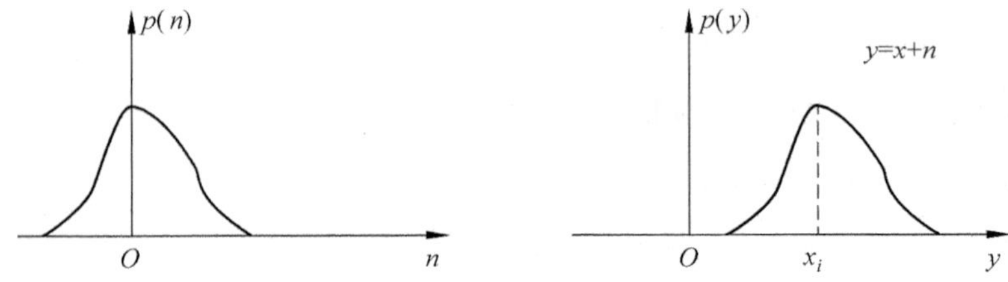

图3.22 加性高斯白噪声信道特性

所以可知

$$H(Y/X)=H(n/X)=H(n)$$

$$H(X,Y)=H(X)+H(Y/X)=H(X)+H(n)=H(Y)+H(X/Y)$$

可得

$$H(X)-H(X/Y)=H(Y)-H(n)$$

则连续信道的熵速率为：

$$R=H(X)-H(X/Y)=H(Y)-H(n) \tag{3-50}$$

结论：在连续有噪声信道上，接收熵速率等于接收的总信息速率$H(Y)$减去噪声信息速率$H(n)$。

如果信源输出信号的带宽是W，取样速率为$2W$，则这时的熵速率为：

$$R=2W[H(X)-H(X/Y)]=2W[H(Y)-H(n)] \tag{3-51}$$

4. 连续有噪声信道的信道容量

与离散信道的信道容量概念一样，在连续信道中，对于给定的信道$p(y/x)$，最大的接收熵速率为信道容量。

$$C=\max_{p(x)} I(X,Y)=\max_{p(x)}[H(Y)-H(n)]$$

同样的，如果考虑信号带宽W，则

$$C=\max_{p_X(x)} R=\max_{p_X(x)} 2W[H(Y)-H(n)]$$

又因为x与n无关，故$p_X(x)$与$R(n)$无关。因此，R最大化也就等于$R(Y)$最大化，此时有

$$C=\max_{p_X(x)} 2WH(Y)-2WH(n) \tag{3-52}$$

式(3-52)给出了信道容量的极限形式，得到它基于以下三点假设：

(1) 信道为加性高斯白噪声信道，功率谱均匀，平均功率为N。

(2) 信道带宽满足信号频谱要求，信号带宽为W，符号速率为$r=2W$。

(3) 信源为平均功率受限，信号功率为P。

基于上述三点假设，使对信号的分析更为简便，但在实际信道中，上述信道容量目前还是不可能实现的。

对于接收信号，由于 $Y=X+n$，并且已知为了使 $H(Y)$ 为最大，Y 应为高斯分布（根据连续信源的最大熵定理）。若 Y 为高斯分布，同时已知 n 也为高斯分布，则 X 也应为高斯分布。由此得到结论，即对于高斯白噪声信道，当信源为高斯分布时，接收熵速率为其最大值。下面简单推导一下信道容量的计算公式：首先设 Y 为在接收端的一个平均功率受限的信源，功率为 $P+N$，则有：

$$r\cdot\max H(Y)=2W\ln\sqrt{[2\pi e(P+N)]}=W\ln[2\pi e(P+N)]$$

若把信道噪声看成一个平均功率为 N 的信源，则有：

$$H'(n)=W\ln(2\pi eN)$$

这样由信道容量的关系式可得：

$$C=\max R=r\cdot\max H(Y)-H'(n)=W\ln\left(1+\frac{P}{N}\right)$$

这样就得到了著名的 Shannon 公式

$$C=W\ln\left(1+\frac{P}{N}\right)\tag{3-53}$$

对于 Shannon 公式，需要做以下几点说明：

(1) 平均功率一定的高斯信道，其信道容量 C 与信号带宽 W 和信号噪声功率比有关。

(2) 平均功率一定的高斯信道，当信源信号为高斯分布时，信道熵速率等于信道容量。

(3) 对于连续信源来说，高斯白噪声信道危害最大，因为 $H'(n)$ 大会使熵速率 R 减小。

(4) Shannon 公式给出了信道容量的极限值，以目前的技术手段是无法实现的，因为信源不可能为高斯分布，只能作为建立信道时的理论指导。

(5) 信道容量的计算比较复杂，一些情况下是可以计算的。

3.6.3　连续信源的香农公式与噪声

上一节得到了 Shannon 公式，需要说明的是它的单位可以为奈特，也可以为比特，因为信道容量是两个熵函数之差，所以不同单位的信道容量表达式是相同的。如果再考虑通信持续的时间，设为 T，那么在 T 秒钟内传输的总信息量为：

$$I_T=TC=TW\mathrm{lb}\left(1+\frac{P}{N}\right)\text{（比特）}\tag{3-54}$$

可以看出为了保持总的信息量不变，T、W、P/N 之间具有以下互换关系：

(1) 当信噪比 P/N 一定时，增加信号带宽就会减少传输时间；反之增加传输时间可以减少信号所用带宽，即时间与带宽可以互相转换。

(2) 当传输时间 T 一定时，增加信号带宽将可以降低对信噪比的要求；反之减少信号带宽就必须提高信噪比，即带宽与信噪比可以互换。

(3) 当信号带宽 W 一定时，增加传输时间可以降低信噪比；反之减少信号传输时间，就必须增加信噪比，即时间与信噪比可以互换。

下面讨论信道中的噪声问题。在通信系统中，人们通常把来自各方面的噪声都集中在一起，认为都是从信道加入的。实际系统的噪声分为外部噪声和内部噪声。外部噪声又分为人为噪声(火花)和自然噪声(大气噪声)。内部噪声包括热噪声(电子热运动)和散粒噪声(器件中电流起伏)。按噪声性质可将信道分成如下几类：高斯噪声信道、白噪声信道、高斯白噪声信道、加性信道和乘性信道等。

1. 高斯噪声信道

高斯噪声信道是指信道中的噪声为高斯分布(正态分布)的平稳、各态历经的随机过程，其幅度值的概率密度函数为高斯分布，例如内部噪声中的热噪声和散粒噪声都是高斯噪声。高斯噪声的一维概率密度函数为：

$$p(x)=\frac{1}{\sqrt{2\pi\sigma^2}}\exp\left\{-\frac{(x-m)^2}{2\sigma^2}\right\}$$

2. 白噪声信道

白噪声信道就是信道中的噪声为白噪声过程，白噪声是一种平稳、各态历经的随机过程。它的功率谱密度在整个频域上为均匀分布，也就是说功率谱密度为常数，即

$$P_n(\omega)=\frac{N_0}{2}\quad(-\infty<\omega<+\infty)$$

式中的 N_0 为单边功率谱密度，$N_0/2$ 为双边功率谱密度，单位为 W/Hz。可以看到白噪声的相关函数为冲击函数

$$P_n(\omega)=\frac{N_0}{2}\Leftrightarrow R_n(\tau)=\frac{N_0}{2}\delta(\tau)$$

严格地讲，白噪声只是一个理想化的数学模型，实际上不可能存在，但是由于它的简单和方便，是设计和分析的有力工具。通常内部噪声中的热噪声和散粒噪声都可以认为是白噪声。

3. 高斯白噪声信道

高斯白噪声信道是指信道中的噪声为高斯白噪声随机过程，即幅度为高斯分布，功率谱为均匀分布的随机过程。通信系统的信道通常都是高斯白噪声信道，例如电阻的热噪声就是高斯白噪声。在通信原理中我们知道，高斯白噪声经过低通限带滤波器后有一个重要特性，就是它的取样值是一个均值为 0，方差为 $N_0/2$，相互独立的高斯分布随机变量。还有一点需要指出，即除了白噪声以外的噪声称为有色噪声，存在有色噪声的信道称为有色噪声信道。

4. 加性信道和乘性信道

信道输出信号为信道输入信号加上噪声的信道为加性信道，这类噪声称为加性噪声或加性干扰，典型的加性噪声如高斯白噪声。

类似的信道输出信号为信道输入信号乘以噪声的信道为乘性信道，这类噪声称为乘性噪声或乘性干扰，典型的乘性干扰如瑞利衰落干扰。

由噪声功率 $N=N_0W$，可以将香农公式写为

$$C = W\ln\left(1+\frac{P}{N_0 W}\right) \tag{3-55}$$

看到式(3-55),读者常常会问一个问题,即当带宽增大时信道容量会增加,但是信道容量会随着带宽无限度增加吗?答案是否定的,因为带宽增加的同时落在通带内的噪声的总功率也会增加。那么下一个问题就是随着带宽的不断增加,信道容量增加的限度。

令 $x=\frac{P}{N_0 W}$,有

$$\lim_{W\to\infty} C = \frac{P}{N_0}\frac{WN_0}{P}\ln\left(1+\frac{P}{N_0 W}\right) = \frac{P}{N_0}\lim_{x\to 0}\mathrm{lb}(1+x)^{1/x}$$

由于$\lim\limits_{x\to 0}\ln(1+x)^{1/x}=1$,所以

$$\lim_{W\to\infty} C = \frac{P}{N_0 \ln 2} = 1.443\frac{P}{N_0}(\text{比特/符号}) \tag{3-56}$$

式(3-56)的结果可以由图3.23表示。

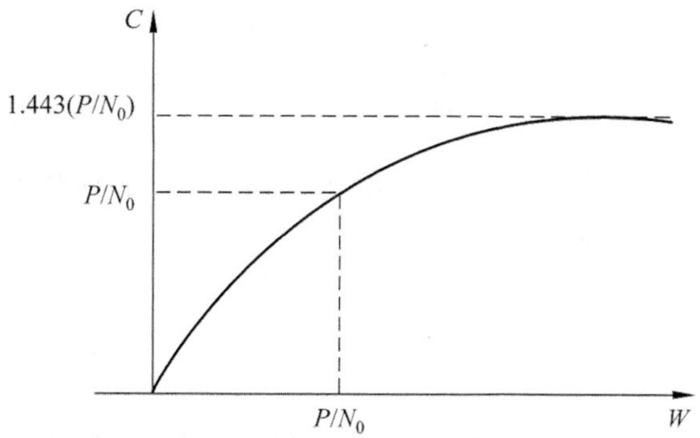

图3.23 信道带宽与信道容量之间的关系

图3.23说明,当信号功率一定时,随着带宽增加,信噪比会降低,信道容量不会无限度增加。当带宽增加到一定程度时,信道容量基本上等于信噪比,这是加性高斯白噪声信道传信率的极限值。当信道带宽不受限制时,信道传送1比特信息,信噪比只需要0.693,即

$$\frac{P}{N_0} = \frac{1}{1.443} = 0.693 = -1.6 \quad (\mathrm{dB/b})$$

在这么低的信噪比条件下可以可靠地接收信息,这一极限值一直是人们追求的目标,但就目前的发展来看,这一目标远远没有达到,实际系统要比这个值大得多。

3.7 信道编码定理

以上各节讨论了离散信道、连续信道以及它们的信道容量,下面给出信道编码定理:若有一离散无记忆平稳信道,其容量为C,输入序列长度为L,只要待传送的信息率$R<C$,总可以找到一种编码,当L足够长时,译码差错概率$p_e<\varepsilon$,ε为任意大于零的正数;反之,当$R>C$时,任何编码的p_e必大于零,当$L\to\infty$,$p_e\to 1$。

信道编码定理与无失真信源编码类似,它也是一个理想编码的存在性定理,它指出信

道容量是一个临界值，只要信道中的信息传输率不超过这个临界值，信道就可以几乎无失真地把信道传输过去。这一结论不论离散信道还是连续信道都适用。

3.8 习题

3.1 设二进制对称信道的转移概率矩阵为$\begin{bmatrix} 2/3 & 1/3 \\ 1/3 & 2/3 \end{bmatrix}$。

(1) 若 $P(a_1)=3/4$，$P(a_2)=1/4$，求 $H(X)$、$H(Y)$、$H(X|Y)$、$H(Y|X)$和 $I(X;Y)$。

(2) 求该信道的信道容量及其达到信道容量时的输入概率分布。

3.2 求下列三个信道的信道容量及其最佳的输入概率分布。

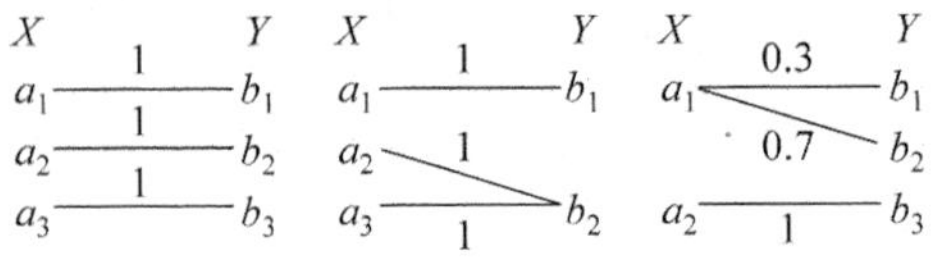

3.3 有一个二元对称信道，其信道矩阵为$\begin{bmatrix} 0.98 & 0.02 \\ 0.02 & 0.98 \end{bmatrix}$。该信源以 1000b/s 的速率传输数据，如果有 15 000b 二进制信号需要传输，且发 0 和发 1 的概率相等。问发送这些信号需要多长时间？

3.4 设 BSC 信道的转移概率矩阵为

$$Q = \begin{bmatrix} 1-\varepsilon_1 & \varepsilon_1 \\ \varepsilon_2 & 1-\varepsilon_2 \end{bmatrix}$$

(1) 写出信息熵 $H(Y)$和条件熵 $H(Y|X)$的关于 $H(\varepsilon_1)$和 $H(\varepsilon_2)$表达式，其中 $H(\varepsilon)=-\varepsilon \mathrm{lb}\varepsilon-(1-\varepsilon)\mathrm{lb}(1-\varepsilon)$。

(2) 根据 $H(\varepsilon)$的变化曲线，定性分析信道的容道容量，并说明当 $\varepsilon_1=\varepsilon_2$ 的信道容量。

3.5 已知一个高斯信道，其输入信噪比为 3，频带为 4kHz。求其能够传送的最大信息率，若将信噪比提高到 24，则理论上传输同样的信息率需要多少带宽？

3.6 有 m 个离散信道，转移概率矩阵分别为 $\boldsymbol{Q}_1,\boldsymbol{Q}_2,\cdots,\boldsymbol{Q}_m$。由这 m 个离散信道组成一个新信道，称为和信道，其转移概率矩阵为：

$$\boldsymbol{Q} = \begin{bmatrix} \boldsymbol{Q}_1 & 0 & \cdots & 0 \\ 0 & \boldsymbol{Q}_2 & \cdots & 0 \\ \vdots & \vdots & \ddots & \vdots \\ 0 & 0 & \cdots & \boldsymbol{Q}_m \end{bmatrix}$$

设 C_k 是第 k 个离散信道的信道容量。试证明：和信道的信道容量为

$$C = \mathrm{lb}\sum_{k=1}^{m} 2^{C_k}$$

此时第 k 个信道的使用概率为 $P_k=2^{(C_k-C)}$。

3.7 求 N 个信道的转移概率矩阵为$\boldsymbol{Q}=\begin{bmatrix} 1-\varepsilon & \varepsilon \\ \varepsilon & 1-\varepsilon \end{bmatrix}$的相同信道级联后的信道容量。

3.8　电视图像由30万个像素组成，对于适当的对比度，一个像素可取10个可辨别的亮度电平，假设各个像素的10个亮度电平都以等概率出现，实时传送电视图像每秒发送30帧图像。为了获得满意的图像质量，要求信号与噪声的平均功率比值为30dB，试计算在这些条件下传送电视的视频信号所需的带宽。

3.9　一通信系统通过波形信道传送信息，信道受双边功率谱密度 $N_0/2=0.5\times10^{-8}$ W/Hz 的加性高斯白噪声的干扰，信息传输速率 $R=24$kb/s，信号功率 $P=1$W。

(1) 若不限制信道带宽，求信道容量？

(2) 若信道带宽为4kHz，求信道容量和系统的频带利用率 R/W(b/s/Hz)。对同样的频带利用率，保证系统可靠传输所需的最小 E_b/N_0 是多少dB？

(3) 若信道带宽变为100kHz，欲保持与(2)相同的信道容量，则此时的信噪比为多少dB？信号功率要变化多少dB？

3.10　要传输一帧有 2.25×10^6 个像素的图片，假定该图像有16个亮度电平，并假设这些亮度电平等概分布，在信噪比为30dB的条件下，10秒内传输完该图片需要的带宽是多少？

第4章

信源编码

在第1章的通信系统模型中，为了提高通信传输的有效性和可靠性，引入了信源编码和信道编码，通过分析知道，有效性和可靠性是一对矛盾，为了分析方便和突出问题的重点，通常在讨论信源编码问题时，将信道编码器和信道译码器都看作信道的一部分，使信源编码的研究主要和信源、信宿发生联系，而集中于解决在满足信宿要求的有效性问题，如图4.1所示；当讨论信道编码时，则通常将信源编码和信源译码分别作为信源和信宿的一部分，使信道编码的研究和信源、信宿无关，而只和信道有关，将集中解决抗干扰和失真问题，如图4.2所示。

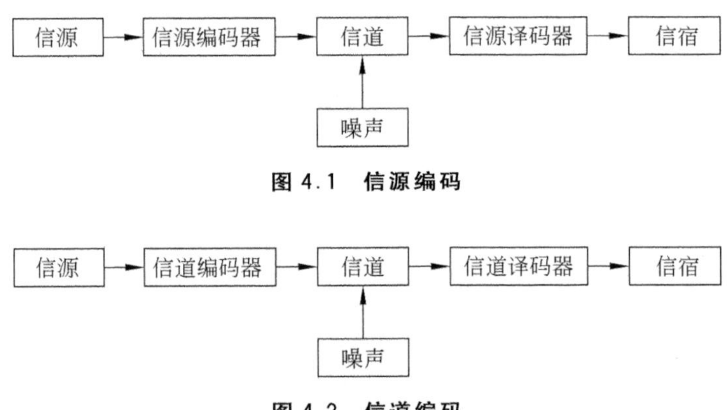

图4.1 信源编码

图4.2 信道编码

一般用尽可能少的信道传输符号来传递信源消息，目的是提高传输率，这是信源编码主要应考虑的问题。由于信源符号之间分布的不均匀性和相关性，使得信源存在冗余度，信源编码主要任务是减小冗余，提高编码效率。

信源编码可分为无失真信源编码和限失真信源编码，无失真信源编码不允许接收端信号有失真，限失真信源编码可以允许接收端信号有一定的失真。

在讨论信源编码时，暂且不考虑信道的干扰，如果不允许信号失真，即要求信源输出在接收端精确地再现出来，这就要对信源进行无失真编码，保证信源输出所携带的信息全部无损地到达信宿，无失真编码只对信源的冗余度进行压缩，并不会改变信源的熵，它能保证码元序列经无扰信道传输后得到无失真的恢复。

在许多实际情况中，信宿并不要求完全精确地再现信源输出的原信号，例如，在电话通信系统中只要将通话内容送达对方就可以了，对音质并没有太高的要求。事实上，在信道存在干扰的情况下，要完全精确地复现信源输出几乎是做不到的。在这种情况下，允许接收信号有一定的失真，为提高传输效率，可以事先对信源进行压缩编码，能压缩到什么程度由允许失真的程度来确定。

本章首先介绍离散无记忆信源的信源编码和无失真信源编码定理。

4.1 编码的定义

编码实质上是对信源的原始符号按一定的数学规则进行一种变换。

无失真信源编码可以认为信道中没有干扰，它的数学描述比较简单，用一个变换 $T(\cdot)$就可以实现，而译码就是编码的反变换 $T^{-1}(\cdot)$。设有一离散无记忆信源(DMS)，其符号集合为 $X\in\{a_1,a_2,a_3,\cdots,a_n\}$，存在另一个符号集合 $C\in\{c_1,c_2,c_3,\cdots,c_r\}$，符号集合 C 中的元素 c_j 一般是适合信道传输的，称为码符号(或者码元)。编码器是将信源符号集中的符号 a_i(或者长为 N 的信源符号序列)变换成由 $c_j(j=1,2,3,\cdots,k)$组成的长为 l 的一一对应的序列，这种码符号序列称为码字，所有码字的集合称为码，如图 4.3 所示。

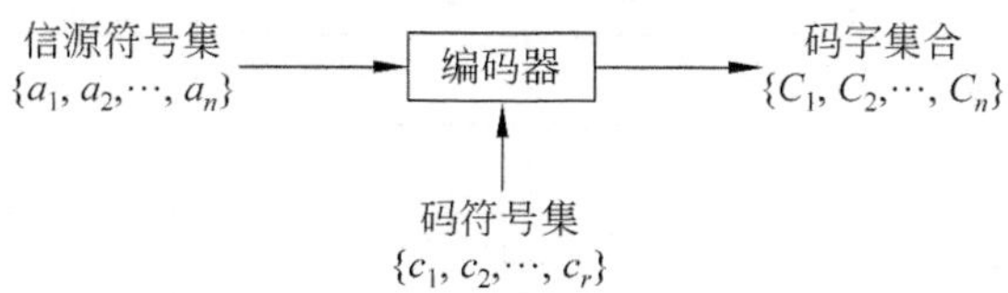

图 4.3 无失真信源编码器

例 4.1 设某地四月份的天气预报，信源有 4 个消息{晴，阴，雨，雪}，信源符号集合为$[a_1,a_2,a_3,a_4]$，用单符号来表示消息，对应的关系为$\begin{bmatrix}a_1, & a_2, & a_3, & a_4\\ \text{晴}, & \text{阴}, & \text{雨}, & \text{雪}\end{bmatrix}$，采用二进制信道，码符号集合为{0,1}，要表示 4 个消息符号，需要用两位二进制代码表示：$a_1\to 00$，$a_2\to 01$，$a_3\to 10$，$a_4\to 11$，码字的集合为[00,01,10,11]，码长为 2。

4.2 码的分类

假设信源$\begin{bmatrix}X\\ p(X)\end{bmatrix}=\begin{bmatrix}a_1, & a_2, & a_3, & a_4\\ p(a_1), & p(a_2), & p(a_3), & p(a_4)\end{bmatrix}$，若把它通过二进制信道进行传输，就必须把信源符号 a_i 变换成由符号 0、1 组成的符号序列，即进行编码。此时的码符号集合为 $C=\{0,1\}$，可以采用不同的二进制序列使其与信源符号 a_i 一一对应，就可以得到不同的码，如表 4.1 所示。

从表 4.1 可以看出，码 1 中所有码字含有的码符号个数(码字的长度简称码长)都相同，称为定长码。码 2 中码长不相同，称此码为变长码。

表 4.1 信源符号的编码

信源符号	符号概率	码 1	码 2	信源符号	符号概率	码 1	码 2
a_1	$p(a_1)$	00	0	a_3	$p(a_3)$	10	00
a_2	$p(a_2)$	01	01	a_4	$p(a_4)$	11	111

若码中含有的所有码字都不相同则称此码为非奇异码，反之称为奇异码，表 4.1 中的码 1 和码 2 都是非奇异码。

一般来说，若要实现无失真的编码，不但要求信源符号 $a_i(i=1,2,\cdots,n)$ 与码字 $C_i\ (i=1,2,\cdots,n)$ 是一一对应的，而且要求码符号序列的反变换也是唯一的，即一个码的任意一串有限长的码符号序列只能被唯一地译成所对应的信源符号序列，这种码称为唯一可译码。若要所编的码是唯一可译码，则要求任意有限长的信源符号序列所对应的码符号序列各不相同，只有这样，才能把该码符号序列唯一地分隔成一个个对应的信源符号，从而实现唯一的译码。

对信源 $\begin{bmatrix} X \\ p(X) \end{bmatrix}=\begin{bmatrix} a_1, & a_2, & a_3, & a_4 \\ p(a_1), & p(a_2), & p(a_3), & p(a_4) \end{bmatrix}$ 进行二进制编码，如表 4.2 所示。

表 4.2 码字表

信源符号	符号概率	码 1	码 2	码 3	码 4
a_1	$p(a_1)$	0	0	0	0
a_2	$p(a_2)$	0	1	01	10
a_3	$p(a_3)$	1	00	011	110
a_4	$p(a_4)$	10	11	0111	1110

表 4.2 中，码 1 与信源符号集不是一一对应的，码字 0 对应信源符号 a_1 和 a_2，因而不是唯一可译的。码 2 虽然和信源符号一一对应，仍然不是唯一可译的，因为收到 00 时可以译成 a_1a_1，也可能译成 a_3，同样当收到 11 时可以译成 a_2a_2，也可能译成 a_4。

什么是唯一可译码？若对有限长每个信源符号序列，相应的码字序列彼此都可无疑义地区分开来，就称作唯一可译的。

表 4.2 中的码 3，当收到一个或几个码符号后，不能即时判断码字是否已经终结，必须等到下一个或几个码字符号收到后才能做成判断。例如，当已经收到两个码符号 01 时，不能判断码字是否终结，必须等到下一个码符号到达后才能决定，如果下一个码符号是 0，则表明前面已经收到的码符号 01 为一个码字，把它译成信源符号 a_2，如果下一个码符号是 1，则表明前面已经收到的码符号 01 并不是一个码字，这时真正的码字可能是 011，也可能 0111，到底是什么码字还须等到下一个符号到达后才能做成决定，因此码 3 不能即时地进行译码。

在唯一可译变长码中，在译码时无须参考后续的码符号就能立即做出判断的一类码，称为即时码。码 4 就是即时码，即时码又称为非延长码，任意一个码字都不是其他码字的前缀部分，有时也叫作异前缀码。

可见，即时码和异前缀码是等价的，即时码一定是异前缀码，反之也成立。

异前缀码是唯一可译码中的一类，但它是非常容易构造的，又具有普遍的意义，即任何一种唯一可译码都可找到相应、同样有效的异前缀码。

唯一可译的即时码可根据树图法来构造，对于 r 元树图，如图 4.4 所示，$r=3$，从每个节点出发，可引出 r 个树枝。最顶部的起始点称为树根，自根部经过一根树枝到达的 r 个节点称为一级节点。自根部经过二根树枝到达的节点称为二级节点，二级节点可能的个数为 r^2，依此类推，一般 n 级节点有 r^n 个。当某一节点被安排为码字后，它就不再继续伸枝，此节点称为终端节点，而其他节点称为中间节点。给每个节点所伸出的 r 根树枝分别标上码符号 $0,1,\cdots,r-1$。终端节点所对应的码字就由从根部出发到终端节点走过对应的码符号组成，假如所有中间节点不安排码字，那么这样编出的码一定是即时码。因为从根到每一个终端节点所走的路径是不同的，而且中间节点不安排码字，所以一定满足前缀条件，任一异前缀码都可用树图来表示。这样编出的码称为树码，相应的图表示称为码树。若树枝都延伸到最高级端点，就称它为满树，否则为非满树。若在每个节点上都有 r 个树枝就称它为整树，否则称为非整树。

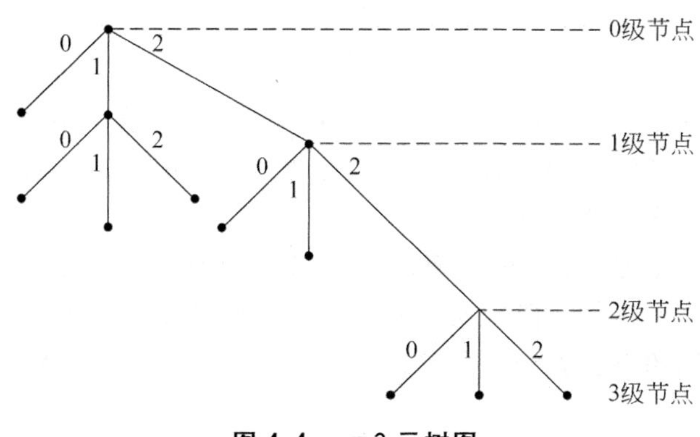

图 4.4　r=3 元树图

下面讨论存在唯一可译码的充要条件。

定理 4.1　设有一离散信源 $\begin{bmatrix} X \\ p(X) \end{bmatrix}=\begin{bmatrix} a_1, & a_2, & \cdots, & a_n \\ p(a_1), & p(a_2), & \cdots, & p(a_n) \end{bmatrix}$，码符号集合为 $\{c_1,c_2,c_3,\cdots,c_r\}$，码字集合为 $\{C_1,C_2,C_3,\cdots,C_n\}$ 其分别对应的码长为 $k_1,k_2,\cdots,k_n$，则存在唯一可译码的充要条件为

$$\sum_{i=1}^{n} r^{-k_i} \leqslant 1 \tag{4-1}$$

其中，r 是码符号的个数，也就是编码的进制数。对于二进制编码，$r=2$。

这个不等式称为克拉夫特不等式，是 1949 年 Kraft 首先提出来的。

定理 4.1 指出了唯一可译码中，r、n 与 k_i 之间的关系。说明如果满足不等式，则一定能构造至少一种唯一可译码；否则，无法构成唯一可译码。

例如，信源符号数 $n=4$，$r=2$，码长 $k_1=1$，$k_2=k_3=k_4=2$，代入式(4-1)中

$$\sum_{i=1}^{n} r^{-k_i} = 2^{-1} + 2^{-2} + 2^{-2} + 2^{-2} = \frac{5}{4} > 1$$

不等式不满足，所以在 $k_1=1,k_2=k_3=k_4=2$ 的码长条件下一定不能构成唯一可译码。

若 $k_1=1,k_2=2,k_3=4,k_4=4$ 时，不等式

$$\sum_{i=1}^{n} r^{-k_i} = \frac{15}{16} < 1$$

满足。对于码长为 $k_1=1,k_2=2,k_3=4,k_4=4$ 码可以有许多种，在可能构成的许多码中至少可以找到一种是唯一可译码。

总之，唯一可译码一定满足不等式，但满足不等式的码不一定是唯一可译码。下面来证明该不等式。

证明：设码字长度满足式(4-1)，不失一般性，假设 $k_1 \leqslant k_2 \leqslant \cdots \leqslant k_n$，证明在满足式(4-1)的条件下，一定在码树中找到一种异前缀的码。在 k_1 级节点中任取一个为终端节点，安排码字为 C_1，它占去满树中最高级(即 k_n)节点中的 $r^{k_n-k_1}$ 个节点。类似地，指定一个 k_m 级节点作为码字将占去码树中的 $r^{k_n-k_m}$ 个节点。另外，根据不等式(4-1)，有

$$r^{k_n} - \sum_{m=1}^{n-1} r^{k_n-k_m} \geqslant 1 \tag{4-2}$$

表明能够保证为第 n 个消息选出一个 k_n 级节点作为码字，从而构造了异前缀码，而异前缀码(即时码)是唯一可译码的一种。所以满足 Kraft 不等式，一定能够找到一种唯一可译码。证明了定理的充分性。

证明 Kraft 不等式是构造异前缀码的必要条件理论上较为简单，只要把上述证明充分性的步骤反过来就可以了。但实际证明的时候需要另外的方法。

已知唯一可译码的码长 $k_1,k_2,\cdots,k_n$，设 L 是一个任意的正整数，考虑等式

$$\left[\sum_{i=1}^{n} r^{-k_i}\right]^L = (r^{-k_1} + r^{-k_2} + \cdots + r^{-k_n})^L = \sum_{n_1=1}^{n}\sum_{n_2=1}^{n}\cdots\sum_{n_L=1}^{n} r^{-(k_{n_1}+k_{n_2}+\cdots+k_{n_L})} \tag{4-3}$$

在任一有 L 个码字的序列中，其码元总数为 $k_{n_1}+k_{n_2}+\cdots+k_{n_L}$，当 $n_1,n_2,\cdots,n_L$ 从 1 取遍到 n 时，就得到了所有长度含有 L 个码字的序列。令 A_j 是 L 个码字序列中含有 j 个码元，即总长为 j 的序列的个数，则 j 的可能取值为 $Lk_{\min}$ 到 $Lk_{\max}$，其中

$$k_{\min} = \min\{k_1,k_2,\cdots,k_n\}$$
$$k_{\max} = \max\{k_1,k_2,\cdots,k_n\}$$

这样式(4-3)就可写成：

$$\left[\sum_{i=1}^{n} r^{-k_i}\right]^L = \sum_{j=mk_{\min}}^{mk_{\max}} A_j r^{-j}$$

式中 j 是大于或等于零的整数。由码的唯一可译性知，总长度为 j 个码元，有 L 个码字的序列必互不相同，即

$$A^j \leqslant r^j$$

其中，r^j 是长 j 的 r 元码序列的最大可能的不同序列数目。因此，

$$\sum_{i=1}^{n} r^{-k_i} \leqslant \Big(\sum_{j=Lk_{\min}}^{Lk_{\max}} A_j\Big)^{\frac{1}{L}} \leqslant (Lk_{\max})^{\frac{1}{L}}$$

对于所有的正整数 L，上式都成立，当 $L\to\infty$ 时有

$$\lim_{L\to\infty}(Lk_{\max})^{\frac{1}{L}} = 1$$

所以就有

$$\sum_{i=1}^{n} r^{-k_i} \leqslant 1$$

由此证明了唯一可译码满足 Kraft 不等式。

从 Kraft 不等式的证明过程中，可以看出：任何唯一可译码可用各相应码字长度一样的异前缀码代替。因此，信息论中通过研究异前缀码来解决信源编码问题。

平均码长是表征描述码的一个重要参数，定义为：

$$\bar{k} = \sum_{i=1}^{n} p(a_i)k_i \tag{4-4}$$

$\bar{k}$ 的单位是码符号/信源符号，它是每个信源符号平均所需的码符号数。希望通信设备经济、简单，并且单位时间内传输的信息量越大越好。当信源给定时，信源的熵就确定了，编码后，每个信源符号平均用 $\bar{k}$ 个码符号来变换。那么平均每个码符号携带的信息量即信息传输率为：

$$R = \frac{H(X)}{\bar{k}}\text{（比特/码符号）} \tag{4-5}$$

若传输一个码符号平均需要 t 秒钟，则编码后每秒钟传输的信息量为

$$R_t = \frac{H(X)}{t\bar{k}}\text{（比特/秒）} \tag{4-6}$$

由此可见 $\bar{k}$ 越短，信息率越高，信息传输效率就越高。因此信源编码中感兴趣的码就是使平均码长 $\bar{k}$ 最短的码。

对于某一信源和某一码符号集来说，若有一种唯一可译码，其平均长度 $\bar{k}$ 小于其他唯一可译码的平均长度，则该码称为紧致码，或称为最佳码。

无失真信源编码的基本问题就是要寻找紧致码。

4.3 离散无失真信源编码定理

本节来介绍无失真信源编码定理，定理 4.2 和定理 4.3。

定理 4.2 若有一离散无记忆信源 X，其熵为 $H(X)$，并有 r 个码符号的符号集$\{c_1, c_2, c_3, \cdots, c_r\}$，则总可以找到一种无失真的编码方法，构成唯一可译码，使其平均码长满足式(4-7)：

$$\frac{H(X)}{\text{lb}r} \leqslant \bar{k} < 1 + \frac{H(X)}{\text{lb}r} \tag{4-7}$$

任何一种唯一可译码码字的平均长度 $\bar{k}$ 不能小于极限值$\dfrac{H(X)}{\text{lb}r}$，否则唯一可译码不存在。定理一方面给出了平均码长的上界，但并不是说大于上界不能构成唯一可译码，另

一方面说明当平均码长小于上界时，唯一可译码也存在。因此定理给出紧致码的最短平均码长，并指出这个最短的平均码长 $\bar{k}$ 与信源熵是有关系的。

证明(下界证明)：

要证明下界 $\bar{k}\geqslant\dfrac{H(X)}{\mathrm{lb}r}$，即要证明 $H(X)-\bar{k}\mathrm{lb}r\leqslant 0$。

$$\begin{aligned}H(X)-\bar{k}\mathrm{lb}r &= \sum_{i=1}^{n} p(a_i)\mathrm{lb}\frac{1}{p(a_i)}-\mathrm{lb}r\sum_{i=1}^{n} p(a_i)k_i\\ &=\sum_{i=1}^{n} p(a_i)\mathrm{lb}\frac{r^{-k_i}}{p(a_i)}\\ &\leqslant\sum_{i=1}^{n} r^{-k_i}-1\leqslant 0\end{aligned}$$

第一个不等式利用了 $\mathrm{lb}x\leqslant x-1$，第二个不等式利用了 Kraft 条件，于是证明 $\bar{k}\geqslant\dfrac{H(X)}{\mathrm{lb}r}$，不等式成立的充要条件是：

$$\frac{r^{-k_i}}{p(a_i)}=1,\quad 对所有的 i,$$

即

$$p(a_i)=r^{-k_i}$$

两边取对数，得

$$k_i=-\mathrm{lb}_r p(a_i),\quad 对所有的 i$$

可见，只有当能够选择每个码字的码长 k_i 等于 $-\mathrm{lb}_r p(a_i)$ 时，$\bar{k}$ 才能达到下界值。由于 k_i 必须是整数，所以 $-\mathrm{lb}_r p(a_i)$ 也必须是正整数。这就是说，当等式成立时，每个信源符号的概率 $p(a_i)$ 必须是 $\left(\dfrac{1}{r}\right)^{k_i}$ 的形式(k_i 是正整数)。如果这个条件满足，则只要选择 k_i 等于 a_i，$i=1,2,\cdots,n$。然后根据这些码长，可以构造一个达到下界值 $\dfrac{H(X)}{\mathrm{lb}r}$ 的紧致码。

上界证明：只需要证明可以选择一种唯一可译码满足定理中右边的不等式。

首先把信源符号的概率写成 $p(a_i)=\left(\dfrac{1}{r}\right)^{n_i}$ 的形式。然后选取每个码字的长度 k_i 的原则是，若 n_i 为整数，取 $k_i=n_i$；若 n_i 不是整数，选取 k_i 满足：

$$n_i<k_i<n_i+1$$

由此选择的码长满足：

$$n_i\leqslant k_i<n_i+1$$

这样选择 k_i 是满足 Kraft 不等式的，因此可构造一种唯一可译码。同时

$$k_i<1+\frac{-\mathrm{lb}p(a_i)}{\mathrm{lb}r}$$

两边同乘以 $p(a_i)$，并对 i 求和得

$$\bar{k}=\sum_{i=1}^{n}p(a_i)k_i<\frac{-\sum_{i=1}^{n}p(a_i)\mathrm{lb}p(a_i)}{\mathrm{lb}r}+1$$

$$\bar{k}=\sum_{i=1}^{n} p(a_i)k_i<\frac{H(X)}{\mathrm{lb}r}+1$$

由此证明得到平均码长小于上界的唯一可译码存在。

定理 4.3(变长无失真信源编码定理即香农第一定理)　若对离散无记忆信源 X 输出长为 L 符号序列进行编码，这相当于对信源 $\boldsymbol{X}$ 中的元素进行编码，码符号集 $\{c_1,c_2,c_3,\cdots,c_r\}$。总可以找到一种编码方法，构成唯一可译码，使信源 X 中每个信源符号所需码字的平均长度满足：

$$\frac{H(X)}{\mathrm{lb}r}\leqslant\frac{\bar{k}_L}{L}<\frac{1}{L}+\frac{H(X)}{\mathrm{lb}r} \tag{4-8}$$

当 $L\to\infty$ 时，则得

$$\lim_{L\to\infty}\frac{\bar{k}_L}{L}=\frac{H(X)}{\mathrm{lb}r} \tag{4-9}$$

式(4-8)中，$\bar{k}_L$ 是 L 长信源符号序列所需的平均码长。$\dfrac{\bar{k}_L}{L}$仍是信源 X 中每一单符号信源符号所需的平均码长。它们都是每个信源符号所需的码符号的平均数，但是$\dfrac{\bar{k}_L}{L}$含义是，为了得到这个平均值不是对单个信源符号 a_i 进行编码，而是对长为 L 的信源符号序列进行编码。

证明：对于离散无记忆信源的 L 长符号序列进行编码。根据定理 4.2，总可以找到一种无失真编码方法，构成唯一可译码，使其平均码长满足

$$\frac{H(\boldsymbol{X})}{\mathrm{lb}r}\leqslant\bar{k}_L<1+\frac{H(\boldsymbol{X})}{\mathrm{lb}r}$$

$$\frac{LH(X)}{\mathrm{lb}r}\leqslant\bar{k}_L<1+\frac{LH(X)}{\mathrm{lb}r}$$

两边同除以 L，得

$$\frac{H(X)}{\mathrm{lb}r}\leqslant\frac{\bar{k}_L}{L}<\frac{1}{L}+\frac{H(X)}{\mathrm{lb}r}$$

当 $L\to\infty$ 时，有

$$\lim_{L\to\infty}\frac{\bar{k}_L}{L}=H(X)$$

定理 4.3 是香农信息论的主要定理之一。定理指出，要实现无失真的信源编码，变换每个信源符号平均所需最少的 r 进制码符号就是信源的熵 $H(X)$。若所编码字的平均长度小于信源的熵值，则唯一可译码不存在，那么在译码或反变换时必然要带来失真或误差。

定理还指出，通过对 L 长信源符号进行不等长编码，当 $L\to\infty$ 时，平均码长 $\bar{k}=\dfrac{\bar{k}_L}{L}$可达到这个极限值。显然，较少平均码长所付出的代价是增加了编码的复杂性。

当平均码长 $\bar{k}$ 达到极限值$\dfrac{H(X)}{\mathrm{lb}r}$，即 $\bar{k}\geqslant\dfrac{H(X)}{\mathrm{lb}r}$编码后的信息传输率为：

$$R_c=\mathrm{lb}r\quad(\text{比特/码符号}) \tag{4-10}$$

无失真信源编码的实质就是对离散信源进行适当的变换，使变换后新的码符号信源

(信道的输入信源)尽可能等概率分布,以使新信源的每个码符号平均所含的信息量达到最大。设对信源 X 进行编码所得的平均码长为 $\bar{k}$,因为 $\bar{k}$ 一定大于或等于 $\frac{H(X)}{\text{lb}r}$,所以定义码的效率为:

$$\eta = \frac{H(X)/\text{lb}r}{\bar{k}} \tag{4-11}$$

对同一信源来说,若码的平均码长 $\bar{k}$ 越短,则越接近极限值 $\frac{H(X)}{\text{lb}r}$,信息传输率就越高,可以用编码效率 η 来衡量各种编码的优劣。

另外,为了衡量各种编码与最佳码的差距,定义码的剩余度为 $1-\eta$。

当 $r=2$ 时,$\frac{H(X)}{\text{lb}r}=H(X)$,编码效率 $\eta=\frac{H(X)}{\bar{k}}=R_c$。

信息传输率 R_c 和编码 η 在数值上相等,但 η 是个无单位的比值,为此在二进制信道中可直接用码的效率来衡量编码后信息传输率是否提高了。

例 4.2 设有一离散无记忆信源

$$\begin{bmatrix} X \\ p(X) \end{bmatrix} = \begin{bmatrix} a_1 & a_2 \\ \frac{3}{4} & \frac{1}{4} \end{bmatrix}$$

其熵为

$$H(X) = -\frac{1}{4}\text{lb}\,\frac{1}{4} - \frac{3}{4}\text{lb}\,\frac{3}{4} = 0.811(\text{比特/符号})$$

现在用二进制码符号{0,1}来构造一个即时的唯一可译码,即

$$a_1 \rightarrow 0, \quad a_2 \rightarrow 1,$$

平均码长为 $\bar{k}=1$,信源符号码的效率为:

$$\eta = \frac{H(X)}{\bar{k}} = 0.811$$

信息传输率为:

$$R_c = \frac{H(X)}{\bar{k}} = \eta = 0.811(\text{比特/码符号})$$

为了提高传输效率,对信源 X 长为 2 的符号序列进行编码,所编码字如表 4.3 所示。

表 4.3 例 4.2 的编码表

X	$p(a_i)$	码	X	$p(a_i)$	码
a_1a_1	9/16	0	a_2a_1	3/16	110
a_1a_2	3/16	10	a_2a_2	1/16	111

码的平均长度为:

$$\bar{k}' = \frac{9}{16}\times 1 + \frac{3}{16}\times 2 + \frac{3}{16}\times 3 + \frac{1}{16}\times 3 = \frac{27}{16}(\text{码符号/信源符号序列})$$

单符号的平均码长为;

$$\bar{k} = \frac{27}{16}/2 = 27/32(\text{码符号/信源符号})$$

编码效率为：

$$\eta = \frac{H(X)}{\bar{k}} = \frac{0.811}{27/32} = 0.961$$

可见，编码复杂一些，使信息传输率提高，L 不需要很大时，就可以得到相当高的编码效率，随着信源符号序列长度 L 的增加，编码效率越来越接近于 1。

4.4 离散信源编码

常用的变长编码方法有三种：香农(Shannon)编码法，费诺(Fano)编码法，赫夫曼(Huffman)编码法。同一信源，三种编码方法中香农编码的编码效率最低，但这种编码方法对变长编码定理起到了重要的意义，所以它有着重要的理论指导意义；费诺编码方法不是一种最佳的编码方法，用这种方法编码有时也可以得到紧致码；一般情况下，赫夫曼编码方法得到的平均码长最短，编码效率最高。

以下将分别介绍这三种编码方法。

4.4.1 香农编码

设有离散无记忆信源 $\begin{bmatrix} X \\ p(X) \end{bmatrix} = \begin{bmatrix} a_1, & a_2, & \cdots, & a_n \\ p(a_1), & p(a_2), & \cdots, & p(a_n) \end{bmatrix}$，$\sum_{i=1}^{n} p(a_i) = 1$。二进制香农码的编码步骤如下：

(1) 将信源符号按概率大到小的顺序排列，为了方便起见，设

$$p(a_1) \geqslant p(a_2) \geqslant \cdots \geqslant p(a_n)$$

(2) 令 $p(a_0)=0$，用 $p_a(a_i)$表示第 i 个码字的累加概率，则

$$p_a(a_i) = \sum_{j=0}^{i-1} p(a_j), \quad i = 1,2,\cdots,n$$

(3) 确定满足不等式的整数 k_i，并把 k_i 作为符号 a_i 对应的码字的长度，即

$$-\operatorname{lb} p(a_i) \leqslant k_i \leqslant -\operatorname{lb} p(a_i) + 1$$

(4) 把 $p_a(a_i)$用二进制数表示，并取小数点后的 k_i 位作为符号 a_i 的编码。

例 4.3 有一单符号离散无记忆信源 $\begin{bmatrix} X \\ p(X) \end{bmatrix} = \begin{bmatrix} a_1, & a_2, & a_3, & a_4, & a_5, & a_6 \\ 0.25, & 0.25, & 0.2, & 0.15, & 0.1, & 0.05 \end{bmatrix}$，对该信源进行二进制的香农编码，其编码过程如表 4.4 所示。

表 4.4 例 4.3 编码表

a_i	$p(a_i)$	$p_a(a_i)$	k_i	码字	a_i	$p(a_i)$	$p_a(a_i)$	k_i	码字
a_1	0.25	0	2	$00(0.000)_2$	a_4	0.15	0.70	3	$101(0.101)_2$
a_2	0.25	0.25	2	$01(0.010)_2$	a_5	0.10	0.85	4	$1101(0.1101)_2$
a_3	0.20	0.50	3	$100(0.100)_2$	a_6	0.05	0.95	5	$11110(0.11110)_2$

可计算出给定信源香农码的平均码长

$$\bar{k}=\sum_{i=1}^{6}p(a_i)k_i=2.7(\text{比特/码符号})$$

如果对以上信源采用等长编码，要做到无失真译码，每个信源符号至少要用 3 位二进制符号来表示，比较起来，香农编码对信源进行了“压缩”。

信源的熵为：

$$H(X)=-\sum_{i=1}^{6}p(a_i)\text{lb}p(a_i)=2.42325(\text{比特/符号})$$

采用香农编码所需的信息率为：

$$R=\frac{\bar{k}}{L}\text{lb}m=2.7(\text{比特/符号})$$

定义编码效率为：

$$\eta=\frac{H(X)}{R} \tag{4-12}$$

所以，该二进制香农编码的编码效率为：

$$\eta=\frac{H(X)}{R}=\frac{H(X)}{\bar{k}}=89.75\%$$

可见编码效率不是很高，当 $-\text{lb}p(a_i)\leqslant k_i\leqslant-\text{lb}p(a_i)+1$ 时，香农编码可以获得比较高的编码效率。

4.4.2 费诺编码

费诺(Fano)编码也是常见的一种信源编码方法，m 进制的费诺编码步骤如下：

(1) 将信源符号按概率从大到小的顺序排列，假设

$$p(a_1)\geqslant p(a_2)\geqslant\cdots\geqslant p(a_n)$$

(2) 按编码的进制数 m 将概率分组，使每组概率和尽可能接近或相等。

(3) 给每组分配一个码符号。

(4) 将每一组再按同样原则划分，重复步骤(2)和(3)，直至概率不再可分为止。

例 4.4 对单符号离散无记忆信源 $\begin{bmatrix}X\\p(X)\end{bmatrix}=\begin{bmatrix}a_1, & a_2, & a_3, & a_4, & a_5, & a_6\\0.25, & 0.25, & 0.2, & 0.15, & 0.1, & 0.05\end{bmatrix}$，编二进制费诺编码，编码过程如表 4.5 所示。

表 4.5 例 4.4 的费诺编码

<table>
<tr><th>信源符号</th><th>概率</th><th colspan="4">编　码</th><th>码字</th><th>码长</th></tr>
<tr><td>a_1</td><td>0.25</td><td rowspan="2">0</td><td>0</td><td colspan="2" rowspan="3"></td><td>00</td><td>2</td></tr>
<tr><td>a_2</td><td>0.25</td><td>1</td><td>01</td><td>2</td></tr>
<tr><td>a_3</td><td>0.20</td><td rowspan="4">1</td><td>0</td><td>10</td><td>2</td></tr>
<tr><td>a_4</td><td>0.15</td><td rowspan="3">1</td><td>0</td><td></td><td>110</td><td>3</td></tr>
<tr><td>a_5</td><td>0.10</td><td rowspan="2">1</td><td>0</td><td>1110</td><td>4</td></tr>
<tr><td>a_6</td><td>0.05</td><td>1</td><td>1111</td><td>4</td></tr>
</table>

平均码长：

$$\bar{k}=\sum_{i=1}^{6}p(a_i)k_i=2.4(\text{比特/符号})$$

编码效率为：

$$\eta=\frac{H(X)}{R}=98.91\%$$

本例中的费诺编码有着较高的编码效率。费诺码比较适合于每次分组概率都很接近的信源，特别是每次分组概率都相等的信源进行编码时，可达到理想的编码效率。

例 4.5 设有一单符号离散无记忆信源

$$\begin{bmatrix}X\\p(X)\end{bmatrix}=\begin{bmatrix}a_1, & a_2, & a_3, & a_4, & a_5, & a_6, & a_7, & a_8\\1/4, & 1/4, & 1/8, & 1/8, & 1/16, & 1/16, & 1/16, & 1/16\end{bmatrix},$$

编二进制费诺编码，编码过程如表 4.6 所示。

表 4.6 例 4.5 的费诺编码

<table>
<tr><th>信源符号</th><th>概率</th><th colspan="4">编　码</th><th>码字</th><th>码长</th></tr>
<tr><td>a_1</td><td>0.25</td><td rowspan="2">0</td><td>0</td><td rowspan="2"></td><td rowspan="4"></td><td>00</td><td>2</td></tr>
<tr><td>a_2</td><td>0.25</td><td>1</td><td>01</td><td>2</td></tr>
<tr><td>a_3</td><td>0.125</td><td rowspan="6">1</td><td rowspan="2">0</td><td>0</td><td>100</td><td>3</td></tr>
<tr><td>a_4</td><td>0.125</td><td>1</td><td>101</td><td>3</td></tr>
<tr><td>a_5</td><td>0.0625</td><td rowspan="4">1</td><td rowspan="2">0</td><td>0</td><td>1100</td><td>4</td></tr>
<tr><td>a_6</td><td>0.0625</td><td>1</td><td>1101</td><td>4</td></tr>
<tr><td>a_7</td><td>0.0625</td><td rowspan="2">1</td><td>0</td><td>1110</td><td>4</td></tr>
<tr><td>a_8</td><td>0.0625</td><td>1</td><td>1111</td><td>4</td></tr>
</table>

信源的熵：

$$H(X)=2.75(\text{比特/符号})$$

平均码长：

$$\bar{k}=\sum_{i=1}^{8}p(a_i)k_i=2.75(\text{比特/符号})$$

编码效率：

$$\eta=\frac{H(X)}{R}=1$$

达到了理想编码的效率。之所以如此，是因为本例中每次分组时所分两组的概率恰好相等。

4.4.3 赫夫曼编码

赫夫曼(Huffman)编码是一种效率比较高的变长无失真信源编码方法。首先介绍二进制赫夫曼码的编码方法，其编码步骤如下：

(1) 将信源符号按概率从大到小的顺序排列，为方便起见，令

$$p(a_1) \geqslant p(a_2) \geqslant \cdots \geqslant p(a_n)$$

(2) 给两个概率最小的信源符号 $p(a_{n-1})$ 和 $p(a_n)$ 各分配一个码位 0 和 1，将这两个信源符号合并成一个新符号，并用这两个最小的概率之和作为新符号的概率，结果得到一个只包含 $n-1$ 个信源符号的新信源，称为信源的第一次缩减信源，用 S_1 表示。

(3) 将缩减信源 S_1 的符号仍按概率从大到小的顺序排列，重复步骤(2)，得到只包含 $n-2$ 个符号的缩减信源 S_2。

(4) 重复上述步骤，直至缩减信源只剩两个符号为止，此时所剩两个符号的概率之和必为 1。然后从最后一级缩减信源开始，依编码路径向前返回，就得到各信源符号所对应的码字。

例 4.6 对例 4.3 中的信源编二进制赫夫曼码。编码过程如图 4.5 所示。

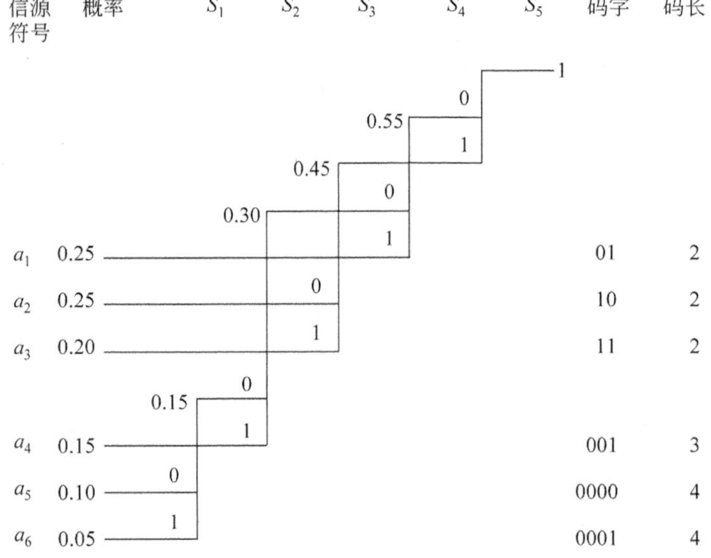

图 4.5 例 4.6 的二进制赫夫曼码编码过程

将图 4.5 左右颠倒过来重画一下，即可得到二进制赫夫曼编码的码树，如图 4.6 所示。

需要特别强调的是，从图 4.5 中读取码字的时候，一定要从后向前读取，此时编出来的码字才是可分离的异前置码。若从前向后读取码字，则码字不可分离。

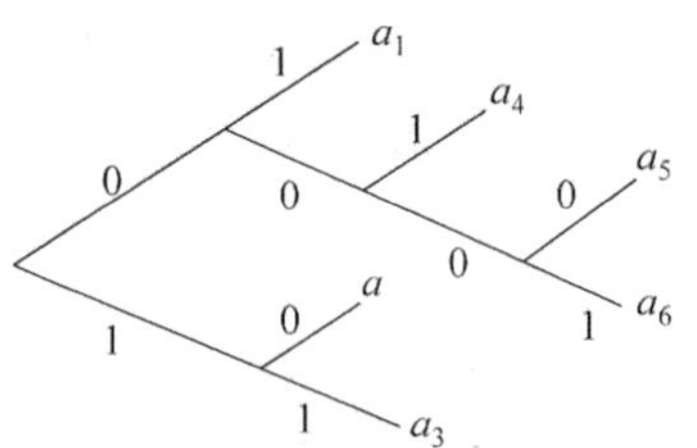

图 4.6 例 4.6 的二进制赫夫曼码树

本例的平均码长和编码效率与例 4.4 费诺码的平均码长 $\bar{k}$ 和编码效率 η 相同，分别为 2.45 和 98.91%。

若采用定长编码，码长 $k=3$，则编码效率 η 为：

$$\eta = \frac{2.55}{3} = 85\%$$

可见赫夫曼码的编码效率提高了 13.91%。

赫夫曼码的编法并不唯一。

一是因为每次缩减信源两个概率最小的符号分配 0 和 1 码元是任意的，所以可得到不同的码字。只要在各次缩减信源中保持码元分配的一致性，即能得到可分离码字。不同的码元分配，得到的具体码字不同，但码长不变，平均码长也不变，所以没有本质区别。

二是缩减信源时，若合并后的新符号概率与其他符号概率相等，从编码方法上来说，这几个符号的次序可任意排列，编出的码都是正确的，但得到的码字不相同。不同的编法得到的码字长度也不尽相同。

例 4.7 单符号离散无记忆信源 $\begin{bmatrix} X \\ P(X) \end{bmatrix} = \begin{bmatrix} a_1, & a_2, & a_3, & a_4, & a_5 \\ 0.4, & 0.2, & 0.2, & 0.1, & 0.1 \end{bmatrix}$，用两种不同的方法对其进行二进制赫夫曼编码。

方法一：合并后的新符号排在其他相同概率符号的后面，编码过程如图 4.7 所示。相应的码树如图 4.8 所示。

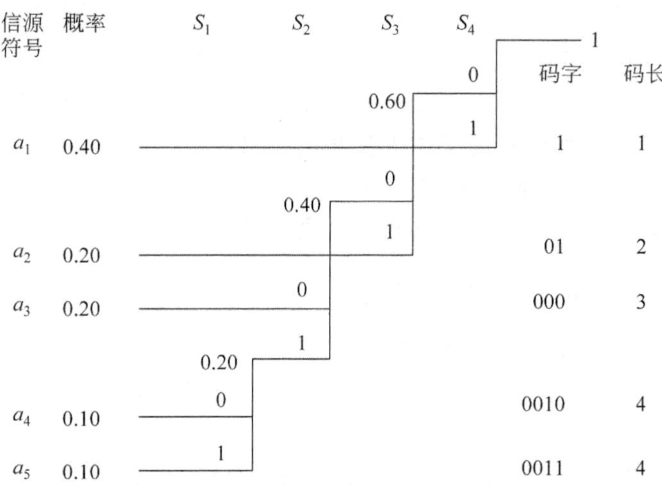

图 4.7 例 4.7 的二进制赫夫曼编码过程（编法一）

对于单符号信源编二进制赫夫曼码，编码效率主要决定于信源熵和平均码长之比。对相同的信源编码，其熵是一样的。采用不同的编法，得到的平均码长可能不同。显然，平均码长越短，编码效率越高。

编码方法一的平均码长是：

$$\begin{aligned} \bar{k}_1 &= 0.4 \times 1 + 0.2 \times 2 + 0.2 \times 3 \\ &\quad + (0.1 + 0.1) \times 4 \\ &= 2.2(\text{比特/符号}) \end{aligned}$$

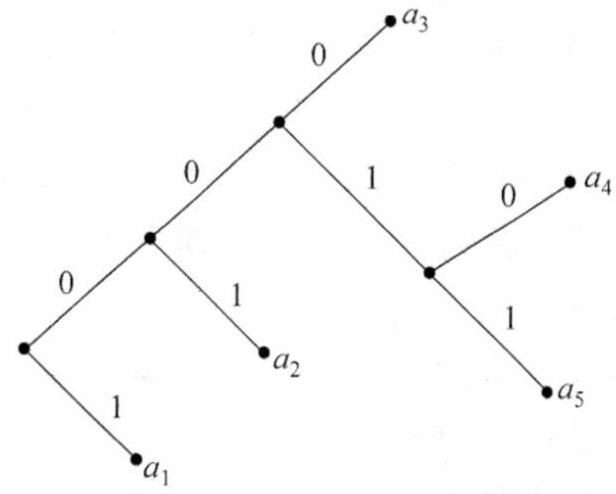

图 4.8 例 4.7 的二进制赫夫曼码树（编法一）

方法二：合并后的新符号排在其他相同概率符号的前面，编码过程如图 4.9 所示，相应的码树如图 4.10 所示。

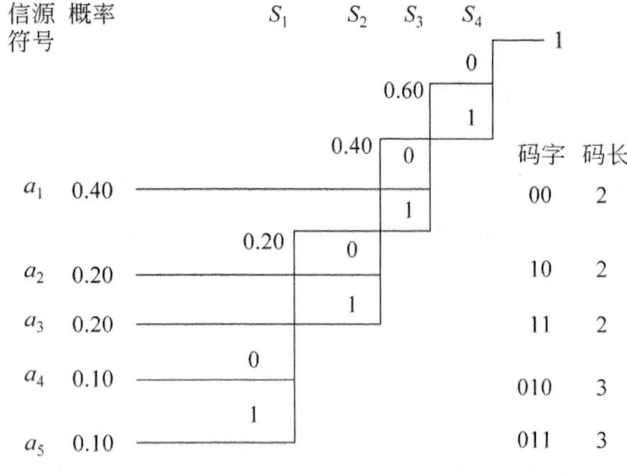

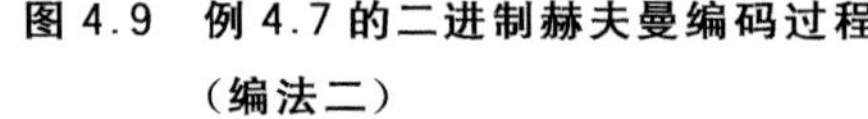
图 4.9 例 4.7 的二进制赫夫曼编码过程（编法二）

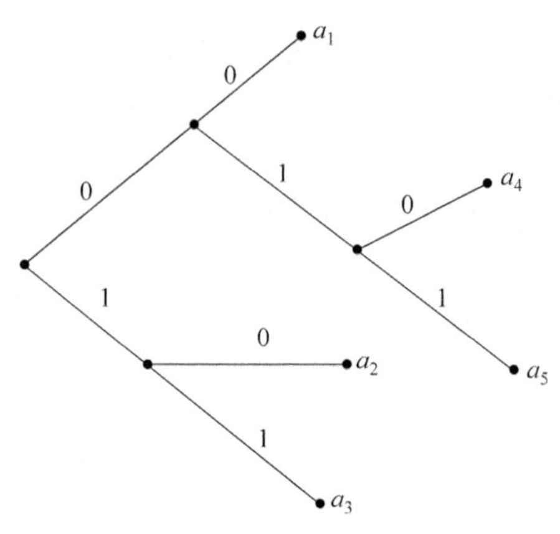

图 4.10 例 4.7 的二进制赫夫曼码树（编法二）

编码方法二的平均码长是：

$$\bar{k}_2 = (0.4 + 0.2 + 0.2) \times 2 + (0.1 + 0.1) \times 3 = 2.2(\text{比特/符号})$$

$\bar{k}_1 = \bar{k}_2$，可见例 4.7 中两种编法的平均码长相同，所以有相同的编码效率。

在实际应用中，选择哪种编码方法好呢？

定义码字长度的方差为 k_i 与平均码长 $\bar{k}$ 之差的平方的数学期望，记为 σ^2，即

$$\sigma^2 = E[(k_i - \bar{k})^2] = \sum_{i=1}^{n} p(a_i)(k_i - \bar{k})^2 \tag{4-13}$$

计算例 4.7 中两种码的方差分别得

$$\sigma_1^2 = 0.4(1-2.2)^2 + 0.2(2-2.2)^2 + 0.2(3-2.2)^2 + (0.1+0.1)(4-2.2)^2$$
$$= 1.36$$

$$\sigma_2^2 = (0.4+0.2+0.2)(2-2.2)^2 + (0.1+0.1)(3-2.2)^2 = 0.16$$

可见第二种编码方法的码长方差要小许多，这意味着第二种编码方法的码长变化较小，比较接近于平均码长。确实，图 4.7 中用第一种方法编出的 5 个码字有 4 种不同的码长，而图 4.9 中用第二种方法对同样的 5 个符号编码，结果只有两种不同的码长。显然第二种编码方法更简单，更容易实现，所以更好一些。

方差所描述的是码长围绕着平均码长变化的程度。由例 4.7 的分析过程，可以得出结论：在赫夫曼编码过程中，对缩减信源符号按概率由大到小的顺序重新排列时，应使合并后的新符号尽可能排在靠前的位置，这样可使合并后的新符号重复编码次数减少，使短码得到充分利用。

上面讨论的是二进制赫夫曼码，其编码方法可以推广到 m 进制赫夫曼码。所不同的只是每次把 m 个概率最小的符号分别用 $0,1,\cdots,m-1$ 等码元来表示，然后再合并成一个新的信源符号，其余步骤与二进制编码相同。

同时，为了使平均码长最短，在编 m 进制赫夫曼码时，必须使最后一步缩减信源有 m 个信源符号。这样，第一步给概率最小的符号分配码元时，所取的符号数就不一定是 m 个。

为了说明这个问题，用前面 4.2 节所定义的满树和非满树的概念来解释。

所谓满树，就是码树图中每个中间节点后续的支数必为 m，若有些节点的后续支数不足 m，就称为非满树。必须用非满树时，第一次分配码元就不能取 m 个符号。

二进制码元不存在非满树的情况。因为后续枝数是 1 时，这个支就可以取消从而使码字长度缩短。

对于 m 进制编码，若所有码字构成满树，可分离的码字数必为

$$m+k(m-1) \tag{4-14}$$

式中，k 为非负整数。

因为从根节点开始，必须伸出 m 个树支才能构成满树。以后每次从一个节点分出 m 支，码字数就增加 $m-1$ 个，即去掉原来的一个码字，加上 m 个码字，所以总码字数必为 $m+k(m-1)$个才能构成满树。若信源所含的符号数 n 不能构成 m 进制的满树，就必须增加 s 个不用的码字来形成满树。显然

$$s<m-1 \tag{4-15}$$

若 $s=m-1$，意味着某个中间节点之后只有一个分支，为了节约码长，这一分支自然可以省略。

当有 s 个码字不用时，第一次对最小概率符号分配码元时就只取$(m-s)$个，分别配以 $0,1,\cdots,m-s-1$，把这些符号的概率相加作为一个新符号的概率，与其他符号一起重新排列。以后每次就可以取 m 个符号，分别配以 $0,1,\cdots,m-1$，如此下去，直至所有概率相加得 1 为止，即得到各符号的 m 进制码字。

例 4.8 对信源 $\begin{bmatrix} X \\ p(X) \end{bmatrix}=\begin{bmatrix} a_1, & a_2, & a_3, & a_4, & a_5, & a_6, & a_7, & a_8 \\ 0.4, & 0.18, & 0.1, & 0.1, & 0.07, & 0.06, & 0.05, & 0.04 \end{bmatrix}$，编三进制赫夫曼码。

解：本例中，$m=3,n=8$。

令 $k=3$，将 m 和 n 的数值代入式(4-14)得

$$m+k(m-1)=9$$

则不用的码字数为 $s=9-n=1$，所以第一次取 $m-s=2$ 个符号进行编码。编码过程及码字如图 4.11 所示，相应的码树图如图 4.12 所示。

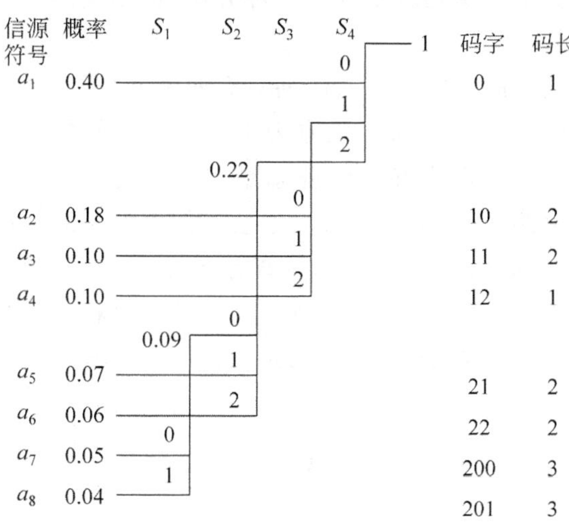

图 4.11 三进制赫夫曼码编码过程

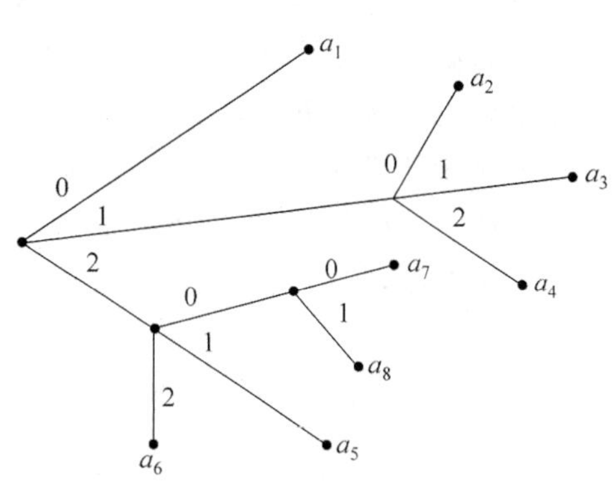

图 4.12 三进制赫夫曼码树图

信源熵为：

$$H(X) = -\sum_{i=1}^{8} p(a_i)\,\mathrm{lb}p(a_i) = 2.55243(\text{比特/符号})$$

平均码长为：

$$\begin{aligned}\bar{k} &= 0.4 \times 1 + (0.18 + 0.1 + 0.1 + 0.07 + 0.06) \times 2 + 0.05 + 0.04 \times 3 \\ &= 1.69(\text{比特/符号})\end{aligned}$$

相应的信息率为：

$$R = \frac{\bar{k}}{L}\mathrm{lb}3 = 2.67865(\text{比特/符号})$$

编码效率：

$$\eta = \frac{2.55243}{2.67865} = 98.98\%$$

可见赫夫曼码的编码效率相当高。不仅如此，它对编码器的要求也简单得多。

香农码、费诺码和赫夫曼码都考虑了信源的统计特性，使经常出现的信源符号对应较短的码字，使信源的平均码长缩短，从而实现了对信源的压缩。香农码有系统的、唯一的编码方法，但在很多情况下，编码效率不是很高。费诺码和赫夫曼码的编码方法都不唯一。费诺码比较适合于对分组概率相等或接近的信源编码。费诺码也可以编 m 进制码，但 m 越大，信源的符号数越多，可能的编码方案就越多，编码过程就越复杂，有时短码未必能得到充分利用。比较而言，赫夫曼码对信源的统计特性没有特殊的要求，编码效率比较高，对编码设备的要求也比较简单，因此综合性能优于香农码和费诺码。

4.4.4 游程编码

前面介绍的三种信源编码方法，主要是针对无记忆信源。当信源有记忆时，虽然上述编码方法都可以用，但编码效率并不高，尤其是对二元相关信源，往往要采取一些额外的措施，才能使编码效率得到改善，而有时改善的效果并不理想。所以人们希望找到一种变换方法，使其对平稳相关信源的编码更有效。游程编码就是这样一种方法，适用于连 0 和连 1 较多的二元平稳信源。

所谓游程，指数字序列中连续出现相同符号的一段。二元序列只有两种符号，即 0 和 1。这些符号可连续出现，连 0 这一段称为 0 游程，连 1 这一段称为 1 游程。它们的长度分别称为游程长度 l_0 和 l_1。由于是二进制序列，0 游程和 1 游程总是交替出现。若规定二元序列总是从 0 开始，第一个是 0 游程，则第二个游程必为 1 游程，第三个又是 0 游程……对于随机序列，游程的长度是随机的，其取值可为 1,2,3,…直至无穷。

这样，可以用交替出现的 0 游程和 1 游程的长度，来表示任意二元序列。这种序列称为游程长度序列，简称游程序列。它是一种一一对应的变换，也是可逆变换，称为游程变换。

例如，二元信源 $\begin{bmatrix} 0 & 1 \\ p_0 & p_1 \end{bmatrix}$，$0 \leqslant p_0, p_1 \leqslant 1, p_0 + p_1 = 1$ 该信源输出的二元序列

$$000101110010001\cdots$$

可变换成如下游程序列

31132131…

已规定游程序列从 0 开始，有上述游程序列，很容易恢复出原来的二元序列。

游程变换减弱了原序列符号间的相关性，并把二元序列变换成了多元序列，这样就适合于用其他方法，如赫夫曼编码，进一步压缩信源，提高通信效率。当然，首先要测定 0 游程长度和 1 游程长度的概率分布，即以游程长度为元素，构造一个新的信源，然后才能对游程序列进行赫夫曼编码。

多元序列也可以变换成游程序列，如 m 元序列可有 m 种游程。但是变换成游程序列时，需要增加标志位才能区分游程序列中的“长度”是 m 种游程中的哪一个长度，否则变换就不可逆。这样一来，增加的标志位可能会抵消压缩编码得到的好处。所以，对多元序列进行游程变换的意义不大。

若二元序列的概率特性已知，由于二元序列与游程变换序列的一一对应，可计算出游程序列的概率特性。

先设二元序列为独立序列，令 0 和 1 的概率分别 p_0 和 p_1，长度为 i 的 0 游程记为 l_i^0，则 0 游程长度概率为：

$$p[l_i^0]=p_0^{l_i^0-1}p_1 \tag{4-16}$$

式中，$l_1^0=1,2,\cdots$，游程长度至少是 1。从理论上来说，游程长度可以是无穷，但很长的游程实际出现的概率非常小。在计算 $p[l_i^0]$时，必然已有 0 出现，否则就不是 0 游程。若下一个符号是 1，则游程长度为 1，其概率是 $p_1=1-p_0$；若下一个符号为 0，再下一个符号为 1，则游程长度为 2，其概率将为 p_0p_1。以此类推，可得到式(4-16)。容易证明：

$$\sum_{l_i^0=1}^{\infty}p[l_i^0]=\frac{p_1}{1-p_0}=1 \tag{4-17}$$

同理，可得 1 游程长度 l_j^1 的概率为

$$p[l_j^1]=p_1^{l_j^1-1}p_0 \tag{4-18}$$

同样易证

$$\sum_{l_j^1=1}^{\infty}p[l_j^1]=\frac{p_0}{1-p_1}=1 \tag{4-19}$$

于是可以构造出两个信源：0 游程长度信源和 1 游程长度信源，分别是

$$\begin{bmatrix}L_0\\P(L_0)\end{bmatrix}=\begin{Bmatrix}l_1^0=1\,l_2^0=2\cdots l_i^0=i\cdots\\p(l_1^0)p(l_2^0)\cdots p(l_i^0)\cdots\end{Bmatrix},\quad 0\leqslant p(l_i^0)\leqslant 1,\quad \sum_{l_i^0=1}^{\infty}p(l_i^0)=1 \tag{4-20}$$

和

$$\begin{bmatrix}L_1\\P(L_1)\end{bmatrix}=\begin{Bmatrix}l_1^1=1\,l_2^1=2\cdots l_j^1=j\cdots\\p(l_1^1)p(l_2^1)\cdots p(l_j^1)\cdots\end{Bmatrix},\quad 0\leqslant p(l_j^1)\leqslant 1,\quad \sum_{l_j^1=1}^{\infty}p(l_j^1)=1 \tag{4-21}$$

根据式(4-16)和式(4-17)，可计算 0 游程长度的熵为

$$H[l_i^0]=-\sum_{l_i^0=1}^{\infty}p[l_i^0]\mathrm{lb}p[l_i^0]=-\sum_{l_i^0=1}^{\infty}p_0^{l_i^0-1}p_1\mathrm{lb}[p_0^{l_i^0-1}p_1]$$

$$=-\mathrm{lb}p_1\sum_{l_i^0=1}^{\infty}p[l_i^0]-p_1\sum_{l_{i0}=1}^{\infty}p_0^{l_i^0-1}[l_i^0-1]\mathrm{lb}p_0 \tag{4-22}$$

由$\frac{\mathrm{d}p_0^{l_i^0-1}}{\mathrm{d}p_0}=[l_i^0-1]p_0^{l_i^0-2}$推导出

$$[l_i^0-1]p_0^{l_i^0-1}=p_0\frac{\mathrm{d}p_0^{l_i^0-1}}{\mathrm{d}p_0} \tag{4-23}$$

式(4-23)带入式(4-22)得

$$H[l_i^0]=-\mathrm{lb}p_1-p_1p_0\mathrm{lb}p_0\sum_{l_i^0=1}^{\infty}\frac{\mathrm{d}}{\mathrm{d}p_0}p_0^{l_i^0-1}$$

$$=-\mathrm{lb}p_1-p_1p_0\mathrm{lb}p_0\frac{\mathrm{d}}{\mathrm{d}p_0}\sum_{l_i^0=1}^{\infty}p_0^{l_i^0-1}$$

$$=-\mathrm{lb}p_1-p_1p_0\mathrm{lb}p_0\frac{\mathrm{d}}{\mathrm{d}p_0}\left(\frac{1}{1-p_0}\right)$$

$$=-\mathrm{lb}p_1-p_1p_0\mathrm{lb}p_0\frac{1}{(1-p_0)^2}$$

$$=\frac{H(p_0)}{p_1} \tag{4-24}$$

式(4-23)中，$H(p_0)$为原二元序列的熵。

0 游程序列的平均游程长度

$$L_0=E[l_i^0]=\sum_{l_i^0=1}^{\infty}l_i^0p[l_i^0]=\sum l_i^0p_0^{l_i^0-1}p_1=p_1\sum\frac{\mathrm{d}}{\mathrm{d}p_0}p_0^{l_i^0}=\frac{1}{p_1} \tag{4-25}$$

同理，由式(4-18)和式(4-19)可得 1 游程长度的熵和平均游程长度

$$H[l_j^1]=\frac{H[p_0]}{p_0} \tag{4-26}$$

$$L_1=E[l_j^1]=\frac{1}{p_0} \tag{4-27}$$

0 游程序列的熵与 1 游程序列的熵之和除以它们的平均游程长度之和，即为对应原二元序列的熵 $H(X)$，由式(4-24)至式(4-27)得

$$H(X)=\frac{H[l_i^0]+H[l_j^1]}{L_0+L_1}=H(p_0)=H(p_1) \tag{4-28}$$

可见游程变换后符号熵没有变。这很容易理解，因为游程变换是一一对应的可逆变换，所以变换后熵值不变。这也说明变换后的游程序列是独立序列。

对于有相关性的二元序列，也可以证明变换后的游程序列是独立序列，并且也有$H(X)=\frac{H[l_i^0]+H[l_j^1]}{L_0+L_1}$的结论。只是此时的 $H[l_i^0]$、$H[l_j^1]$、L_0 和 L_1 具体表达式形式不同，它们是相关符号的联合概率和条件概率的函数。由于游程变换有较好的去相关效果，

因而对游程序列进行赫夫曼编码，可获得较高的编码效率。

假设 0 游程长度的赫夫曼编码效率为 η_0，1 游程长度的赫夫曼编码效率为 η_1，由编码效率的定义和式(4-28)可得对应二元序列的编码效率：

$$\eta=\frac{H[l_i^0]+H[l_j^1]}{\dfrac{H[l_i^0]}{\eta_0}+\dfrac{H[l_j^1]}{\eta_1}} \tag{4-29}$$

假设 $\eta_0>\eta_1$，则有

$$\eta_0>\eta>\eta_1 \tag{4-30}$$

当 0 游程和 1 游程的编码效率都很高时，采用游程编码的效率也很高，至少不会低于较小的那个效率。由式(4-29)还可看出，要想编码效率 η 尽可能高，应使式(4-29)的分母尽可能小，这就要求尽可能提高熵值较大的游程的编码效率，因为它在分母中占的比重较大。

理论上来说，游程长度可从 1 到无穷。要建立游程长度和码字之间的一一对应的码表是困难的。一般情况下，游程越长，出现的概率就越小；当游程长度趋向于无穷时，出现的概率也趋向于 0。按照赫夫曼码的编码规则，概率越小，码字越长，但小概率的码字对平均码长影响较小，所以在实际应用时，常对长码采用截断处理的方法。

取一个适当的 n 值游程长度为 $1,2,\cdots,2^{n-1},2^n$，所有大于 2^n 的，都按 2^n 来处理。然后按照赫夫曼的编码规则，将上列 2^n 种概率从大到小排队，构成码树并得到相应的码字。由于所有长度大于等于 2^n 的游程，只有一个码字 C，为了区分这些长度，在 C 之后再加一个 n 位的自然码 A，代表余数。例如，当游程长度恰为 2^n 时，就用 $C\underbrace{00\cdots00}_{n个}$来表示。游程长度为 2^{n+1} 时，用 $C\underbrace{00\cdots01}_{n个}$来表示；为 $2^{n+1}-1$ 时，用 $C\underbrace{11\cdots11}_{n个}$来表示。当游程长度大于或等于 2^{n+1} 时，就需要用两个或两个以上的 C。例如，游程长度为 2^{n+1}，码字为 $C\underbrace{00\cdots00}_{n个}C\underbrace{00\cdots00}_{n个}$；游程长度为 $2^{n+2}-1$ 的代码是 $C\underbrace{00\cdots00}_{n个}C\underbrace{11\cdots11}_{n个}$。以此类推，可得到所有游程长度的代码。

需要注意的是，0 游程和 1 游程应分别编码，建立各自的码字和码表。两个码表中的码字可以重复，但 C 码必须不同。设 C_0 和 C_1 分别是 0 游程和 1 游程码表中的码字，当译码器碰到 $C\underbrace{00\cdots00}_{n个}$时，需要根据后面的码字来判断这个 0 游程的长度。若后面的码字是 C_1，则该 0 游程的长度为 2^n；若后面的码字是 C_0，则该 0 游程的长度大于 2^n。由此可见，C 码必须与两个码表中的码字都是异前置的。

4.4.5 冗余位编码

在信源序列中，常有许多符号不携带信息，除了符号的数目或所占的时长外，完全可以不传送。例如，语音通信中讲话的间歇；再如图像通信中，图像的背景基本不变，并在图像中占相当大一部分。这些符号称为冗余位，它们所占的时长对正确表达信源是必须的，但是没有必要全部传送，如果能去掉一部分，将会提高通信效率。

设有多元信源序列

$$a_1, a_2, \cdots, a_m, b, b, \cdots, b, a_{m_1+1}, a_{m_1+2}, \cdots, a_{m2}, b, b, \cdots \tag{4-31}$$

其中，a_i 称为信息位；b 是冗余位，可为全 0 或某种固定格式。这样的序列可用下列两个序列来代替：

$$111, \cdots, 100, \cdots, 000111, \cdots, 111000$$

和

$$a_1, a_2, \cdots, a_{m1}, a_{m1+1}, a_{m1+2}, \cdots, a_{m2}, \cdots \tag{4-32}$$

前一个二元序列的 1 代表信息位，0 代表冗余位；连 1 和连 0 的个数分别代表信息位和冗余位的长度。后一序列是删除了所有的冗余位而只是把信息位排在一起。显然，式(4-31)和式(4-32)是一一对应的可逆变换。因此，可用式(4-32)代替式(4-31)，即把一个多元序列分解成一个二元序列和一个缩短的多元序列。这样，对两个序列分别用不同的方法编码，可更有效地压缩信源。例如，对二元序列采用游程编码，而对缩短的多元序列直接采用赫夫曼编码。但是这种处理方案要求同时传送两个序列，才能在接收端实时恢复出原来的多元信源序列，在实用上有一定困难，因此常采用分帧传送的方式。

有一种典型的分帧传送是由林奇(Lynch)和戴维森(Davisson)分别独立提出的，简称 L-D 编码。L-D 编码是一种分帧传送冗余位序列的方法，即在冗余位序列中取 N 个符号作为一帧，编成一个码字，码字中含有信息位的数量和位置信息，在接收端依据这些信息进行译码。

L-D 编码中的每个码子传送两个数：Q 和 T。Q 是本帧内信息位的数目，而 T 则是含有各信息位的位置信息，由式(4-33)计算：

$$T = \sum_{j=1}^{Q} \begin{bmatrix} n_j - 1 \\ j \end{bmatrix} \tag{4-33}$$

其中，n_j 是帧内第 j 个信息位的位置序号，n_1 最小，n_Q 最大。

接收端收到 Q 和 T 后，按下列方法译码。

寻找某一值 K，若

$$\begin{bmatrix} K \\ Q \end{bmatrix} \leqslant T < \begin{bmatrix} K+1 \\ Q \end{bmatrix}$$

则

$$n_Q = K + 1 \tag{4-34}$$

再令

$$T_1 = T - \begin{bmatrix} K \\ Q \end{bmatrix} \tag{4-35}$$

再找某一值 L，若

$$\begin{bmatrix} L \\ Q-1 \end{bmatrix} \leqslant T_1 < \begin{bmatrix} L+1 \\ Q-1 \end{bmatrix}$$

则

$$n_{Q-1} = L + 1 \tag{4-36}$$

依次下去，直至求出 n_1，从而确定所有信息位的位置。

在编码时，需要多少比特来表达 Q 和 T 呢？因为 Q 可以取 0 到 N 的各种值，共有

$N+1$ 种，所以表达 Q 值需要$\lceil \mathrm{lb}(N+1)\rceil$比特。$Q$ 值确定后，各信息位的可能位置共有$\begin{bmatrix} N \\ Q \end{bmatrix}$种，所以确定 T 值需要$\left\lceil \mathrm{lb}\begin{bmatrix} N \\ Q \end{bmatrix} \right\rceil$比特。以上的$\lceil X\rceil$表示不小于 X 的最小整数，所以共需

$$A=\lceil \mathrm{lb}(N+1)\rceil+\left\lceil \mathrm{lb}\begin{bmatrix} N \\ Q \end{bmatrix} \right\rceil \tag{4-37}$$

例 4.9 有一冗余位序列 001000000010000，令 $N=15$，对其编 L-D 码。

解：$Q=2$，$n_1=3$，$n_2=11$。

则

$$T=\begin{bmatrix} 11 & -1 \\ 2 & \end{bmatrix}+\begin{bmatrix} 3 & -1 \\ 1 & \end{bmatrix}=47$$

$$\begin{bmatrix} N \\ Q \end{bmatrix}=105,\quad \lceil \mathrm{lb}105\rceil=7,\quad \lceil \mathrm{lb}(15+1)\rceil=4$$

分别用 4 位和 7 位二进制自然码表示 Q 和 T，即得 L-D 编码：00100101111。

译码时，已知 $N=15$，故前 4 位必为 Q 值，即 $Q=2$。那么后面的 7 位必然代表 T，故知 $T=47$。由式(4-34)和式(4-36)计算出

$$n_2=11,\quad n_1=3$$

即完成译码，恢复出原冗余位序列。

L-D 编码适合于冗余位较多或较少的情况，当冗余位和信息位数量相当是，L-D 编码非但不能压缩码率，反而使其有所扩展，不宜应用。

4.4.6 Lempel-Ziv 编码

赫夫曼编码需要符号的概率，但许多日常生活现象并不预先提供符合的概率(如信源的统计特性未知)。原则上通过对信源的输出进行长时间观察，可以估计出符号的概率。但在实用中这是不现实的。另外，赫夫曼编码对 DMS(离散无记忆信源)，也就是当一个符号的出现不会影响到后续符号的出现概率是最优的，但对有记忆信源这就不是最好的选择。在考虑书写文字的压缩问题时，例如英文单词中，字母成对或成组出现，如'q-u'、't-h'、'i-n-g'等。对这类信源进行压缩编码时，用字母间的统计互相关性以及字母各自的出现概率应该会更有效。这就是 Lempel 和 Ziv 在 1977 年提出的编码方案，该信源编码算法不需要信源的统计特性，是一种**变长到定长信源编码算法**，属于广义信源编码算法。

Lempel-Ziv 广义编码隐含的逻辑如下：通过对由一连串的 0 和 1 组成的预先串(前缀串)，另加一个新的比特进行编码，对任意比特序列的压缩是可能的。然后，由原来的前缀串添加一个新的比特所形成的新串又作为未来串的前缀串。这些变长的组叫作**短语**，这些短语被列在一个字典里，其中记录了已存在的短语和它们的位置。当对一个新的短语编码时，指明已有的短语在字典中的位置并附加新字母。

可以通过下面的例子来更好地理解 Lempel-Ziv 算法是怎么工作的。

例 4.10 假如想对串 101011011010101011 编码。

首先做语法分析，将它变成一些用逗号隔开的短语，它们代表的字符串可以用原来的一个字符串作前缀另加一个比特表示。

第一个比特是个 1，它前面没东西，因此它有一个空前缀串而且另外的一比特就是它自己：

1,01011011010101011

对 0 也是一样，因此它不能用仅有的前缀来表示：

1,0,1011011010101011

到目前为止，字典包含字符串 1 和 0。接下来会遇到一个 1，但它已经在字典里存在了，因此继续往下进行。接下来的 10 显然是由前缀 1 和一个 0 构成，于是现在得到：

1,0,10,11011010101011

如此继续下去，最终将整个字符串分拆如下：

1,0,10,11,01,101,010,1011

现在有 8 个短语，将用 3 比特来标记空短语和前 7 个短语，它们一共有 8 个编过号的短语。接下来，用构成一个新短语所需的前缀短语的数字加新的比特来表示字符串。为了直观，首先用括号和逗号将它们分开。这 8 个短语可描述为：

(000,1),(000,0),(001,0),(001,1),(010,1),(011,1),(101,0),(110,1)

可以这样读：(在位置 0,1 的码字),(在位置 0,0 的码字),(在位置 1,0 的码字),(在位置 1,1 的码字),(在位置 2,1 的码字),(在位置 3,1 的码字),等等。

因此原始字符串编码之后变成了：

0001000000100011010101111010101101

这个例子中的字典由表 4.7 给出。

表 4.7 Lempel-Ziv 算法的字典

字典位置	字典内容	码字	字典位置	字典内容	码字
001	1	0001	101	01	0101
010	0	0000	110	101	0111
011	10	0010	111	010	1010
100	11	0011	—	1011	1101

在这种情况下，没得到任何压缩，编码后的字符串实际上更长了！但是，最初的字符串越大，随着编码的进程会有更大的节余，因为很大的前缀可用很小的数字索引来表示。事实上，Ziv 证明了对于长文件，文件的压缩可以达到由文件信息量所决定的能获得的最优值。

这个表应该多长？在实际应用中，不管表的长度如何，最终总是要溢出。这个问题可通过预先确定一个充分大的字典来解决。编码器和译码器可以通过周期性地用比较常用的短语取代字典中不常用的短语来更新字典。

Lempel-Ziv 算法在实际中被广泛应用。UNIX 操作系统中的压缩和解压应用程序用的就是这种算法的修订版。用于压缩二元文件的标准算法用 12 比特的字和传递另外

1 比特来表示一个新序列。使用这样的码，Lempel-Ziv 算法可以将英文文本的传递压缩大约 55%左右，而赫夫曼码只能压缩 43%。

4.4.7 算术编码

Huffman 算法的最佳性还受限于编码的每个码字都必须用整数比特编码，不能用小数比特。算术编码(arithmetic coding)应用小数比特来对信源符号进行编码。它的思想是 Elias 的码分割思想，这种编码称为块码或分组码。

信源符号是多元的，而且不考虑相关性。要用于最常见的二元序列，需采用游程编码，分帧编码或合并符号的方法，转换成多值符号，并且不考虑符号间的相关性。这使信源编码的匹配原则不能充分满足，编码效率就有所损失，要较好地解除相关性，常需要在序列中取很长的一段。

算术编码是非分组码的编码方法之一。基本思路是：从全序列出发，将各信源序列的概率映射到[0,1]区间上，使每个序列对应这区间内的一点，也就是二进制的小数。这些点把[0,1]区间分成许多小段，每段的长度等于某一序列的概率。再在段内取一个二进制小数，其长度可与该序列的概率匹配，达到高效编码的目的。

设信源符号集为 X，信源符号取值的集合 $A=\{a_1,a_2,\cdots,a_n\}$，信源序列 $\boldsymbol{X}=a_{i_1}a_{i_2}\cdots a_{i_N}$，$a_{i_k}\in A$，$k=1,2,\cdots,N$，$\boldsymbol{X}=a_{i_1}a_{i_2}\cdots a_{i_N}$ 共有 n^N 种可能的序列。

考虑全序列，序列长度 N 很大，实用中很难得到对应的概率，只能从已知的信源符号的概率 $P=\{p(a_1),p(a_2),\cdots,p(a_n)\}=\{p_1,p_2,\cdots,p_n\}$ 中递推得到。

定义各符号的累加概率

$$\bar{p}_i=\sum_{k=1}^{i-1}p_k \tag{4-38}$$

由式(4-38)，可得 $\bar{p}_1=0$，$\bar{p}_2=p_1$，$\bar{p}_3=p_1+p_2$，…而且 $p_i=\bar{p}_{i+1}-\bar{p}_i$。

由于 $\bar{p}_{i+1}$ 和 $\bar{p}_i$ 都是小于 1 的正数，可用[0,1]区间内的两个点来表示，则 p_i 就是这两点间小区间的长度如图 4.13 所示。

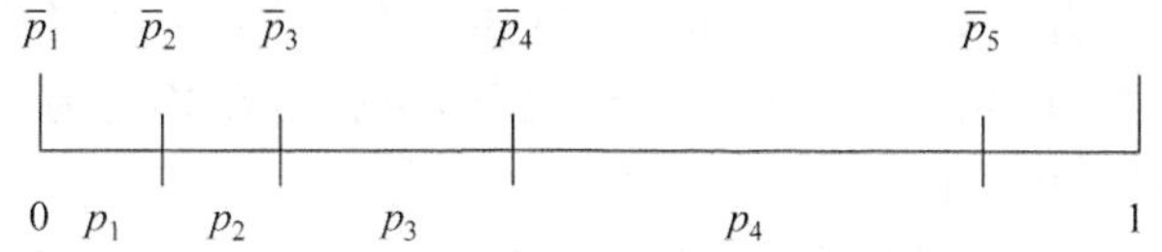

图 4.13 符号概率和累加概率示意图

不同的符号有不同的小区间，互不重叠，可将小区间内的任一点作为该符号的代码。

例 4.11 有一序列 $S=011$，这种二元符号的序列可按自然二进制数排列，如 000，001，010，011…

则 S 的累积概率为

$$\bar{P}(S)=p(000)+p(001)+p(010)$$

若 S 后面接 1 个 0，就为 0110，累加概率为

$$\begin{aligned}\bar{P}(S,0)&=p(0000)+p(0001)+p(0010)+p(0011)+p(0100)+p(0101)\\&=p(000)+p(001)+p(010)=\bar{P}(S)\end{aligned}$$

$$\sum_j p(a_i b_j) = p(a_i)$$

若 S 后面接 1 个 1，则累加概率为

$$\begin{aligned}\overline{P}(S,1) &= p(0000) + p(0001) + p(0010) + p(0011) + p(0100) + p(0101) + p(0110) \\ &= \overline{p}(S) + p(0110) \\ &= \overline{p}(S) + p(S)p_0\end{aligned}$$

单符号的累加概率为 $\overline{p}_1 = 0, \overline{p}_2 = p_1$

$$\overline{p}(S,r) = \overline{p}(S) + p(S)\overline{p}_r \tag{4-39}$$

式(4-39)也可以推广到多元序列，也成立。

$$p(S,a_r) = p(S)p_r \tag{4-40}$$

对于相关性序列，式(4-39)和式(4-40)所表示的递推公式也是适用的，只是单符号概率应换成条件概率。

由累加概率 $\overline{p}(S)$ 的计算中可看出，$\overline{p}(S)$ 把区间[0,1]分割成许多小区间，各个小区间的长度等于各序列的概率 $p(S)$，而小区间内的任一点可作为该序列的代码。

如何选择这一点，可令

$$L = \left\lceil \text{lb}\,\frac{1}{p(S)} \right\rceil \tag{4-41}$$

对于式(4-41)，设$\lceil x \rceil$代表大于或等于 x 的最小正整数，把累加概率 $\overline{p}(S)$ 写成二进制小数，取其前 L 位，以后如果有尾数，就进位到第 L 位，这样得到 C。

例 4.12 $\overline{p}(S) = 0.10110001, p(S) = \frac{1}{17}, L = 5$，得 $C = 0.10111$。因此 C 就可作为 S 的码字。

因为 C 不小于 $\overline{p}(S)$，至少等于 $\overline{p}(S)$。由 $L = \left\lceil \text{lb}\,\frac{1}{p(S)} \right\rceil$，可知，$p(S) \geqslant 2^{-L}$，若 $S+1$ 为按顺序正好是 S 后面的一个序列，则

$$\overline{p}(S+1) = \overline{p}(S) + p(S) \geqslant \overline{p}(S) + 2^{-L} > C \tag{4-42}$$

当 $\overline{p}(S)$ 第 L 位以后没有尾数时，$\overline{p}(S)$ 就是 C；如果有尾数时，这尾数就是式(4-42)的左右两侧之差，由此 C 必须在 $\overline{p}(S+1)$ 和 $\overline{p}(S)$ 之间，也就是在长度为 $p(S)$ 的小区间(左闭右开)内，因而 C 是唯一译码的。

序列的码长与概率可达到匹配，尤其当序列很长时，对于长序列，$p(S)$ 必然很小，$L = \left\lceil \text{lb}\,\frac{1}{p(S)} \right\rceil$ 很大，编码效率很高。

实际应用中，采用累加概率 $\overline{p}(S)$ 表示码子 $C(S)$，序列概率 $p(S)$ 表示状态区间 $A(S)$，则有

$$\begin{cases} C(S,r) = C(S) + A(S)\overline{p}_r \\ A(S,r) = A(S) \cdot p_r \end{cases} \tag{4-43}$$

对于二进制符号组成的序列 $r = 0, 1$。

实际编码过程如下：先设定两个存储器，起始时可令

$$A(\varnothing) = 1, \quad C(\varnothing) = 0$$

$\varnothing$代表空集，即起始时码字为0，状态空间为1。每输入一个信源符号，存储器 A 和 C 按照式(4-43)更新一次，直至信源符号输入完毕，就可将存储器 C 的内容作为该序列的码字输出。

例 4.13 有 4 个符号 a、b、c、d 构成简单序列 $S=(a,b,d,a)$。各符号及对应概率如表 4.8 所示，算术编码过程如下：

表 4.8 例 4.13 符号及其概率表

符号	p_i	符号累加概率	符号	p_i	符号累加概率
a	0.100(1/8)	0.000	c	0.001(1/8)	0.110
b	0.010(1/4)	0.100	d	0.001(1/8)	0.111

设起始状态为空序列 ϕ，则 $A(\phi)=1$，$C(\phi)=0$。递推得

$$\begin{cases} C(\Phi,a) = C(\Phi) + A(\Phi)\overline{p}_a = 0 \\ A(\Phi,a) = A(\Phi)p_a = 0.1 \end{cases}$$

$$\begin{cases} C(a,b) = C(a) + A(a)\overline{p}_b = 0.01 \\ A(a,b) = A(a)p_b = 0.001 \end{cases}$$

$$\begin{cases} C(ab,d) = C(ab) + A(ab)\overline{p}_d = 0.010111 \\ A(ab,d) = A(ab)p_d = 0.000001 \end{cases}$$

$$\begin{cases} C(abd,a) = C(abd) + A(abd)\overline{p}_a = 0.010111 \\ A(abd,a) = A(abd)p_a = 0.0000001 \end{cases}$$

因此 $C(abda)$即为编码后的码字 010111。

译码可通过对上述编码后的数值大小进行比较，即判断码字 $C(S)$落在哪一区间就可得出一个相应的符号序列。

$$C(abda) = 0.010111 < 0.1 \in [0.000, 0.100]$$

第一个符号为 a

放大至[0,1]($\times p_a^{-1}$)：

$$C(abda) \times \left(\frac{1}{2}\right)^{-1} = 0.10111 < 0.110 \in [0.100, 0.110]$$

第二个符号为 b，去掉累加概率 $\overline{p}_b$ 后得 0.10111−0.100=0.00111

放大至[0,1]($\times p_b^{-1}$)：

$$C(abda) \times \left(\frac{1}{4}\right)^{-1} = 0.111 \in [0.111, 1]$$

第三个符号为 d，去掉累加概率 $\overline{p}_d$ 后得 0.111−0.111=0

放大至[0,1]($\times p_d^{-1}$)：

$$C(abda) \times \left(\frac{1}{8}\right)^{-1} = 0 \in [0, 0.100]$$

第四个符号为 a。

这样，就完成了译码的过程，译码输出为 $abda$。

算术编码所需要的参数很少,但计算复杂,计算精度及存储量在实际实现时还有一些问题。

本章主要介绍了编码的定义和分类以及离散无失真信源编码定理。各种信源编码都是针对离散信源,而且都是变长编码,虽然变长编码可提高编码效率,但也有它的固有缺点:需要大量缓冲设备来存储这些变长码,然后再以恒定的码率逐行传送。另外,在传输过程中如果出现了误码,容易引起错误扩散,所以要求有优质的信道。

很多情况下信源是连续的,那么离散信源编码方法就不适用,也不能做到无失真编码,需要采取另外的编码方法。有时为了得到较高的编码效率,先采用某种正交变换,解除或减弱信源符号间的相关性,然后再进行信源编码。有时则利用信源符号间的相关性直接编码。这就是连续信源编码、相关信源编码和变换编码,感兴趣的读者可以参阅相关文献、书籍。

4.5 习题

4.1 某气象员报告气象状况,有四种可能的消息:晴、云、雨和雾。若每个消息是等概的,那么发送每个消息最少所需的二元脉冲数是多少?又若每四个消息出现的概率分别为$\frac{1}{4}$、$\frac{1}{8}$、$\frac{1}{8}$和$\frac{1}{2}$,问在此情况下消息所需的二元脉冲数是多少?如何编码?

4.2 试证明长为 N 的 r 元不等长码至多有 $r(r^N-1)/(r-1)$ 个码字。

4.3 有一信源,它有六个可能的输出,其概率分布如表 4.9 所示,表中给出了对应的码 A、B、C、D、E 和 F。

(1) 求这些码中哪些是唯一的可译码;

(2) 求哪些是非延长码(即时码);

(3) 对所有唯一可译码求出其平均码长 $\bar{k}$。

表 4.9 题 4.3 表

消息	$p(a_i)$	A	B	C	D	E	F
a_1	1/2	000	0	0	0	0	0
a_2	1/4	001	01	10	10	10	100
a_3	1/16	010	011	110	110	1100	101
a_4	1/16	011	0111	1110	1110	1101	110
a_5	1/16	100	01111	11110	1011	1110	111
a_6	1/16	101	011111	11110	1101	1111	011

4.4 信源符号集为

$$\begin{bmatrix} X \\ p(X) \end{bmatrix} = \begin{bmatrix} a_1 & a_2 & a_3 & a_4 & a_5 & a_6 & a_7 & a_8 & a_9 & a_{10} \\ 0.4 & 0.2 & 0.1 & 0.1 & 0.05 & 0.05 & 0.05 & 0.05 & 0.06 & 0.05 \end{bmatrix}$$

码符号集为{0,1,2},构造一种三进制的紧致码。

4.5 设信源符号集

$$\begin{bmatrix} X \\ p(X) \end{bmatrix} = \begin{bmatrix} a_1 & a_2 \\ 0.1 & 0.9 \end{bmatrix}$$

(1) 求信源的熵 $H(X)$和信源剩余度；

(2) 设码符号为 $C\in\{0,1\}$，编写 X 的紧致码，并求出 X 的紧致码的平均码长 $\bar{k}$；

(3) 把信源的 N 次无记忆扩展信源 X^N 编写紧致码，试求当 $N=2,3,4,\infty$时的平均码长$\dfrac{\bar{k}_N}{N}$；

(4) 计算上述 $N=1,2,3,4$ 这种码四种的效率和码剩余度。

4.6 设有 6 个消息其出现的概率分别为 1/16，1/16，2/16，3/16，4/16，5/16，将它们按赫夫曼法进行编码，试求编码效率。

4.7 令离散无记忆信源

$$\begin{bmatrix} X \\ p(X) \end{bmatrix} = \begin{bmatrix} a_1 & a_2 & a_3 & a_4 & a_5 & a_6 & a_7 & a_8 & a_9 & a_{10} \\ 0.16 & 0.14 & 0.13 & 0.12 & 0.10 & 0.09 & 0.08 & 0.07 & 0.06 & 0.05 \end{bmatrix}$$

(1) 求最佳二元码，计算平均码长和编码效率；

(2) 求最佳三元码，计算平均码长和编码效率。

4.8 令离散无记忆信源

$$\begin{bmatrix} X \\ p(X) \end{bmatrix} = \begin{bmatrix} a_1 & a_2 & a_3 \\ 0.5 & 0.3 & 0.2 \end{bmatrix}$$

(1) 求对 X 的最佳码元、平均码长和编码效率；

(2) 求对 X^2 的最佳码元、平均码长和编码效率；

(3) 求对 X^3 的最佳码元、平均码长和编码效率。

4.9 设离散信源的概率空间为

$$\begin{bmatrix} X \\ p(X) \end{bmatrix} = \begin{bmatrix} a_1 & a_2 & a_3 & a_4 & a_5 & a_6 \\ 0.25 & 0.25 & 0.20 & 0.15 & 0.10 & 0.05 \end{bmatrix}$$

对其采用香农编码，并求出平均码长和编码效率。

4.10 设有离散无记忆信源

$$\begin{bmatrix} X \\ p(X) \end{bmatrix} = \begin{bmatrix} a_1 & a_2 & a_3 & a_4 & a_5 & a_6 & a_7 & a_8 \\ 0.22 & 0.20 & 0.18 & 0.15 & 0.10 & 0.08 & 0.05 & 0.02 \end{bmatrix}$$

码符号集 $C=\{0,1,2\}$，现对该信源 X 进行三元赫夫曼编码，试求信源熵 $H(X)$，码平均长度 $\bar{k}$ 和编码效率 η。

4.11 设有离散信源，其概率空间为

$$\begin{bmatrix} X \\ p(X) \end{bmatrix} = \begin{bmatrix} a_1 & a_2 & a_3 & a_4 & a_5 & a_6 \\ 0.32 & 0.22 & 0.18 & 0.16 & 0.08 & 0.04 \end{bmatrix}$$

进行费诺编码，并求其信源熵 $H(X)$，码平均长度 $\bar{k}$ 和编码效率 η。

4.12 设有离散无记忆信源

$$\begin{bmatrix} X \\ p(X) \end{bmatrix} = \begin{bmatrix} a_1 & a_2 & a_3 & a_4 & a_5 \\ 1/2 & 1/4 & 1/8 & 1/16 & 1/16 \end{bmatrix}$$

试编出赫夫曼编码。

4.13 设有离散无记忆信源

$$\begin{bmatrix} X \\ p(X) \end{bmatrix} = \begin{bmatrix} a_1 & a_2 & a_3 & a_4 & a_5 & a_6 & a_7 \\ 0.20 & 0.19 & 0.18 & 0.17 & 0.15 & 0.10 & 0.01 \end{bmatrix}$$

(1) 求该信源符号熵 $H(X)$；

(2) 用赫夫曼编码编成二元变长码,计算其编码效率；

(3) 用赫夫曼编码编成三元变长码,计算其编码效率。

4.14 设离散无记忆信源

$$\begin{bmatrix} X \\ p(X) \end{bmatrix} = \begin{bmatrix} a_1 & a_2 & a_3 & a_4 & a_5 & a_6 \\ 0.32 & 0.22 & 0.18 & 0.16 & 0.08 & 0.04 \end{bmatrix}$$

对其进行费诺编码,并求信源熵、码的平均长度和码的效率。

第5章

信道编码

5.1 数字通信系统

首先回顾一下通信系统模型，图 5.1 为含有信道编码的通信系统框图。信源输出信息到信源编码器，信源编码是为了减少码元数目和降低码元速率，即数据压缩；另一个作用是为了将信源的模拟信号转化成数字信号，以实现模拟信号的数字化传输。经过信源编码器输出的序列，再经过为增强信息保密性的加密器模块处理后，被传送到信道编码器。信道编码器是按照一定的规律在随机序列中加上冗余位，使得信息序列具有一定纠错或检错能力。为了使信号能在信道传输，通常还要使用调制器，以改变所要传输的信号的波形和频率，使其适应信道条件的要求。最后，调制后的信号波形在信道中传输。但是由于外界噪声以及信道本身等因素的影响，在传输过程中信号波形必定存在一定程度的失真。

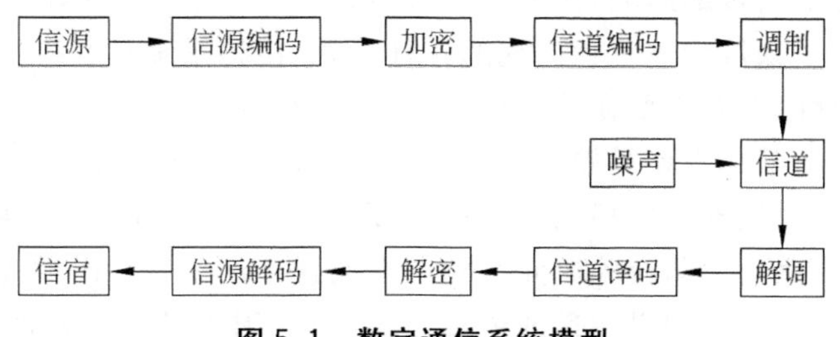

图 5.1　数字通信系统模型

通常信息传输过程中的噪声干扰被认为是随机过程，从发生规律来分，有加性和乘性两种。加性噪声与信号是相加的关系，它与信号的有无及大小无关，主要包括热噪声，以及无线电、雷电、电脉冲干扰等。乘性噪声与信号是乘法的关系，信号为零时，噪声干扰也就不存在，这类噪声主要有线性失真、交调干扰、码间干扰，以及信号的多径时变干扰等。在实际系统中，加性噪声和乘性噪声往往都同时存在。由噪声引起的误差的统计特性规律，信道分为随机差错信道和突发差错信道。在随机差错信道中，信号码元独立地按照一定的概率发生错误，与其前后码元是否错误无关，这种差错可以认为是由加性高斯白噪声引起的。在突发差错信道中，码元发生差错是成片出现的。信息系统中由突发噪声(例如雷电、强脉冲等)引起的。

解调器对已失真的波形进行检测和解调，主要目的是为了尽可能地消除信道干扰，恢复调制器输出端的信号，然后解调出基带编码信号。但是，由于噪声干扰的随机性，解调器的输出只是对发送端发送的信号波形进行检测和估计，而解调出的信号与原始的发送序列相比仍然可能存在一定的错误。这时，将它们传送给信道解码器，信道解码器按照与信道编码器相对应的编码规则，对接收到的信号进行译码，从而发现和纠正错误。经信道译码后的信号再与发送端的加密器相对应的方法进行解密。信源解码器则是对接收到的消息重构成原始的数字信号或者模拟信号。

5.2 信道编码及编码定理

在信息的传输中应用信道编码技术的研究始于 20 世纪 40 年代。从 1948 到 1949 年，Claude E. Shannon 相继发表了论文“A mathematical Theory of Communication”和“Communication in the Presence of Noise”，这两篇论文为现代的信息论和编码理论打下了基础。论文首次将概率论的分析和处理方法引入到对通信系统的研究和分析中。Shannon 以数学的方式定义了信源的熵和信道容量，指出在信源的熵小于信道容量的情况下，在有噪信道中可以实现可靠通信。即若信道容量为 C，则只要信道中的信息传输速率 $R<c$，就一定存在一种编码方式，使编码后的误码率随着码长 n 的增加而按指数下降到任意小的值。Shannon 在 1948 年提出的信道编码定理的最早证明是以随机编码为基础的，他只是证明了好码的存在，但并没有提供任何设计好码的方法。因此，在随后的几十年里，编码理论的研究集中在编译码方法的设计上。

在实际通信过程中，由于信号在传送过程中会受到来自外界干扰、系统内部不理想以及信道自身随机性等因素的影响，接收端信号将发生衰减、失真等现象，一般都会存在一定概率的误码。为了抵抗传输过程出现的各种干扰，使得系统具有检错或纠错的能力，提高信息传输的可靠性，故有必要在信息传输时引入纠错编码技术。

信道编码方法的基本思路是发送端在被传输的信息码元里按照某种既定规则添加一些校验码元；接收端再根据校验规则，分析消息码元与校验码元的相互制约关系。当传输中有错误存在时，消息码元与校验码元之间原有的这种制约关系便被改变，接收端利用这一点能够进行检错、纠错。如果信道的传输速率一定，因为校验码元的存在，势必会降低用户输入的信息速率。通常新加入的冗余校验码元越多，消息码元与校验码元之间的联系就越紧密，信号的检错与纠错能力就会更强。但同时也导致信道传输消息时相同时间内传输承载有用信息的码元越少，也就导致了编码效率和信息传输有效性变小。所以，通信系统传输信息的可靠性与信道传输速率两者是相悖而行的。

设信道编码前有 k 位的信息序列，它们称为消息码元，且认为它们相互独立，信息量最大。然后，按照一定的数学规律，由消息码元计算得到 $n-k$ 位的校验码元，形成发送码字。校验码元完全是为了使得消息码元之间产生联系而存在的码元，是不承载任何信息量的。接收端对信道传输来的编码码字，利用这些校验码元和信息码元之间的数学关系，以及信道特性作相应的信道解码处理后，校验码元便完成了它们的所有任务，它们称为校验码元，或称为冗余码元。人们把 k/n 称为码率，即编码效率。编码效率 η 的值越大，则码字中有用码元占的比例越大，码字中用来承载有用信息的码元就越多，传输有效性也就越高。

Shannon 在其经典论文"A Mathematical Theory of Communications"中指出：如果系统的传信率小于信道容量，则选择适当的编码技术可以实现可靠通信。Shannon 采用信源和信道的概率模型，将信息可靠传输的基本问题归结为

$$C = W\mathrm{lb}(1 + S/N) \tag{5-1}$$

其中，C 代表信道容量，W 代表带宽，S/N 代表信噪比(信号与噪声功率比)，这就是著名的 Shannon 公式。由此 Shannon 建立了对信息通信的基本限制，引出了信道编码定理，信道编码定理证明了最佳编码方法的存在性，纠错码理论则是为寻找最佳编码方法而发展起来的。

信道编码理论可以简单地描述为：如果信源的信息速率 $R<C$，只要输入符号数目 N 足够大，则采用适当的编码来达到在信道上的可靠传输在理论上是可能的，即可以实现差错概率的任意小；反之，如果 $R>C$，则不管在发送端和接收端采用了多少信号处理措施，都不可能达到可靠传输。如 $N\to\infty$，差错概率将接近于 0。

由式(5-1)可以得到这样的结论：

(1) 提高信噪比 S/N 可以增加信道容量 C。

(2) 当噪声功率 $N\to 0$ 的时候，信道容量 $C\to\infty$，这表明在无干扰时的信道容量为无穷大。

(3) 增加信道带宽 W 并不能使信道容量 C 无限制地增加。当噪声为高斯白噪声的时候，随着 W 增大，噪声功率也随之增大(其中 N_0 为噪声的单边功率谱密度)。取极限可得：

$$\lim_{W\to\infty} C \approx 1.44\,\frac{S}{N_0} \tag{5-2}$$

即使信道带宽 W 无限增大，信容量 C 仍然是有限的。

(4) 信道容量 C 一定的时候，信道带宽 W 与信噪比 S/N 之间可以彼此互换。

5.3 信道模型

从信道编码定理可以看出，了解信道编码是在怎样的信道下进行的是非常有必要的。人们用数学将传输信号的物理信道抽象为信道模型。只有在相同的信道模型下，讨论信息传输才有意义。信道由输入信号、输出信号以及它们的转移概率来表征。下面介绍在纠错编码中常用的几种简单信道模型。

5.3.1 二进制对称信道

设信道输入取值集合为 $X=\{0,1\}$，输出值的集合为 $Y=\{0,1\}$，噪声为加性噪声，输

出和输入之间可用一组条件转移概率来描述。信道模型如图 5.2 所示。如果信道噪声和其他干扰导致传输的二进制序列发生统计独立的差错，那么平均差错概率 p 是

$$P(Y=0 \mid X=1)=P(Y=1 \mid X=0)=p \tag{5-3}$$

$$P(Y=1 \mid X=1)=P(Y=0 \mid X=0)=1-p \tag{5-4}$$

将这种二进制输入、二进制输出信道简称为二进制对称信道(Binary Symmetric Channel, BSC)。由于信道的每一个输出仅仅是依赖于相应的输入比特，所以信道是无记忆的。

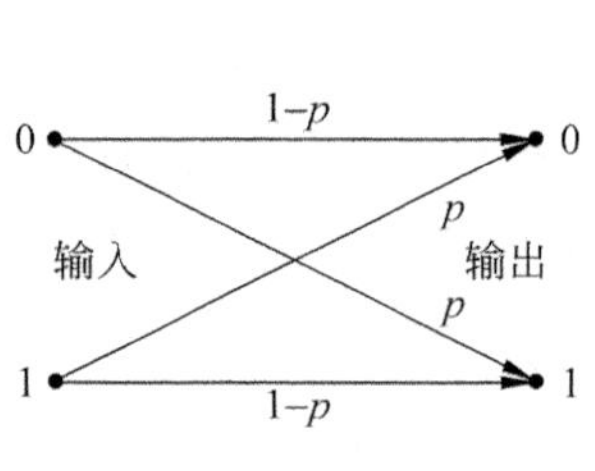

图 5.2　二进制对称信道

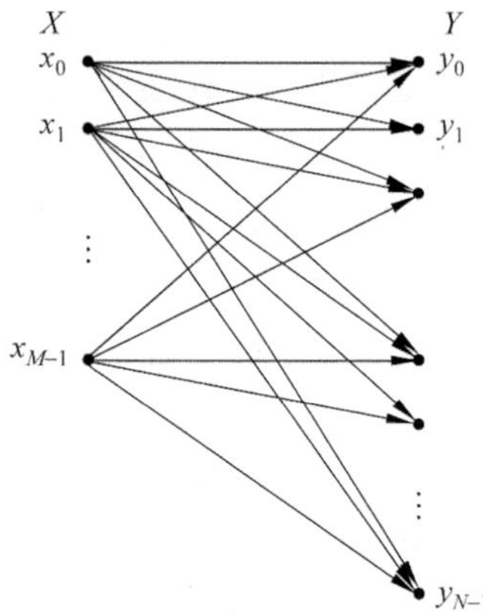

图 5.3　离散 M 进制输入，N 进制输出信道

5.3.2　离散无记忆信道

设信道的输入为随机变量 M 元符号 X，$X=\{x_0,x_1,\cdots,x_{M-1}\}$，信道输出为 N 元符号 Y，此处 $N\geqslant M$，如图 5.3 所示，离散 M 进制输入，N 进制输出信道。如果信道和调制方式是无记忆的。则信道的输入输出特性可用 NM 个条件概率表示

$$P(Y=y_j \mid X=x_i)=P(y_j \mid x_i) \tag{5-5}$$

其中，$i=0,1,\cdots,M-1$、$j=0,1,\cdots,N-1$。这样的信道称为离散无记忆信道(Discrete Memoryless Channel, DMC)。由此可以看出，BSC 信道只是二进制 DMC 信道的一种特例。如果 DMC 信道的输入为 n 个符号组成的序列 $x_1x_2\cdots x_n$，其中 $x_i\in X$。相应的输出序列 Y 为 $y_1y_2\cdots y_n$，其中 $y_i\in Y$，则离散无记忆信道的联合条件概率为

$$\begin{aligned}&P(Y=y_1,Y=y_2,\cdots,Y=y_n \mid X=x_1,X=x_2,\cdots,X=x_n)\\&=\prod_{k=1}^{n}P(Y=y_k \mid X=x_k)\end{aligned} \tag{5-6}$$

5.3.3　离散输入、连续输出信道

如果信道输入信号取自有限离散输入符号集合 $X=\{x_0,x_1,\cdots,x_{M-1}\}$，信道输出是未经量化的连续信号(即 $N=\infty$)，那么信道的输出就可能等于任意实数，即 $Y=\{-\infty,\infty\}$。可以定义一个离散时间无记忆信道，其特性由离散输入 X、连续输出 Y，以及一组条件概率函数 $p(Y|X=x_k)$所决定。加性高斯白噪声信道(Additive White Gaussian Noise

Channel, AWGN)是这种类型信道中的一个典型,相应的输入输出表示为

$$Y = X + G \tag{5-7}$$

其中,G 是均值为零,方差为 σ^2 的高斯随机变量,$X=x_k$,$k=0,1,\cdots,M-1$。对于给定的 X,输出 Y 是均值为 x_k、方差为 σ^2 的高斯随机变量,即

$$p(y \mid X = x_k) = \frac{1}{\sqrt{2\pi}\sigma} \mathrm{e}^{-(y-x_k)^2/2\sigma^2} \tag{5-8}$$

对于任意给定输入序列 $X_i(i=1,2,\cdots,n)$,存在相应的输出序列为

$$Y_i = X_i + G_i, \quad i = 0,1,\cdots,n \tag{5-9}$$

如果信道是离散无记忆的,那么满足的条件为

$$p(y_1,y_2,\cdots,y_n \mid X_1 = x_1, X_2 = x_2,\cdots,X_n = x_n) = \prod_{i=1}^{n} p(y_i \mid X_i = x_i) \tag{5-10}$$

5.3.4 波形信道

信道的输入和输出都是连续波形。假设这种信道有一个给定的带宽 W,在该频带内信道具有理想的频率响应 $C(f)=1$。并且认为信道的输出信号中存在加性高斯白噪声的干扰。假定 $x(t)$是该信道的一个带限输入信号,相应的信道输出信号 $y(t)$表示为

$$y(t) = x(t) + n(t) \tag{5-11}$$

其中,$n(t)$表示的是一个加性高斯随机过程。为了描述这种信道的特性,最好的方法是将 $x(t)$、$y(t)$和 $n(t)$由一组正交函数完备集展开。即把 $y(t)$、$x(t)$和 $n(t)$表示为

$$y(t) = \sum_i y_i f_i(t) \tag{5-12a}$$

$$x(t) = \sum_i x_i f_i(t) \tag{5-12b}$$

$$n(t) = \sum_i n_i f_i(t) \tag{5-12c}$$

其中的$\{y_i\}$、$\{x_i\}$和$\{n_i\}$分别是与展开函数 $f_i(t)$相对应的展开系数。即

$$y_i = \int_0^T y(t) f_i^*(t)\mathrm{d}t = \int_0^T [x(t) + n(t)] f_i^*(t)\mathrm{d}t = x_i + n_i \tag{5-13}$$

函数$\{f_i(t)\}$构成$(0,T)$区间上一个完整的正交集合,即有

$$\int_0^T f_i(t) f_i^*(t)\mathrm{d}t = \delta_{ij} = \begin{cases} 1, & (i = j) \\ 0, & (i \neq j) \end{cases} \tag{5-14}$$

其中的 δ_{ij} 是 δ 函数。由于

$$y_i = x_i + n_i \tag{5-15}$$

其中,n_i 是高斯变量,它满足

$$p(y_i \mid x_i) = \frac{1}{\sqrt{2\pi}\sigma} \mathrm{e}^{-(y_i-x_i)^2/2\sigma_i^2}, \quad i = 1,2,\cdots \tag{5-16}$$

由于函数$\{f_i(t)\}$是正交的,因此$\{n_i\}$是互不相关的,同时由于它是高斯变量,所以也是统计独立的。因此对于任意的 N,都有

$$p(y_1, y_2, \cdots, y_N \mid x_1, x_2, \cdots, x_N) = \prod_{i=1}^{N} p(y_i \mid x_i) \tag{5-17}$$

这样，波形信道就可以简化成用式(5-17)描述的等效离散时间信道。

5.4 差错控制方式

目前常见的差错控制方式主要有前向纠错(FEC)、检错重发(ARQ)、混合纠错(HEC)、信息反馈(IF)和检错删除(deletion)等，其原理如图 5.4 所示。

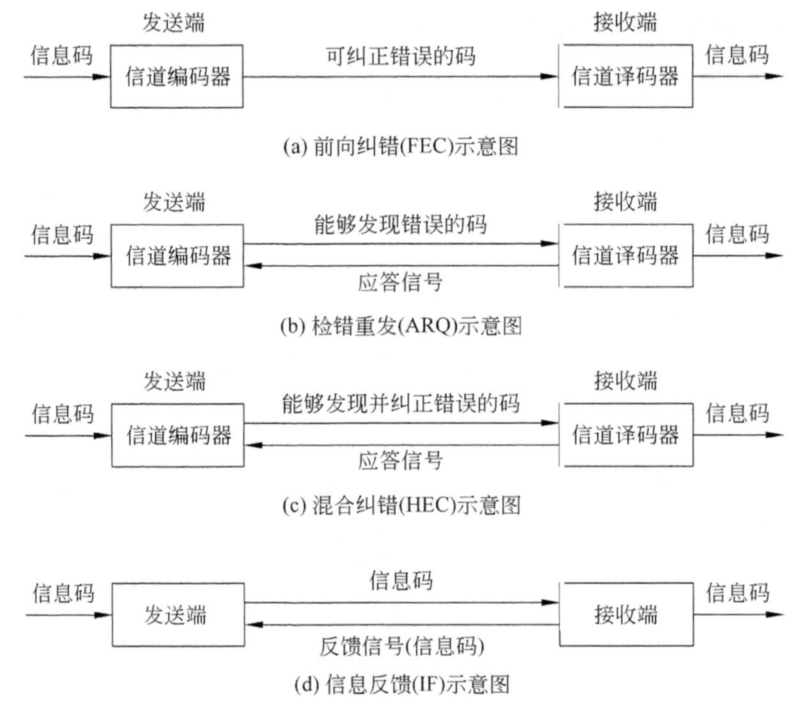

图 5.4 差错控制的工作方式

(1) 前向纠错(FEC)：发端除了发送信息码元外，还按照一定的编码规律向信息码元中加入差错控制码元。接收端收到被噪声干扰的码组后，利用差错控制码元不但能够发现错码，而且还能自动纠正这些错码。如图 5.4(a)所示，根据 FEC 的原理可知，FEC 特别适合于只能提供单向信道的场合，同时也适合一点发送多点接收的广播方式。因为不需要对发信端反馈信息，所以接收信号的延时小、实时性好。这种纠错系统的缺点是设备复杂、成本高，且纠错能力越强，编译码设备就越复杂。

(2) 检错重发(ARQ)：发送端将信息码编码成能够检错的码组，接收端接收到码组后进行检测，并将检测结果通过反向信道反馈给发送端。这个动作是不断重复的，并持续到发送端接收到表示接收端接收的信息正确的应答信息为止。如图 5.4(b)所示，其优点是译码设备不会太复杂，对突发错误特别有效，但需要双向信道。

(3) 混合纠错(HFC)：发送信息经过编码后发出的码组具有检错、纠错的能力。当接收端接收到的码组中存在少量错误时，混合纠错方式能够自动完成纠错，在能检测到错误的前提下，若出现的差错量超出了纠错能力范围，则接收端利用反馈信道发送反馈信息，接收端收到反馈信息后将重新发送信息。HEC 方式可以理解为是 FEC 方式与 ARQ 方式的结合。

(4) 信息反馈(IF)：前三种方式都是在接收端检测有无错码，而信息反馈是接收端接收到消息后再原封不动的发回发送端，由发送端将反馈信息和原发送信息进行比较。如果发现错误时再进行信息重发。如图 5.4(d)所示，该方法的优点是原理和设备简单，且无须纠检错编译码系统。缺点是需要双向信道，而且传输效率较低，实时性较差。

(5) 检错删除(deletion)：它和检错重发的区别在于，当接收端发现错误时，立即将其删除，不要求重发。这种方法只适用于少数特定系统中，在那里发送的码元中有大量多余度，删除部分接收码后不影响其应用。

5.5 信道编码的分类及其基本概念

5.5.1 信道编码的分类

根据编码方式和不同的衡量标准，差错控制编码有多种形式和类别。主要的分类有：

(1) 根据已编码组中信息码元与监督码元之间的函数关系，可分为线性码和非线性码。若监督码元与信息码元之间的关系呈线性，即满足一组线性方程式，称为线性码；否则，称为非线性码。

(2) 根据信息码元与监督码元之间的约束方式不同，可分为分组码和卷积码。分组码的监督码元只与本码组的信息码元有关；卷积码的监督码元不仅与本码组的信息码元有关，而且与前面码组的信息码元有约束关系，就像链条那样一环扣一环，所以卷积码又称连环码或链码。

(3) 根据编码后信息码元是否保持原来的形式，可分为系统码和非系统码。在系统码中，编码后的信息码元保持原样，监督码元则添加在信息码元的后面；而非系统码中的信息码元则改变了原来的信号形式。图 5.5 为分组系统码的结构图。

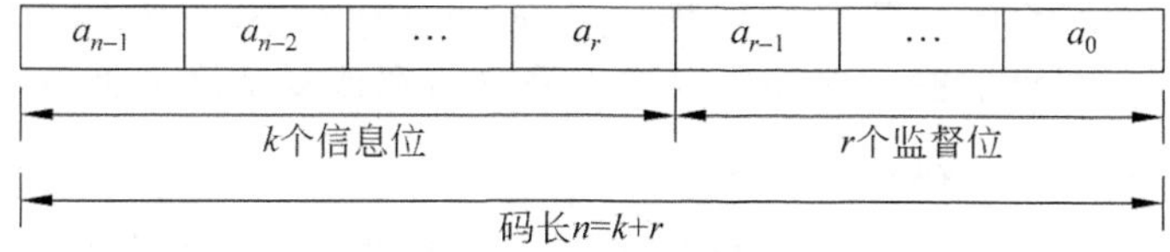

图 5.5 分组码的结构图

(4) 根据编码的不同功能，可分为检错码和纠错码。

(5) 根据纠、检错误类型的不同，可分为纠、检随机性错误的码和纠、检突发性错的码。

(6) 根据码元取值的不同，可分为二进制码和多进制码。

5.5.2 信道编码的基本概念

1. 码长、码重、码距和编码效率

码组又称码字或码矢，是指信息码元按照一定的编码规则编码后得到的码序列。码组中编码的总位数称为码组的码长。如码组 11001 的码长为 5，码组 110001 的码长为 6。

码组中非 0 元的数目称为码组的重量，简称码重。常用 W 表示。如码组 11001 的码重为 $W=3$，码组 110001 的码重也为 $W=3$。它反映一个码组中 0 和 1 的"比重"。

码距是指两个等长码组之间对应码位上码元不同的个数，也称为汉明距。码距反映的是码组之间的差异程度，比如，00 和 01 两组码的码距为 1；011 和 100 的码距为 3。那么，多个码组之间相互比较，可能会有不同的码距，其中的最小值称为最小码距(用 d_0 表示)。它是衡量信道编码纠/检错能力的重要依据。一般许用码组集的最小码距越大就说明编码的纠错检错能力越强。例如，000、001、110 三个码组相比较，码距分别是 1、2 和 3，则最小码距为 $d_0=1$。从 000 错 1 位码就可能变为 001，而 000 错 2 位才能变为 110，所以距离越小发生译码错误的概率越大，纠错性能就越差。

在一个码长为 n 的分组编码序列中，信息位为 k 位，它表示所传递的信息；监督位为 r 位，它表示增加的校验位。分组码一般可表示为(n,k)，其中 $n=k+r$。则其编码效率 R 可定义为

$$R=\frac{k}{n} \tag{5-18}$$

因为 $k<n$，所以，$R<1$。差错控制编码的关键之一就是寻找一种好的编码方法，即在一定的差错控制能力的要求下，使得编码效率尽可能高，同时译码方法尽可能简单。

2. 编码增益

信道编码通过增加校验码元而使得信息序列具有了纠错能力。但是，在单位时间内传输的信息量恒定时，信号的带宽就会增加。由编码定理可知，要达到同样的误码率要求时，编码系统可使输入信噪比低于非编码系统，即就是带宽增加可以换取比特信噪比的减小。为此引入了编码增益的概念。其定义为：对于相同的信息传输速率，在给定误码率下，非编码系统与编码系统之间所需信噪比之差(用 dB 表示)。采用不同的编码会得到不同的编码增益，但编码增益的提高要以增加系统带宽或复杂度来换取。

3. 抗干扰能力与最小码距的关系

由前所述码字 $c=(c_1,c_2,\cdots,c_N)$可视作一个 N 维矢量，每个码字与 N 维矢量空间中的一个点对应。全部许用码字所对应的点集合构成矢量空间的一个子集。当传输无误时，接收到的 N 维矢量一定是码字，在矢量空间中一定对应到该子集相应的点上。但当出现差错时，接收的 N 维矢量有两种可能：一种可能是对应到子集以外的空间中的某点；另一种可能是仍然对应到该子集，却对应到另一点上。前一种情况下我们尚能发现对应点不在子集上，从而判断出差错的存在，后一种情况下降根本无法判断是传输发生差错还是原本发送的就是另一个码字。

根据编码理论，一种编码的检错或纠错能力与码字间的最小距离有关。在一般情况

下，分组码的最小汉明距离与检错和纠错能力之间满足下列关系：

(1) 检测 e 个随机错误，要求最小码距 d_0 为：

$$d_0 \geqslant e+1 \tag{5-19}$$

如图 5.6 所示码距与检错和纠错能力间的关系图，在图 5.6(a)中，设一个码组 A 对应矢量空间一点。若码组 A 中发生一个错码，则可认为错码的对应位置在以 A 点为圆心，以 1 为半径的圆上某点，但其位置不会超出此圆。若码组 A 中发生两位错码，则其位置不会超出以 A 点为圆心，以 2 为半径的圆。依此类推，若码组 A 中发生 e 位错码，则其位置不会超出以 A 点为圆心，以 e 为半径的圆。若要检测出发生 e 位错码，则最小码距 d_0 至少应不小于 $e+1$，即 $d_0 \geqslant e+1$。因为 $d_0=e+1$ 时，码组集合中的其他码字均在以 A 为圆心、以 e 为半径的圆外，所以就能和错码区别开。

(2) 在一个码组内要想纠正 t 位误码，要求最小码距 d_0 为：

$$d_0 \geqslant 2t+1 \tag{5-20}$$

式(5-20)可以用图 5.6(b)来说明。图中码组 A 和 B 间的距离为 d_0。码组 A 或 B 若发生不多于 t 位错码时，则其位置均不会超出以 t 为半径，以 A、B 为圆心的圆。按照最小距离译码，只要这两圆不相交，码字落在以那个码对应点为圆心的圆内，就可判为对应码字，所以它能够纠正错码。此时，两圆不相交的最小距离为 $2t+1$，故最小码距 d_0 应大于等于 $2t+1$，即 $d_0 \geqslant 2t+1$。

(3) 在一个码组内要想纠正 t 位误码，同时检测出 e 位误码($e \geqslant t$)，要求最小码距 d_0 为：

$$d_0 \geqslant t+e+1 \tag{5-21}$$

在这种情况下，若接收码组与某一许用码组间的距离在纠错能力 t 范围内，则将按纠错方式工作；若与任何许用码组间的距离都超过 t，则按检错方式工作。可用图 5.6(c)来说明。若设检错能力为 e，则当码组 A 中存在 e 个错码时，该码组与任一许用码组的距离至少应有 $t+1$，否则将进入许用码组 B 的纠错能力范围内，而被纠为 B。

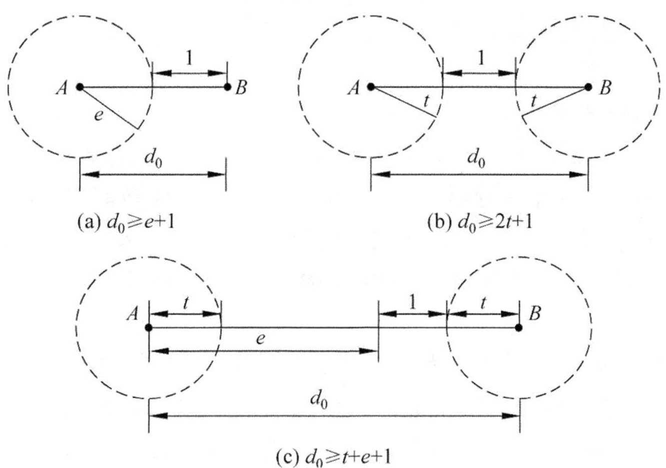

图 5.6 码距与检错和纠错的关系

综上所述，要提高编码的纠、检错能力，不能仅靠简单地增加监督码元位数（即冗余度），更重要的是要加大最小码距（即码组之间的差异程度），而最小码距的大小与编码的冗余度是有关的，最小码距增大，码元的冗余度就增大，但码元的冗余度增大，最小码距不一定增大。因此，一种编码方式具有检错和纠错能力的必要条件是信息编码必须有冗余，而充分条件是码元之间要有一定的码距。

信道编码中两个最主要的参数是最小码距 d_0 与编码效率 R。一般说来，这两个参数是相互矛盾的，编码的检、纠错能力越强，最小码距 d_0 就越大，而编码效率 R 就越小。所以，纠错编码的任务就是构造出编码效率 R 一定时，最小码距 d_0 尽可能大的码；或最小码距 d_0 一定时，而编码效率 R 尽可能大的码。

5.6 常见的几种检错码

5.6.1 奇偶校验码

奇偶校验码利用信息比特的线性和来进行检错，它是数据通信中最常见的一种简单检错码，可分为奇数监督码和偶数监督码。其编码规则是：将信息码先分组，然后在每一分组的最后（最低位）加上一位校验码元即可。加上校验码元后使该码组中 1 的数目为奇数的编码称为奇校验码，为偶数的编码称为偶校验码。根据编码分类，可知奇偶校验码属于一种检错、线性、分组的系统码。

奇偶校验码的监督关系可以用以下公式进行表述。假设一个码字的长度为 n，表示为 $A=(a_{n-1},a_{n-2},\cdots,a_1,a_0)$，其中前 $n-1$ 位是信息码，最后一位 a_0 为校验位。那么，对于偶校验码满足

$$a_{n-1}\oplus a_{n-2}\oplus a_{n-3}\oplus\cdots\oplus a_1\oplus a_0=0 \tag{5-22}$$

其中，$\oplus$表示模 2 加运算。那么，监督码元 a_0 的取值为：

$$a_0=a_{n-1}\oplus a_{n-2}\oplus a_{n-3}\oplus\cdots\oplus a_1 \tag{5-23}$$

对于奇校验码而言要求满足

$$a_{n-1}\oplus a_{n-2}\oplus a_{n-3}\oplus\cdots\oplus a_0=1 \tag{5-24}$$

监督码元 a_0 的取值可由下式决定：

$$a_0=a_{n-1}\oplus a_{n-2}\oplus a_{n-3}\oplus\cdots\oplus a_1\oplus 1 \tag{5-25}$$

根据奇偶校验的规则可以看出，当码组中的误码数为偶数时，将无法检测。例如有两位发生错误，会有这样几种情况：00 变成 11、11 变成 00、01 变成 10、10 变成 01，可见无论哪种情况出现都不会改变码组的奇偶性，偶校验码中 1 的个数仍为偶数，奇校验码中 1 的个数仍为奇数。

下面讨论奇偶校检码的码距问题。假设两个码组同为奇数（或偶数）码组，如果两组码只有 1 位不同，则它们的奇偶性就不同，这与假设相矛盾；如果两组码有 2 位不同，则它们的奇偶性不变。换句话说，构造不出码距为 1 的奇偶校检码，所以奇偶校验码的最小码距为 2。因此，简单的奇偶校验码只能检测出单个或奇数个位发生错误的码组。其检错能力低，但编码效率 $R=\dfrac{n-1}{n}$会随着 n 的增加而增加。

5.6.2 水平奇偶校验码

为了克服奇偶校验码检错能力低的确定，对奇偶校验码进行改进，得到了水平奇偶校验码。其基本原理是先将经过简单奇偶校验编码的码字按行排列成方阵，每一行是一个码字，若有 n 个码字则方阵就有 n 行。例如，有经过偶校验编码的 7 个码字 01011011001、01010100100、00110000110、11000111001、00111111110、00010011111、11101100001 排成方阵共有 7 行，如表 5.1 所示。传输时发送端按列进行传输，即 0001001110100100101 01…1001011。接收端按列接收后再按行还原成发送端的方阵，然后按行进行奇偶校验。因为是逐列发送，在一列中不管出现几个误码(偶数个或奇数个)，对应在每一行都只是一位误码，所以都可以通过水平奇偶校验检验出来；但对于每一行(一个码字)而言仍然只能检出所有奇数个错误。与简单奇偶校验编码相比，它除了具备奇偶校验码的检错能力外，还可以检出所有长度小于行数(码组数)的突发错误。

表 5.1　水平奇偶校验码

信息码元	监督码元	信息码元	监督码元
0101101100	1	0011111111	0
0101010010	0	0001001111	1
0011000011	0	1110110000	1
1100011100	1		

5.6.3 水平垂直奇偶校验码

在水平奇偶校验编码的基础上，若再加上垂直奇偶校验编码就构成水平垂直奇偶校验码。例如对表 5.1 所示的 7 个码组再加上一行就构成水平垂直奇偶校验码，如表 5.2 所示。这种码既可以逐行传输，也可以逐列传输。水平垂直奇偶校验码比简单奇偶校验码多了个列校验，因此，其检错能力有所提高。除了检出行中的所有奇数个误码及长度不大于行数的突发性错误外，还可检出列中的所有奇数个误码及长度不大于列数的突发性错误。同时还能检出码组中大多数出现偶数个错误的情况，例如，在码组 1 中头两位发生错误，从 01 变成 10，则第 1 列的 1 就变成 3 个，第 2 列的 1 也变成 3 个，而两列的校验码元都是 0，所以可以查出这两列有错误。也就是说，码组中出现了 2 位(偶数位)误码，但具体是哪一个码组(哪一行)出现误码还无法判断。

表 5.2　水平垂直奇偶校验码

信息码元	监督码元	信息码元	监督码元
0101101100	1	0011111111	0
0101010010	0	0001001111	1
0011000011	0	1110110000	1
1100011100	1	0011100001	0

5.6.4 恒比码

恒比码是码组中 1 的数目与 0 的数目保持恒定比例的一种码。由于恒比码中每个码组均含有相同数目的 1 和 0,因此恒比码又称为等重码或定 1 码。这种码通过计算接收码组中 1 的数目是否正确,就可检测出有无错误。表 5.3 是我国邮电部门在国内通信中采用的五单位数字保护电码,它是一种五中取三的恒比码,也称作为 3∶2 恒比码。每个码组的长度为 5,其中 1 的个数为 3,每个许用码组中 1 和 0 个数的比值恒为 3/2。许用码组的个数就是 5 中取 3 的组合数,即 $C_5^3=\frac{5\times4}{2}=10$,正好可以表示 10 个阿拉伯数字。实践证明,采用这种码后,我国汉字电报的差错概率大为降低。不难看出这种码的最小码距是 2,它能够检出码组中所有奇数个错误和部分偶数个错误。该码也是非线性分组码,但不是系统码,其主要优点是简单,适用于对电传机或其他键盘设备产生的字母和符号进行编码。

表 5.3　3∶2 恒比码

数字	码字	数字	码字
0	01101	5	00111
1	01011	6	10101
2	11001	7	11100
3	10110	8	01110
4	11010	9	10011

另外,目前国际上的自动重传请求(Automatic Repeat-reQuest,ARQ)电报通信系统中采用的 3∶4 码也是一种恒比码,又称为 7 中取 3 码。它的码组数量为 $C_7^3=\frac{7\times6\times5}{3\times2}=35$,代表 26 个英文字母和其他符号。实践证明,这种码使通信的误码率保持在 10^{-6} 以下。

5.6.5 群计数码

在奇偶校验码中,人们通过添加校验位将码组的码重配成奇数或偶数。而群计数码就是先将信息码元分组,然后计算信息码组的码重(即码组中 1 的个数),然后用二进制计数 法表示出码重,并作为校验码元添加到信息码组的后面。例如表 5.1 中的 7 个信息码组编码成群计数码后的形式如表 5.4 所示。接收端只要检测监督码元所表示 1 的个数与信息码元中 1 的个数是否相同就能判断出错误与否。

群计数码属于非线性分组系统码,除了能检出码组中奇数个错误之外,还能检出偶数个 1 变 0 或 0 变 1 的错误,但对 1 变 0 和 0 变 1 成对出现的误码无能为力。可以验证,除了无法检出 1 变 0 和 0 变 1 成对出现的误码外,这种码可以检出其他所有形式的错误。

表 5.4 群计数码

信息码元	监督码元	信息码元	监督码元
0101101100	0101	0011111111	1000
0101010010	0100	0001001111	0101
0011000011	0100	1110110000	0101
1100011100	0101		

5.7 线性分组码

5.7.1 基本概念

在分组码中信息序列被分成码元个数固定的一组组信息，每组信息的码元由 k 位二进制码元组成，则共有 2^k 种不同的组合，称为许用码组；然后为每组信息码附加若干位校验码元构成 n 位码字，故有 $n>k$，且 k 位信息码和 n 位编码码字是一一对应的。n 位码字共有 2^n 种码组，所以就有 2^n-2^k 种禁用码组。所谓线性分组码就是一种长度为 n，其中 2^k 个许用码组(代表信息的码组)中的任意两个码组的模 2 和仍为一个许用码组的分组码。或者说，可用线性方程组表述码规律性的分组码，记为线性(n,k)码。分组码中的每个码组可用一个向量来表示，即 $A=(a_{n-1},a_{n-2},\cdots,a_1,a_0)$。

线性分组码是一种群码，对于模 2 加运算具有以下性质。

(1) 满足封闭性：任意两个许用码组之和仍为一个许用码组。

(2) 有零元：所有信息元和监督元均为零的码组，称为零码，即 $A_0=[00\cdots0]$。任一码组与零码相运算其值不变，即 $A_i=A_i\oplus A_0$。

(3) 有负元：线性分组码中的任一码组即是它自身的负元，即 $A_0=A_i\oplus A_i$。

(4) 满足结合律：即$(A_1\oplus A_2)\oplus A_3=A_1\oplus(A_2\oplus A_3)$。

(5) 满足交换律：$A_1\oplus A_2=A_2\oplus A_1$。

(6) 线性分组码的最小码距等于非零码的最小码重，即

$$d_0=\min W(A_i) \tag{5-26}$$

线性分组码还具有以下特点：

(1) $d_0(A_1,A_2)\leqslant W(A_1)+W(A_2)$；

(2) $d_0(A_1,A_2)+d_0(A_2,A_3)\geqslant d_0(A_1,A_3)$；

(3) 码字的重量或全部为偶数，或奇数重量的码字数等于偶数重量的码字数。

5.7.2 线性分组码的编码

对于线性分组码而言，信息元与监督元之间的关系可以用一组线性方程来表示。设线性分组码的码字为 $A=(a_{n-1},a_{n-2},\cdots,a_1,a_0)$，其中前 k 位为信息位，后 r 位为监督位。下面以(7,3)码为例来描述线性分组码的编码原理。

在(7,3)线性分组码中，码长 $n=7$，信息元的个数 $k=3$，则监督元的个数 $r=4$。

(7,3)码的每一个码组可写成 $A=(a_6,a_5,a_4,a_3,a_2,a_1,a_0)$，其中 a_6、a_5、a_4 为信息位，a_3、a_2、a_1、a_0 为监督位。它们之间的监督关系可用线性方程组描述为：

$$\begin{cases} a_3 = a_6 \oplus a_5 \oplus a_4 \\ a_2 = a_6 \oplus a_4 \\ a_1 = a_5 \oplus a_4 \\ a_0 = a_6 \oplus a_5 \end{cases} \tag{5-27}$$

因为信息元个数 $k=3$，所以对应只有 $2^3=8$ 种许用码组。可由式(5-27)监督方程计算出所有许用码组，编码结果如表 5.5 所示。

表 5.5 (7,3)线性分组码

序号	码字		序号	码字	
	$a_6a_5a_4$	$a_3a_2a_1a_0$		$a_6a_5a_4$	$a_3a_2a_1a_0$
0	000	0000	4	100	1101
1	001	1110	5	101	0011
2	010	1011	6	110	0110
3	011	0101	7	111	1000

1. 生成矩阵

当信息码元 k 较小时可以查码表得到编码码字，但是当 k 大时，编码的码表将变得异常大，存储器的设计和查找将变得不现实。因此需要按照一定的数学算法，根据输入信息码元计算得到编码码字。对式(5-27)进行改写，各码元与信息位之间的关系为：

$$\begin{cases} a_6 = a_6 \\ a_5 = a_5 \\ a_4 = a_4 \\ a_3 = a_6 \oplus a_5 \oplus a_4 \\ a_2 = a_6 \oplus a_4 \\ a_1 = a_5 \oplus a_4 \\ a_0 = a_6 \oplus a_5 \end{cases} \tag{5-28}$$

将式(5-28)用矩阵表示

$$\begin{bmatrix} a_6 \\ a_5 \\ a_4 \\ a_3 \\ a_2 \\ a_1 \\ a_0 \end{bmatrix} = \begin{bmatrix} 1 & 0 & 0 \\ 0 & 1 & 0 \\ 0 & 0 & 1 \\ 1 & 1 & 1 \\ 1 & 0 & 1 \\ 0 & 1 & 1 \\ 1 & 1 & 0 \end{bmatrix} \cdot \begin{bmatrix} a_6 \\ a_5 \\ a_4 \end{bmatrix} \tag{5-29}$$

或

$$[a_6 \quad a_5 \quad a_4 \quad a_3 \quad a_2 \quad a_1 \quad a_0] = [a_6 \quad a_5 \quad a_4] \cdot \begin{bmatrix} 1 & 0 & 0 & 1 & 1 & 0 & 1 \\ 0 & 1 & 0 & 1 & 0 & 1 & 1 \\ 0 & 0 & 1 & 1 & 1 & 1 & 0 \end{bmatrix} \tag{5-30}$$

记 $\boldsymbol{A}=[a_6 \quad a_5 \quad a_4 \quad a_3 \quad a_2 \quad a_1 \quad a_0]$，$\boldsymbol{M}=[a_6 \quad a_5 \quad a_4]$，

$$\boldsymbol{G} = \begin{bmatrix} 100 & \vdots & 1101 \\ 010 & \vdots & 1011 \\ 001 & \vdots & 1110 \end{bmatrix} = [I_3 \quad \vdots \quad Q] \tag{5-31}$$

则有

$$\boldsymbol{A} = \boldsymbol{M} \cdot \boldsymbol{G} \tag{5-32}$$

$$\boldsymbol{A}^{\mathrm{T}} = \boldsymbol{G}^{\mathrm{T}} \cdot \boldsymbol{M}^{\mathrm{T}} \tag{5-33}$$

其中，$\boldsymbol{G}$ 是一个 3×7 阶的矩阵，称为生成矩阵。$\boldsymbol{G}$ 的行数是信息元的个数，列数是码长。I_3 为 3×3 阶的单位方阵；$\boldsymbol{Q}$ 为 3×4 阶的矩阵，其行数是信息元的个数，列数是监督元的个数。根据式(5-32)，由信息位和生成矩阵 $\boldsymbol{G}$ 就可以产生全部码组。可将其理论推广到任意线性分组码。对于一个(n,k)线性分组码而言，生成矩阵 $\boldsymbol{G}$ 是一个 $k\times n$ 阶的矩阵，也可分为两部分，即

$$\boldsymbol{G} = [I_k \quad Q] \tag{5-34}$$

其中 $\boldsymbol{Q}$ 是一个 $k\times r$ 阶矩阵；I_k 为 k 阶单位方阵。把具有$[I_k \quad Q]$形式的生成矩阵称为典型生成矩阵。非典型形式的生成矩阵经过运算可以化为典型矩阵。

(n,k)线性分组码完全由生成矩阵 $\boldsymbol{G}$ 决定，即任意一个分组码码字都是 $\boldsymbol{G}$ 矩阵行的线性组合。而(n,k)线性码中的任何 k 个线性无关的码字都可用来构成生成矩阵，所以，生成矩阵 $\boldsymbol{G}$ 的各行都线性无关，如果各行之间有线性相关的，就不可能由 $\boldsymbol{G}$ 生成 2^k 个不同的码组了。其实，$\boldsymbol{G}$ 的各行本身就是一个码组。如果已有 k 个线性无关的码组，则可用其直接构成 $\boldsymbol{G}$ 矩阵，并由此生成其余码组。

综上所述，由于可以用一个 $k\times n$ 阶矩阵 $\boldsymbol{G}$ 生成 2^k 个不同的码组，因此，编码器只需存储 $\boldsymbol{G}$ 矩阵的 k 行元素，就可根据信息向量构造出相应的一个分组码码组，从而降低了编码的复杂性，并提高了编码效率。

2. 监督矩阵

将方程式(5-28)移项，可得到四个相互独立的监督方程组：

$$\begin{cases} a_6 \oplus a_5 \oplus a_4 \oplus a_3 = 0 \\ a_6 \oplus a_4 \oplus a_2 = 0 \\ a_5 \oplus a_4 \oplus a_1 = 0 \\ a_6 \oplus a_5 \oplus a_0 = 0 \end{cases} \tag{5-35}$$

将式(5-35)可用矩阵表示为

$$\begin{bmatrix}1&1&1&1&0&0&0\\1&0&1&0&1&0&0\\0&1&1&0&0&1&0\\1&1&0&0&0&0&1\end{bmatrix}\cdot\begin{bmatrix}a_6\\a_5\\a_4\\a_3\\a_2\\a_1\\a_0\end{bmatrix}=\begin{bmatrix}0\\0\\0\\0\end{bmatrix}=\boldsymbol{O}^{\mathrm{T}} \tag{5-36}$$

或

$$[a_6\quad a_5\quad a_4\quad a_3\quad a_2\quad a_1\quad a_0]\cdot\begin{bmatrix}1&1&0&1\\1&0&1&1\\1&1&1&0\\1&0&0&0\\0&1&0&0\\0&0&1&0\\0&0&0&1\end{bmatrix}=[0\quad 0\quad 0\quad 0]=\boldsymbol{O} \tag{5-37}$$

记 $\boldsymbol{A}=[a_6\quad a_5\quad a_4\quad a_3\quad a_2\quad a_1\quad a_0]$，$\boldsymbol{O}=[0\quad 0\quad 0\quad 0]$，$\boldsymbol{O}^{\mathrm{T}}$ 为 $\boldsymbol{O}$ 的转置，

$$\boldsymbol{H}=\begin{bmatrix}1&1&1&\vdots&1&0&0&0\\1&0&1&\vdots&0&1&0&0\\0&1&1&\vdots&0&0&1&0\\1&1&0&\vdots&0&0&0&1\end{bmatrix}=[P\quad\vdots\quad I_4] \tag{5-38}$$

则式(5-36)可简记为

$$\boldsymbol{H}\cdot\boldsymbol{A}^{\mathrm{T}}=\boldsymbol{O}^{\mathrm{T}} \tag{5-39}$$

或

$$\boldsymbol{A}\cdot\boldsymbol{H}^{\mathrm{T}}=\boldsymbol{O} \tag{5-40}$$

其中，$\boldsymbol{H}^{\mathrm{T}}$ 表示 $\boldsymbol{H}$ 的转置。$\boldsymbol{H}$ 称为监督矩阵，或校验矩阵。只要监督矩阵 $\boldsymbol{H}$ 给定，编码时监督位和信息位的关系就完全确定了。$\boldsymbol{H}$ 的行数就是监督关系式的数目，它等于监督位的数目 4，列数是码长 7。监督矩阵 $\boldsymbol{H}$ 的每行中 1 的位置表示相应码元之间存在的监督关系。例如，$\boldsymbol{H}$ 的第一行 1111000 表示监督位 a_3 是由信息位 $a_6a_5a_4$ 之和决定的。式(5-38)中的 $\boldsymbol{H}$ 矩阵可以分成 $\boldsymbol{P}$ 和 $\boldsymbol{I}_4$ 两部分，其中 $\boldsymbol{P}$ 是一个 4×3 阶矩阵；$\boldsymbol{I}_4$ 为 4 阶单位方阵。式(5-40)说明线性分组码中任一许用码组与校验矩阵 $\boldsymbol{H}$ 的转置相乘，其结果为 r 位全零向量。因此，用校验矩阵检查二元序列是不是给定分组码中的码组非常方便，“校验”之名也由此而来。

可将其理论推广到任意线性分组码。对于一个(n,k)线性分组码而言，监督矩阵 $\boldsymbol{H}$ 是一个 $r\times n$ 阶的矩阵，也可分为两部分，即

$$\boldsymbol{H}=[\boldsymbol{P}\quad\boldsymbol{I}_r] \tag{5-41}$$

其中，$\boldsymbol{P}$ 是一个 $r\times n$ 阶矩阵；$\boldsymbol{I}_r$ 为 r 阶单位方阵。把具有$[\boldsymbol{P}\quad\boldsymbol{I}_r]$形式的监督矩阵称为典型监督矩阵。根据典型监督矩阵和信息码元很容易算出各监督码元。非典型形式的监督矩阵经过运算一定能化为典型矩阵。

由矩阵理论可知，监督矩阵 $\boldsymbol{H}$ 的各行应该是线性无关的，否则将得不到 r 个线性无关的监督关系式，也得不到 r 个独立的监督位。若一矩阵能写成典型阵形式 $[\boldsymbol{P}\quad I_r]$，那么其各行一定是线性无关的。

3. 监督矩阵和生成矩阵间的关系

由上面的推导可知，生成矩阵 $\boldsymbol{G}$ 与监督矩阵 $\boldsymbol{H}$ 之间有一一对应关系。由于 $\boldsymbol{G}$ 的每一行都是码字，所以由式(5-39)得

$$[\boldsymbol{P}\quad I_{n-k}]\cdot[I_k\quad \boldsymbol{Q}]^{\mathrm{T}}=[\boldsymbol{P}\quad I_{n-k}]\cdot\begin{bmatrix}I_k\\ \boldsymbol{Q}^{\mathrm{T}}\end{bmatrix}=[\boldsymbol{P}I_k\oplus I_{n-k}\boldsymbol{Q}^{\mathrm{T}}]=[\boldsymbol{P}\oplus\boldsymbol{Q}^{\mathrm{T}}]=\boldsymbol{O}^{\mathrm{T}} \tag{5-42}$$

其中，$\boldsymbol{O}$ 为 $k\times r$ 阶零矩阵；$\oplus$ 表示模 2 加。只有当 $\boldsymbol{P}=\boldsymbol{Q}^{\mathrm{T}}$ 时，式(5-42)才为零。因此，生成矩阵与校验矩阵可以写成

$$\boldsymbol{G}=[I_k\quad \boldsymbol{Q}]=[I_k\quad \boldsymbol{P}^{\mathrm{T}}] \tag{5-43}$$

$$\boldsymbol{H}=[\boldsymbol{P}\quad I_{n-k}]=[\boldsymbol{Q}^{\mathrm{T}}\quad I_{n-k}] \tag{5-44}$$

由此可见，只要知道生成矩阵 $\boldsymbol{G}$，就可以得到监督矩阵 $\boldsymbol{H}$，反之也亦然。所以线性分组码由生成矩阵或监督矩阵来完全确定。

5.7.3 线性分组码的译码

由前面的讨论可以看出，若某一码字为许用码组，则必然满足式(5-40)。利用这一关系，接收端就可以用接收到的码组和监督矩阵相乘，看是否为零。若为零，则认为接收正确；反之，则认为传输过程中发生了错误，进而设法确定错误的数目和位置。

假设发送码组为 $A=(a_{n-1},a_{n-2},\cdots,a_1,a_0)$，接收码组为 $B=(b_{n-1},b_{n-2},\cdots,b_1,b_0)$。由于发送码组在传输的过程中会受到干扰，致使接收码组与发送码组不一定相同。因此，定义发送码组和接收码组之差为

$$B-A=E\quad(\text{模 }2) \tag{5-45}$$

那么，$\boldsymbol{E}$ 是传输中产生的错码行矩阵，即

$$\boldsymbol{E}=[e_{n-1}e_{n-2}\cdots e_1e_0] \tag{5-46}$$

其中，

$$e_i=\begin{cases}0, & \text{当 } b_i=a_i\\ 1, & \text{当 } b_i\neq a_i\end{cases}\quad i=0,1,\cdots,n-1 \tag{5-47}$$

若 $e_i=0$，表示该位接收码元无误；若 $e_i=1$，则表示该位接收码元有误。$\boldsymbol{E}$ 是一个由 1 和 0 组成的行矩阵，它反映误码状况，称为错误图样。例如，若发送码组 $A=[1001101]$，接收码组 $B=[1001001]$，显然 B 中有一个错误。由式(5-46)可得错误图样为 $E=[0000100]$。可见，E 的码重就是误码的个数，因此 E 的码重越小误码越少。另外，式(5-45)也可以写为

$$B=A\oplus E \tag{5-48}$$

当接收端接收到码组 B 后，可用监督矩阵 $\boldsymbol{H}$ 进行校验，即将接收码组 B 代入式(5-40)进行计算。若接收码组中无错码，即 $E=O$，则 $B=A\oplus E=A$。把 B 代入式(5-40)后该式

仍然成立，即有

$$B \cdot H^{\mathrm{T}} = O \tag{5-49}$$

当接收码组有误时，即 $E \neq O$，则 $B = A \oplus E$。把 B 代入式(5-40)后该式不成立。我们定义

$$B \cdot H^{\mathrm{T}} = S \tag{5-50}$$

将 $B = A \oplus E$ 代入式(5-50)中，可得

$$S = B \cdot H^{\mathrm{T}} = (A \oplus E) \cdot H^{\mathrm{T}} = A \cdot H^{\mathrm{T}} \oplus E \cdot H^{\mathrm{T}} = E \cdot H^{\mathrm{T}} \tag{5-51}$$

其中，S 是一个 r 维的行向量，称为伴随式或校正子。式(5-51)表明伴随式 S 与错误图样 E 之间有确定的线性变换关系，而与发送码组 A 无关。所以，可以采用伴随式 S 来判断传输中是否发生了错误。若伴随式 S 与错误图样 E 之间一一对应，则伴随式 S 将能代表错码发生的位置。

例如，$A=[1001101]$，$B=[1001001]$，则 $E=[0000100]$，把式(5-38)的 H 代入式(5-51)，可得 $S=[0100]$。

为了进一步分析码组中不同码元发生一位错码的情况，仍以上述中的(7,3)线性分组码为例来描述伴随式与错误图样之间的对应关系，如表 5.6 所示。

表 5.6　伴随式与错误图样的对应关系

编号	错码位置	E	S	编号	错码位置	E	S
1	b_0	0000001	0001	5	b_4	0010000	1110
2	b_1	0000010	0010	6	b_5	0100000	1011
3	b_2	0000100	0100	7	b_6	1000000	1101
4	b_3	0001000	1000				

由表 5.6 可以看出：发生一位错误时，S 与监督矩阵 $\boldsymbol{H}$ 的列一一对应。如 b_0 发生错误，则 S 表示监督矩阵 $\boldsymbol{H}$ 的最后一列；b_1 发生错误，则 S 表示监督矩阵 $\boldsymbol{H}$ 的倒数第二列，以此类推。故接收端可以根据这种关系纠正一位错误。对于(n,k)线性分组码，S 有 2^r 种不同的形式，可代表 2^r-1 种错误图样。为了指明单个错误的位置，必须要求：

$$2^r - 1 \geqslant n \tag{5-52}$$

注意：若传输过程中错码的位置不止一位时，那么错误图样可能就有 2^n-1 种，由于 $n>r$，也就是说错误图样数大于伴随式的可能值，这时编码系统只能检错而不能纠错。此时，S 也有可能正好与发生一位错误时的某种伴随式相同，这样经纠错后反而“越纠越错”。在传输过程中，发送码组的某几位发生错误后成为另一许用码组，这种情况接收端将无法检测，称这种为不可检测的错误。不过从统计学的观点来看，这种情况出现的概率要小得多。

从以上分析可以得到线性分组码的译码过程为：

(1) 根据接收码组 B 计算其伴随式 S；

(2) 根据伴随式 S 找出对应的错误图样 E，并确定误码位置；

(3) 根据错误图样 E 和 $A=B \oplus E$ 得到正确的码组 A。

5.8 循环码

循环码是一类重要的线性分组码，其有非常严谨的代数结构，可以用代数的方法来构造编码，且性能易于分析。循环码具有循环特性，编译码运算和伴随式计算，可用反馈移位寄存器来实现，硬件实现简单。它不仅能用于纠正独立的随机错误，而且也能用于纠正突发错误，因而得到了广泛应用。

5.8.1 循环码的代数结构

循环码可定义为：对于一个(n,k)线性分组码，若其中的任一码字向左或向右循环移动任意位后仍是码组集合中的一个码组，则称其为循环码。即若$A=(a_{n-1},a_{n-2},\cdots,a_1,a_0)$是循环码中的一个许用码字，对它向左循环移位一次，得到$A_1=(a_{n-2},\cdots,a_1,a_0,a_{n-1})$也是一个许用码组，移位$i$次得到$A_i=(a_{n-i+1},a_{n-i+2},\cdots,a_{n-i})$还是许用码组。不论右移或左移，移多少位数，其结果均为循环码字。以(7,3)循环码和(6,3)循环码为例，其全部码组如表5.7所示。

表5.7 (7,3)、(6,3)循环码全部码组

编号	(7,3)循环码	(6,3)循环码	编号	(7,3)循环码	(6,3)循环码
1	0000000	000000	5	1001110	100100
2	0011101	001001	6	1010011	101101
3	0100111	010010	7	1101001	110110
4	0111010	011011	8	1110100	111111

为了便于观察和理解，将循环码的循环性用图表示，如图5.7(a)所示(7,3)循环码有两个循环圈，其中编号为1的全零码组自成循环圈，其码重为$W=0$；另一个是剩余码组

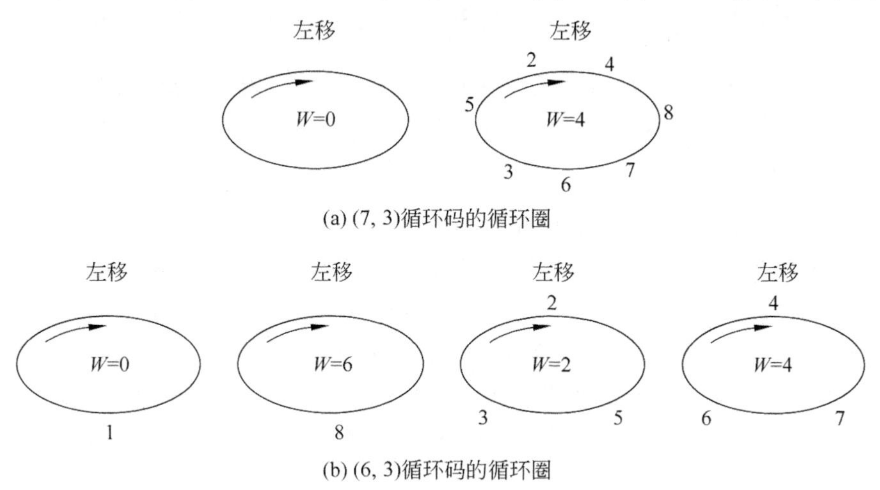

图5.7 循环码的循环圈

组成的循环圈，其码重为 $W=4$。(6,3)循环码的循环圈有四个，如图 5.7(b)所示。(6,3)循环码构成了码重分别为 0、2、4 和 6 的循环圈。同一循环圈上的码字具有相同的码重。

为了便于用代数理论分析循环码，可以将循环码用码字多项式来表示，码长为 n 的码组 $A=(a_{n-1},a_{n-2},\cdots,a_1,a_0)$ 可表示为

$$T(x)=a_{n-1}x^{n-1}+a_{n-2}x^{n-2}+\cdots+a_1x+a_0 \tag{5-53}$$

把这个表示码字的代数多项式称为码多项式。例如，若码字为 1110100，则其对应的码多项式为

$$\begin{aligned}T(x)&=1\cdot x^6+1\cdot x^5+1\cdot x^4+0\cdot x^3+1\cdot x^2+0\cdot x+0\\&=x^6+x^5+x^4+x^2\end{aligned} \tag{5-54}$$

在码多项式中，变量 x 称为元素，其幂次对应元素的位置，它的系数即为元素的取值(我们不关心 x 本身的取值)，系数之间的加法和乘法仍服从模 2 规则。如式(5-54)中 1 仅表示码元出现在 a_6、a_5、a_4 和 a_2 位上，其余均为 0。

1. 码多项式的按模运算

在整数运算中，有模 n 运算。例如，在模 2 运算中，有 $1+1=2\equiv0$(模 2)，$1+2=3\equiv1$(模 2)，$2\times3=6\equiv0$(模 2)等。在码多项式运算中也有类似的按模运算法则。

如果一个 n 次多项式 $N(x)$ 除以一个多项式 $F(x)$，则得到一个商式 $Q(x)$ 和一个次数小于 n 的余式 $R(x)$，即有

$$F(x)=N(x)Q(x)+R(x) \tag{5-55}$$

可将式(5-55)记为：

$$F(x)\equiv R(x)\quad[\bmod N(x)] \tag{5-56}$$

则称作为在模 $N(x)$ 运算下 $F(x)\equiv R(x)$。这时，码多项式系数仍按模 2 运算，即只取值 0 和 1。例如 x^5+1 被 x^3+1 除时，由于 $x^5+1=x^2+\dfrac{x^2}{x^3+1}$，所以

$$x^5+1\equiv x^2\quad[\bmod (x^3+1)]$$

将式(5-53)乘以 x，再除以(x^n+1)，则可得：

$$\frac{xT(x)}{x^n+1}=a_{n-1}+\frac{a_{n-2}x^{n-1}+a_{n-3}x^{n-2}+\cdots+a_1x^2+a_0x+a_{n-1}}{x^n+1} \tag{5-57}$$

式(5-57)表明：码多项式 $T(x)$ 乘以 x 再除以(x^n+1)所得余式就是码组左循环一次的码多项式。以此类推，循环码左循环移位 i 次后的码多项式就是将 $x^iT(x)$ 按模(x^n+1)做运算后所得的余式。

2. 循环码的生成多项式和生成矩阵

循环码属于线性分组码，它除了具有循环特性外，还具有线性分组码的特性。所以，如果能够找到 k 个不相关的已知码字，就能构成线性分组码的生成矩阵 $\boldsymbol{G}$。在(n,k)循环码的 2^k 个码多项式中，取前$(k-1)$位皆为 0 的码多项式 $g(x)$(次数为 $n-k$)，再经$(k-1)$次左循环移位，共得到 k 个码多项式：$g(x),xg(x),\cdots,x^{k-1}g(x)$。由于这 k 个码多项式是相互独立的，故可作为码生成矩阵的 k 行来构成循环码的生成矩阵 $\boldsymbol{G}(x)$，即

$$\boldsymbol{G}(\boldsymbol{x})=\begin{bmatrix}x^{k-1}g(x)\\x^{k-2}g(x)\\\vdots\\xg(x)\\g(x)\end{bmatrix}\tag{5-58}$$

这就说明,(n,k)循环码可由它的一个$(n-k)$次码多项 $g(x)$来确定,称 $g(x)$为码的生成多项式。在(n,k)循环码中,码的生成多项式 $g(x)$有如下的性质:

(1) $g(x)$是一个常数项不为 0 的$(n-k)$次码多项式。

在循环码中,除全 0 码字外,再没有连续 k 位均为 0 的码字,即连 0 的长度最多只有$(k-1)$位。否则,经过若干次的循环移位后将得到 k 个信息码元全为 0、而监督码元不为 0 的码字,这对线性码来说是不可能的。因此 $g(x)$是一个常数项不为 0 的$(n-k)$次码多项式。

(2) $g(x)$是码组集合中唯一的$(n-k)$次多项式。

如果存在另一个$(n-k)$次码多项式,假设为 $g'(x)$,根据线性码的封闭性,那么 $g(x)+g'(x)$也必为一个码多项式。由于 $g(x)$和 $g'(x)$的次数相同,它们和式的$(n-k)$次项系数为 0,那么 $g(x)+g'(x)$是一个次数低于$(n-k)$次的码多项式,即连 0 的个数多于$(k-1)$。显然这与前面的结论是矛盾的,所以 $g(x)$是唯一的$(n-k)$次码多项式。

(3) 所有码多项式 $T(x)$都可被 $g(x)$整除,而且任一次数不大于$(k-1)$的多项式乘 $g(x)$都是码多项式。

设 $\boldsymbol{M}=[m_{k-1},m_{k-2},\cdots,m_0]$为 k 个信息码元,$\boldsymbol{G}(\boldsymbol{x})$为该$(n,k)$循环码的生成矩阵,则相应的码多项式为:

$$\begin{aligned}T(x)&=\boldsymbol{M}\cdot\boldsymbol{G}(\boldsymbol{x})=[m_{k-1},m_{k-2},\cdots,m_0]\cdot\begin{bmatrix}x^{k-1}g(x)\\\vdots\\xg(x)\\g(x)\end{bmatrix}\\&=(m_{k-1}x^{k-1}+\cdots+m_1x+m_0)g(x)\\&=M(x)g(x)\end{aligned}\tag{5-59}$$

式(5-59)中,$T(x)$是次数不大于 $n-1$ 的 2^k 个码多项式;$M(x)$是 2^k 个信息码元的多项式。

(4) (n,k)循环码的生成多项式 $g(x)$是(x^n+1)的一个$(n-k)$次因式。

由于 $g(x)$是一个$(n-k)$次的多项式,所以 $x^kg(x)$为一个 n 次多项式,由于生成多项式 $g(x)$本身就是一个码字,由式(5-57)可知,$x^kg(x)$在模(x^n+1)运算下仍为一个码字 $T(x)$,所以,

$$\frac{x^kg(x)}{x^n+1}=Q(x)+\frac{T(x)}{x^n+1}\tag{5-60}$$

由于等式(5-60)左端的分子和分母都是 n 次多项式,所以 $Q(x)=1$,则

$$x^kg(x)=(x^n+1)+T(x)\tag{5-61}$$

由式(5-59)可知,任意循环码的多项式 $T(x)$都是 $g(x)$的倍式,即

$$T(x) = M(x)g(x) \tag{5-62}$$

将式(5-62)带入式(5-61)，移项整理可得

$$(x^n + 1) = g(x)[x^k + M(x)] \tag{5-63}$$

可见(n,k)循环码的生成多项式$g(x)$是(x^n+1)的一个$(n-k)$次因式。这一结论为寻找循环码的生成多项式指明了方向。即循环码的生成多项式应该是(x^n+1)的一个$(n-k)$次因式。例如当$n=7$，由于

$$(x^7 + 1) = (x+1)(x^3 + x^2 + 1)(x^3 + x + 1) \tag{5-64}$$

所以，可以构成的所有长度为$n=7$的$(7,k)$循环码如表5.8所示。

表5.8　长度$n=7$的几种循环码生成多项式

(n,k)码	$g(x)$	(n,k)码	$g(x)$
(7,6)码	$(x+1)$	(7,3)码	$(x+1)(x^3+x+1)$或$(x+1)(x^3+x^2+1)$
(7,4)码	x^3+x+1或x^3+x^2+1	(7,1)码	$(x^3+x^2+1)(x^3+x+1)$

3. 循环码的监督多项式和监督矩阵

由于(n,k)循环码中$g(x)$是(x^n+1)的一个$(n-k)$次因式，因此可令

$$h(x) = \frac{(x^n+1)}{g(x)} = x^k + h_{k-1}x^{k-1} + \cdots + h_1 x + 1 \tag{5-65}$$

由于$g(x)$是常数项为1的一个$(n-k)$次多项式，故$h(x)$必定是常数项为1的k次多项式，这里称$h(x)$为监督多项式。与式(5-58)所表示的$G(x)$相对应，循环码的监督矩阵可表示为：

$$\boldsymbol{H}(\boldsymbol{x}) = \begin{bmatrix} x^{n-k-1}h^*(x) \\ x^{n-k-2}h^*(x) \\ \vdots \\ xh^*(x) \\ h^*(x) \end{bmatrix} \tag{5-66}$$

其中，$h^*(x)$是$h(x)$的逆多项式，即

$$h^*(x) = x^k + h_1 x^{k-1} + h_2 x^{k-2} + \cdots + h_{k-1}x + 1 \tag{5-67}$$

例如，表5.8中的(7,3)循环码，其生成多项式为$g(x)=x^4+x^3+x^2+1$，则

$$h(x) = \frac{x^n+1}{g(x)} = \frac{x^7+1}{g(x)} = x^3 + x^2 + 1$$

所以$h^*(x)=x^3+x+1$，其对应的监督矩阵为

$$\boldsymbol{H}(\boldsymbol{x}) = \begin{bmatrix} x^6 + x^4 + x^3 \\ x^5 + x^3 + x^2 \\ x^4 + x^2 + x \\ x^3 + x + 1 \end{bmatrix}$$

即

$$H = \begin{bmatrix} 1 & 0 & 1 & 1 & 0 & 0 & 0 \\ 0 & 1 & 0 & 1 & 1 & 0 & 0 \\ 0 & 0 & 1 & 0 & 1 & 1 & 0 \\ 0 & 0 & 0 & 1 & 0 & 1 & 1 \end{bmatrix}$$

同样，通过行变换也可以将 $\boldsymbol{H}$ 化为典型矩阵。

以监督多项式 $h(x)$ 作为生成多项式构造得到的 $(n,n-k)$ 循环码，与以 $g(x)$ 作为生成多项式构造得到的 (n,k) 循环码互为对偶码。

4. 循环码的伴随式

参照线性分组码中求校正子的方法，设发送码组为 A，错误图样为 E，接收码组 B，则它们的相应多项式分别为

$$A(x) = a_{n-1}x^{n-1} + a_{n-2}x^{n-2} + \cdots + a_1 x + a_0 \tag{5-68}$$

$$E(x) = e_{n-1}x^{n-1} + e_{n-2}x^{n-2} + \cdots + e_1 x + e_0 \tag{5-69}$$

$$\begin{aligned} B(x) &= A(x) + E(x) \\ &= (a_{n-1} + e_{n-1})x^{n-1} + (a_{n-2} + e_{n-2})x^{n-2} + \cdots + (a_1 + e_1)x + (a_0 + e_0) \\ &= b_{n-1}x^{n-1} + b_{n-2}x^{n-2} + \cdots + b_1 x + b_0 \end{aligned} \tag{5-70}$$

循环码中，由于任一发送码组多项式都能被生成多项式 $g(x)$ 整除，因此在接收端用 $g(x)$ 去除 $B(x)$，可得

$$\frac{B(x)}{g(x)} = \frac{A(x) + E(x)}{g(x)} \tag{5-71}$$

在线性分组码中，伴随式 $S = B \cdot H^{\mathrm{T}} = E \cdot H^{\mathrm{T}}$。按照同样的道理，对于循环码而言，其伴随式可表示为

$$S(x) \equiv B(x) \equiv E(x) \quad (模\ g(x)) \tag{5-72}$$

因此，循环码的伴随式 $S(x)$ 就是用码生成多项式 $g(x)$ 除接收到的码多项式 $B(x)$ 所得到的余式。$S(x)$ 的次数最高为 $n-k-1$ 次，故 $S(x)$ 有 2^{n-k} 个可能的伴随式，若满足 $2^{n-k} \geqslant n+1$，则循环码具有纠正一位错误的能力。

5.8.2 循环码的编码

在编码时，首先要根据给定的 (n,k) 值选定生成多项式 $g(x)$，即从 (x^n+1) 的因子中选出一个 $(n-k)$ 次多项式作为 $g(x)$。然后利用所有码多项式 $A(x)$ 均能被 $g(x)$ 整除这一特点来进行编码。设 $m(x)$ 为信息码多项式，其次数小于 k。用 x^{n-k} 乘以 $m(x)$，得到的 $x^{n-k} \cdot m(x)$ 的次数必定小于 n。再用 $g(x)$ 除 $x^{n-k} \cdot m(x)$ 得到余式 $r(x)$。$r(x)$ 的次数必小于 $g(x)$ 的次数，即小于 $(n-k)$。将此余式 $r(x)$ 加于信息位之后作为监督位，即将 $r(x)$ 与 $x^{n-k} \cdot m(x)$ 相加，得到的多项式必定是一码多项式。因为码多项式能被 $g(x)$ 整除，且商的次数不大于 $(k-1)$。

根据上述原理，编码步骤可归纳如下：

(1) 根据给定的 (n,k) 值和对纠错能力的要求，选定生成多项式 $g(x)$，即从 (x^n+1) 的因式中选定一个 $(n-k)$ 次多项式作为 $g(x)$。

(2) 用信息码元的多项式 $m(x)$ 表示信息码元。例如信息码元为 110，它相当于

$m(x)=x^2+x$。

(3) 用 $m(x)$ 乘以 x^{n-k}，得到 $x^{n-k}\cdot m(x)$。这一运算实际上是在信息位的后面附加了 $(n-k)$ 个 0。例如，信息码多项式为 $m(x)=x^2+x$ 时，$x^{n-k}\cdot m(x)=x^4\cdot(x^2+x)=x^6+x^5$，它相当于 1100000。

(4) 用 $g(x)$ 除 $x^{n-k}\cdot m(x)$ 得到商式 $Q(x)$ 和余式 $r(x)$。即

$$\frac{x^{n-k}\cdot m(x)}{g(x)}=Q(x)+\frac{r(x)}{g(x)} \tag{5-73}$$

例如，选定 $g(x)=x^4+x^3+x^2+1$，则

$$\frac{x^{n-k}\cdot m(x)}{g(x)}=\frac{x^6+x^5}{x^4+x^3+x^2+1}=(x^2+1)+\frac{x^3+1}{x^4+x^3+x^2+1} \tag{5-74}$$

则上式相当于

$$\frac{1100000}{11101}=101+\frac{1001}{11101} \tag{5-75}$$

(5) 编出的码字 $A(x)$ 为

$$A(x)=x^{n-k}\cdot m(x)+r(x) \tag{5-76}$$

在上例中的码字为 $T(x)=1100000+1001=1101001$，它就是表 5.8 中第 7 个码字。

5.8.3 循环码的译码

根据接收端译码目的的不同(检错还是纠错)，循环码的译码原理与实现方法有所不同。纠错码的译码是该码能否得到实际应用的关键问题，因为译码器通常要比编码器复杂得多。因此，对纠错码的研究大都集中在译码的算法上。

在循环码中，由于任一发送码组多项式都能被生成多项式 $g(x)$ 整除，因此可以利用接收码组能否被 $g(x)$ 所整除来判断接收码组是否出差错。当传输中未发生错误时，接收码组与发送码组相同，即 $B(x)=A(x)$，接收码组 $B(x)$ 必定能被 $g(x)$ 整除；若码组在传输中发生错误，则 $B(x)\neq A(x)$，$B(x)$ 被 $g(x)$ 除时可能除不尽。

另外，需要指出的是，当接收码组中有错码时，也有可能被 $g(x)$ 所整除，但这时的错码就不能被检出了。这种错误称为不可检错误。不可检错误中的错码数必定超过了这种编码的检错能力。

在接收端为纠错而采用的译码方法比检错时复杂。为了能够纠错，要求每个可纠正的错误图样必须与一个特定余式有一一对应关系。只有这样，才可能从余式中唯一地决定错误图样，从而纠正错码。因此，纠错可按下述步骤进行：

(1) 用生成多项式 $g(x)$ 除接收码组 $B(x)=A(x)+E(x)$，得出余式 $r(x)$；

(2) 按余式 $r(x)$ 用查表法，或由接收到的码多项式 $B(x)$ 计算伴随式 $S(x)$；

(3) 由校正子 $S(x)$ 确定其错误图样 $E(x)$，这样就可确定错码的位置；

(4) 利用 $A(x)=B(x)-E(x)$ 可得到纠正错误后的原发送码组 $A(x)$。

上述(1)、(2)步运算较为简单，与检错码时的运算相同。第(4)步也较为简单。因而，纠错译码器的复杂性主要取决于第(3)步。

5.9 卷积码

分组码是将编码信息分组单独进行编码，因此无论在编码还是译码的过程中不同码组之间的码元是无关的。通常情况下，为了达到一定的纠/检错能力和编码效率，分组码的码长较大。而译码时需把整个码组接收后方可进行，因此产生的时延会随码长的增加而线性增长。

卷积码是1955年由Elias提出的。与分组码不同，卷积码各码组之间不再是相互独立的，其编码过程通过卷积运算实现，其编码器将k个信息码元编为n个码元时，这n个码元不仅与当前段的k个信息有关，而且与前面的$(m-1)$段信息有关（m为编码的约束长度）。同样，在卷积码译码过程中，所需的译码信息不仅要从此时刻收到的码组中提取，而且还要从以前或以后各时刻收到的码组中提取。卷积码的纠错能力随约束长度的增加而增强，差错率则随着约束长度增加而呈指数下降。对于卷积码而言，信息码个数和码长通常较小，故时延小，特别适合于以串行形式传输的场合。

5.9.1 基本原理

卷积码是由连续输入的信息序列得到连续输出的已编码序列，经过卷积码编码后得到的n个码元，不再仅仅只与本码组的k个信息位有关，而且还与之前若干时刻输入至编码器的信息码元有关。卷积码通常记为(n,k,m)。(n,k,m)卷积码表示把k个信息比特输入到编码器后，经过编码输出n个比特，m是编码约束(constraint)度，说明编码过程中互相约束的码段个数；并将$n \cdot m$称为编码约束长度，说明编码过程中相互约束的码元个数，用$\eta=k/n$表示卷积码编码速率（码率），它是衡量卷积码传输信息有效性的一个重要参数。

卷积码编码器由移位寄存器、模2加法器及开关电路组成。图5.8为(2，1，3)卷积码编码器，下面将以此编码为例，进行详细讨论。

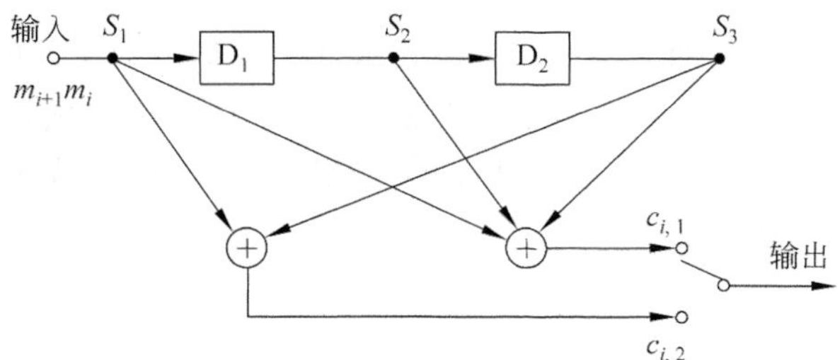

图5.8　(2,1,3)卷积码编码器

若每一时间单位输入编码器一个新的信息元m_i，寄存器内的数据就向右移动一位，则m_i与前两个单位时间送入的信息元m_{i-1}、m_{i-2}按图5.8所示的运算规则进行编码，旋转开关每时隙旋转一周，输出此时间单位的两位编码$c_{i,1}$、$c_{i,2}$，组成一个子码$c_i=(c_{i,1},c_{i,2})$送入信道。由图5.8可知：

$$c_{i,1} = m_i + m_{i-1} + m_{i-2} \tag{5-77a}$$

$$c_{i,2} = m_i + m_{i-2} \tag{5-77b}$$

下一个时间单位输入的信息元为 m_{i+1} 与其相应的两个编码输出为：

$$c_{i+1,1} = m_{i+1} + m_i + m_{i-1} \tag{5-78a}$$

$$c_{i+1,2} = m_{i+1} + m_{i-1} \tag{5-78b}$$

组成第二个子码 $c_{i+1}=(c_{i+1,1},c_{i+1,2})$送至信道，如此等等。

在每一个时间单位，送至编码器 k(这里为 1)个信息元，编码器就送出相应的 n（这里为 2)个码元组成一个子码送入信道。在卷积码中，这 n 个码元组成的子码 c_i，有时也称卷积码的一个码段或子组。

由式(5-76)可知，用这种卷积码编码器输出的每一子码中码元，是此时刻输入的信息元与前 m 个子码中信息元的模 2 和，它们是线性关系，所以由这类编码器编出的卷积码是线性码。

在图 5.8 中假设在起始时刻移位寄存器都是清零状态，即 $S_1S_2S_3$ 为 000。当第 1 个输入比特为 0 时，输出两位比特为 00；若输入比特为 1 时，则输出比特为 11。在第二个比特输入时，移位寄存器右移一位，则输出比特同时受当前输入比特和前一个输入比特的影响。表 5.9 列出了当输入数据为 11010000 时，编码器的所有输出码字 $c_{i,1}c_{i,2}$，表中 $s_{i,3}s_{i,2}$ 表示按照从右向左的顺序寄存器的状态。(2,1,3)卷积码所使用的寄存器总的状态数有四种，状态标记为 $a=00$、$b=01$、$c=10$、$d=11$。

表 5.9　(2,1,3)编码器的工作过程

m_i	1	1	0	1	0	0	0	0
$c_{i,1}c_{i,2}$	11	01	01	00	10	11	00	00
$s_{i,3}s_{i,2}$	00	01	11	10	01	10	00	00
状态	a	b	d	c	b	c	a	a

5.9.2　卷积码的描述

卷积码的描述可以分为两大类型：解析表示法和图形表示法。解析表示法主要指用数学公式直接表达编码，包括离散卷积法、生成矩阵法、码生成多项式法；图形表示法主要指用最基本的图形表达编码，形式包括状态图、树状图及网格图(或称为篱笆图)。下面介绍几种卷积码常用的描述方法。

1. 生成多项式描述

参照编码图 5.8 所示，可将参与异或运算的位设为 1，不参与异或运算的位设为 0，那么对应于输出 $c_{i,1}$ 可以得到一个二进制码字 111，对应于 $c_{i,1}$ 可以得到 101。这两个二进制码字用八进制来表示就是 7、5。这就是卷积码的生成码字，只要生成码字定了，该卷积码的编码规则也就选定了。通常，生成多项式还可用时延算子来表示

$$G_1(D) = 1 + D + D^2 \tag{5-79a}$$

$$G_2(D) = 1 + D^2 \tag{5-79b}$$

式中，D 代表时延算子，D 的幂表示延迟时间单元数，即 D 表示延迟 1 比特，上个时刻输

入码元，D^2 表示延迟 2 比特，即上两个时刻输入码元，以此类推。假设输入信息序列为 10111001，用时延算子表示为：

$$U(D) = 1 + D^2 + D^3 + D^4 + D^7$$

则输出编码序列也可用时延算子表示为：

$$C_1(D) = U(D)G_1(D)$$

$$C_2(D) = U(D)G_2(D)$$

根据 $C_1(D)$、$C_2(D)$ 的时延算子表达式，即可求出编码输出序列 C_1、C_2。若卷积码编码器输入序列 $U=(1,1,0,1,0,0)$ 时，即 $U=1+D+D^3$，按顺序带入可得

$$C_1(D) = 1 + D^4 + D^5$$

$$C_2(D) = 1 + D + D^2 + D^5$$

对应的编码序列为 $C=(11,01,01,00,10,11)$。由此可见，将卷积码表示成生成多项式形式，不仅可以区分结构不同的卷积码，还有利于计算其输出编码序列。

2. 树状图

树状图描述的是在信息数据序列输入时，按照时间展开，码字所有可能的输出。对应于图 5.8 所示的(2,1,3)卷积码的编码电路，其树状图如图 5.9 所示。编码树以移位寄存器初始状态为 00 作为树的根节点。规定：当输入为 0 时，则树状图向上一分支移动；若输入为 1，则树状图向下一分支移动。在每条分支上标有的 2 比特数字表示这时编码器输出的两位数据。若第 1 位数据 $m_1=1$ 时，输出码字 c_1c_2 为 11，从起点通过下一支路到

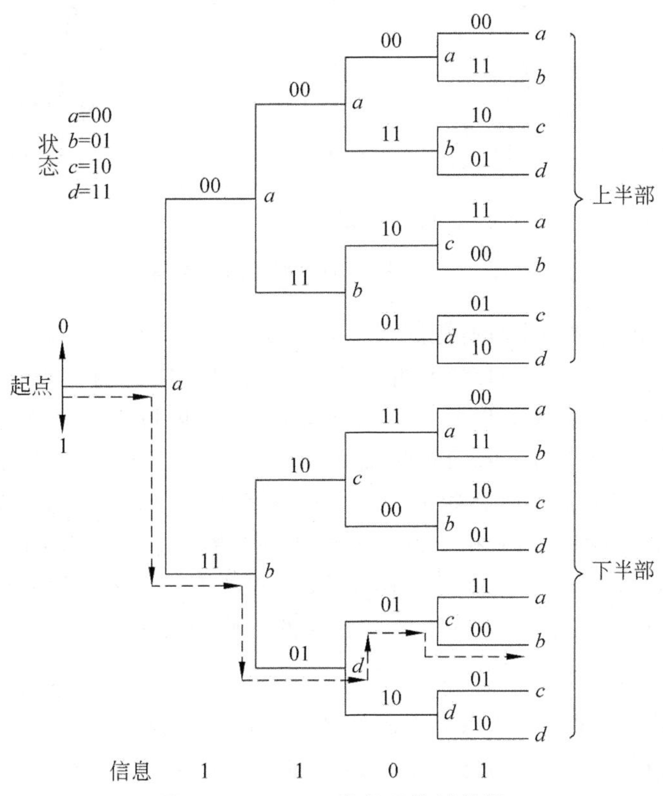

图 5.9 (2,1,3)卷积码的树状图

达状态 b，即 s_3s_2 为 01；若第 1 位数据 $m_1=0$ 时，码字 c_1c_2 为 00，从起点通过上一支路到达状态 a，即 s_3s_2 为 00。输入第 2 个比特时，移位寄存器右移 1 位。以此类推，便可求得整个树状图。对于输入任一个码元序列，编码器输出序列一定与码树中的一条特殊的路径相对应。同时，沿着码元输入序列，可以获得相应的输出码序列。

图 5.9 中虚线标出了输入序列为 1101 时随着输入消息数据，在编码树上从根节点出发，从一个节点到下一个节点，演绎出的一条路径。每一个输入消息数据序列对应了唯一的一条路径，也就对应了唯一的输出码字序列。并且从图 5.9 还可以看出，从第 3 条支路起，树状图呈现出重复性，即图中的上、下半部是相同的。这说明从第 4 位输入起，输出码字已与第 1 位数据无关了，从中阐明了前述编码约束度为 3 的含义。

3. 状态图

状态图法就是对编码寄存器做相应的状态标定，然后讨论编码规则的方法。在图中各状态之间的连线与箭头表示状态转移方向，分支上的数字表示状态转移时相应的编码输出（码字），而实线表示相应的输入信息为 0，虚线表示输入信息为 1。图 5.10 就是 (2,1,3) 卷积码的状态图。随着信息序列不断送入，编码器的寄存器会不断地从一个状态转移到另一个状态，利用状态转移路径不但可以表示出转移过程中所对应的输出码段，同时还可以显示所对应的输入信息元。

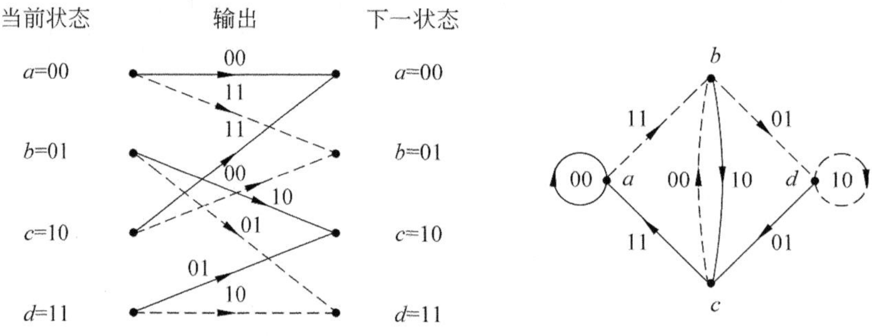

图 5.10 (2,1,3)卷积码的状态图

在图 5.10 中，把树状图中具有相同状态的节点合并在一起。实线表示输入数据为 0 的路径；虚线表示输入数据为 1 的路径，并在路径上写出相应的输出码字，即为图 5.10(a) 所示的状态图。再把目前状态与下一个状态重叠起来，即可得到图 5.10(b) 所示的反映状态转移的状态图。每个节点有两条弧线离开该节点，弧线旁的数字即为输出码字。当输入信息为 11010 时，状态转移过程为 $a\to b\to d\to c\to b$，则可读出输出的码序列为 11010100，与表 5.9 所列的结果相一致。虽然状态图能够表示卷积码编码器在不同输入的信息序列下，编码器各状态之间的转移关系，但却不能描述随时间变化时系统状态转移的轨迹，为了解决这个问题，可引入下面要介绍的网格图表示法。

4. 网格图

在码树状图中，从同一个状态节点出发的分支都相同，我们可以将状态相同的节点合并在一起，这样就得到了卷积码更为紧凑的图形表示方法，即网格图，或称篱笆图。虽然状态图展示了状态转移的去向，但不能记录状态转移的轨迹，网格图可以弥补状态图的缺陷。它可以将状态转移展开在时间轴上,使编码的全过程跃然纸上,是分析卷积码的有力工具。

图 5.11 为(2,1,3)卷积码网格图。在网格图中,一个节点代表着某个时间点上的状态,离开该节点,实线表示数据为 0;虚线表示数据为 1。节点之间的有向连线(分支)则代表状态之间的转移。不同时间的状态之间的连线代表可能出现的状态转移。网格图中支路上标明的码元为输出比特,自上而下 4 行节点表示 a、b、c、d 四种状态。输入序列进入编码器后的编码过程在网格图上对应一条确定的状态转移路径。网格图中的每一条路径都对应不同输入的信息序列。

图 5.11(a)画出了所有可能数据输入时状态转移的全部可能轨迹。图(b)画出了当输入信息为 11010 时的过程轨迹。

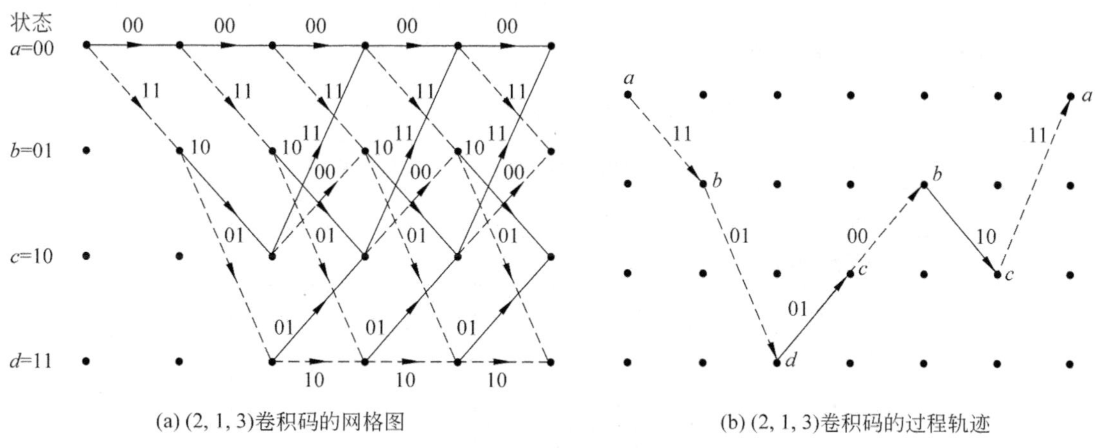

图 5.11 卷积码的网格图

5.9.3 卷积码的译码

卷积码的译码可分为代数译码和概率译码两大类。代数译码利用编码本身的代数结构进行译码,不考虑信道的统计特性,该方法的硬件实现简单,运算量小,但性能较差。最主要的方法是大数逻辑译码和门限译码。概率译码则是基于信道的统计特性和卷积码的特点进行计算。其中维特比(Viterbi)译码算法是基于码的网格图基础上的一种最大似然译码算法,是一种最佳的概率译码算法,无论在理论上还是在实践上都得到了极其迅速的发展,并广泛应用于各种数字传输系统。因此,以下仅介绍维特比译码算法。

维特比译码是一种最大似然译码算法。最大似然译码算法的基本思路是,把接收码字与所有可能的码字比较,选择一种码距最小的码字作为译码输出。对于(n,k,m)卷积码,发 k 位数据,则它有 2^k 种可能码字,计算机应存储这些码字,以便于比较。当 k 较大时,由于存储量太大,应用受到限制。由于接收序列通常很长,所以维特比译码时做了简化,即它把接收码字分段处理。每接收一段码字,计算、比较一次,保留码距最小的路径,直至译完整个序列。

现以上述(2,1,3)码为例说明维持比译码过程。当发送端的信息数据为 1101 时,为使全部信息能通过编码器,在其后加上 000,此时的全部数据为 1101000,如表 5.9 所示,编出的码字为 11 01 01 00 10 11 00，移位寄存器的状态转移路线为：$a \to b \to d \to c \to b \to c \to a$。发送的信息通过信道到接收端，设接收码字发生了差错，码字序列变成 11 00 01 00 10 11 00，第 4 位码元发送了差错。下面参照图 5.12 来说明译码过程。

由于(2,1,3)卷积码的编码约束度为 3，所以首先考察前 $n \cdot m = 6$ 比特，即前 3 组接收码字。第一步考察接收序列前 6 位 11 00 01。由网格图 5.11 可见，沿着路径每一级有 4 个状态 a、b、c 和 d，每种状态有两条路径可以到达，故 4 种状态共有 8 条到达路径。现在比较网格图中的这 8 条路径和接收序列之间的汉明距离。例如，由根节点状态 a 开始，经过 3 级路径后到达 a 状态有两条路径，上面一条沿着状态 $a \to a \to a \to a$，输出码字是：00 00 00，则输出码字和接收码字序列汉明距离等于 3；下面一条沿着状态 $a \to b \to c \to a$，输出码字是 11 10 11，其和接收码字序列汉明距离等于 2。同理，由根节点 a 经过 3 级路径后到达状态 b、c 和 d 的路径都各有两条，故总共有 8 条路径。表 5.10 中列出了所有 8 条路径及其和接收码字的汉明距离。

表 5.10　维特比译码第一步计算结果

序号	路径	输出序列	汉明距离	幸存与否
1	$a \to a \to a \to a$	00 00 00	3	否
2	$a \to b \to c \to a$	11 10 11	2	是
3	$a \to a \to a \to b$	00 00 11	3	否
4	$a \to b \to c \to b$	11 10 00	2	是
5	$a \to a \to b \to c$	00 11 10	6	否
6	$a \to b \to d \to c$	11 01 01	1	是
7	$a \to a \to b \to d$	00 11 01	4	否
8	$a \to b \to d \to d$	11 01 10	3	是

将到达每个状态的两条路径所输出序列和接收码字比较，分别计算出汉明距离，将到达每个状态点的两条路径中汉明距离较小的路径保留，称为幸存路径。若有两条路径的汉明距离相同，则任取一条作为幸存路径。这样就剩下了 4 条路径，然后这 4 条路径进入第二步译码。

第二步继续考查接收序列的后面 2 位 00。现在计算 4 条幸存路径再增加一级路径后，到达下一时间单位的 4 个状态，共有 8 条路径。同第一步相似，计算这 8 条路径的输出序列和接收序列 11 00 01 00 的汉明距离。计算结果列于表 5.11 中。表中最小的总距离等于 1，其路径是 $a \to b \to d \to c \to b$，相应的输出序列为 11 01 01 00。它和发送序列相同，所以对应的发送信息序列应该是 1101。但是如果在译码结果中，幸存路径中的最小总距离对应路径不是一条时，译码还要继续进行，直到找出最小距离的一条路径为止。

开始时为了使输入的信息位全部通过编码器的移位寄存器，在信息位后面加上了 000，如果把这 3 位也看作信息位，那么译码还应该继续进行。

在上面例子中的卷积码的约束度是 3，需要存储的路径是 8。当维特比译码的卷积码较长且约束度较大时，译码算法复杂度将按指数形式 2^m 增长。所以维特比译码算法适合于约束度较小的编码。

表 5.11 维特比译码第二步计算结果

序号	路径	输出序列	原距离	新增距离	总距离	幸存与否
1	$a \to b \to d \to c \to a$	11 01 01 11	1	2	3	否
2	$a \to b \to c \to a \to a$	11 10 11 00	2	0	2	是
3	$a \to b \to c \to a \to b$	11 10 11 11	2	2	4	否
4	$a \to b \to d \to c \to b$	11 01 01 00	1	0	1	是
5	$a \to b \to c \to b \to c$	11 10 00 10	2	1	3	是
6	$a \to b \to d \to d \to c$	11 01 10 01	3	1	4	否
7	$a \to b \to c \to b \to d$	11 10 00 01	2	1	3	是
8	$a \to b \to d \to d \to d$	11 01 10 10	3	1	4	否

5.10 Turbo 码

在 1993 年瑞士日内瓦召开的国际通信会议 ICC'93 上，法国不列颠通信大学（ENST de Bretagne）C. Berrou、A. Glavieux 和 P. Thitimajshiwa 首次提出了一种称为 Turbo 码的编译码。Turbo 码又称并行级联卷积码（Parallel Cascade Convolutional Code，PCCC），它巧妙地将卷积码和随机交织器结合在一起，实现了随机编码的思想，同时采用软输出迭代译码来逼近最大似然译码，具有非常优异的误比特率性能。

5.10.1 Turbo 码的编码

Turbo 码的最大特点在于它通过在编译码器中交织器和解交织器的使用，有效地实现了随机性编译码的思想，通过短码的有效结合实现长码，达到了接近 Shannon 理论极限的性能。Turbo 码编码器主要由分量编码器、交织器以及删余矩阵和复接器组成。一个常见的 Turbo 码编码器如图 5.12 所示。

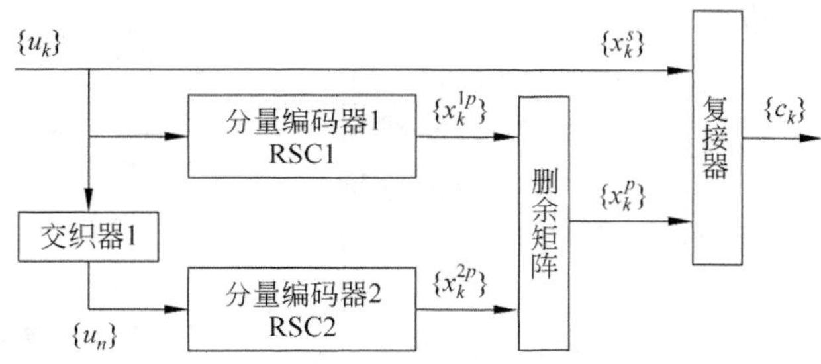

图 5.12 Turbo 码编码器结构

在 Turbo 码编码过程中，两个分量码的输入信息序列是相同的，长度为 N 的信息序列$\{u_k\}$在送入第一个分量编码器(RSC1)进行编码的同时作为系统输出$\{x_k^s\}$直接送至复接器,同时$\{u_k\}$经过交织器后的交织序列$\{u_n\}$送入第二个分量编码(RSC2)。两个分量编码器输入序列仅仅是码元的输入顺序的不同。两个分量编码器输出的校验序列分别为$\{x_k^{1p}\}$和$\{x_k^{2p}\}$。为提高码率和系统频谱效率,可以将两个校验序列经过删余矩阵删余得到$\{x_k^p\}$,再与系统输出$\{x_k^s\}$一起经过复接构成码字序列$\{c_k\}$。下面分别对 Turbo 码编码器的各个组成部分进行介绍。

1. 分量编码器

Turbo 码的分量编码器可以选用递归系统卷积(Recursive Systematic Convolutional, RSC)码或非系统卷积(Nonsystematic Convolutional Code, NSC)码。在对比实验中,非系统卷积码的 BRE 性能在高信噪比时比约束长度相同的非递归系统码要好,而在低信噪比时情况却正好相反,而且在高码率$\left(R_c\geqslant\frac{2}{3}\right)$情况下,对任何信噪比 RSC 性能均比对应的 NSC 码要好,因此 Turbo 码的分量码一般选用 RSC 码,这是 Turbo 码性能优越的一个重要原因。图 5.13 给出了编码约束度$M=3$,生成多项式$(g_1,g_2)=(7,5)$的 RSC 编码器框图。

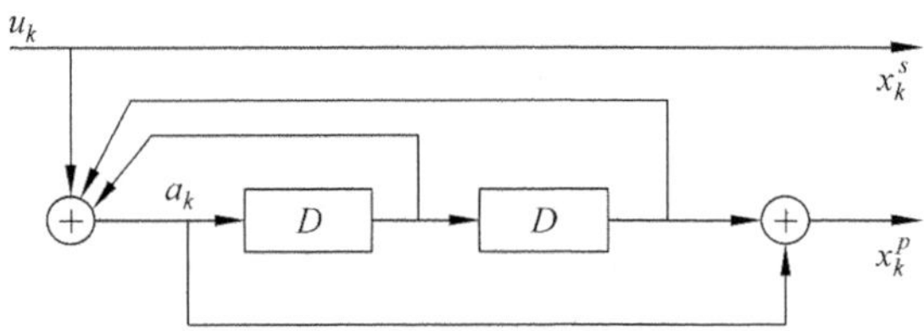

图 5.13 Turbo 码分量编码器

若k时刻的输入比特为u_k,则输出的码字x_k是一个二进制比特对(x_k^s, x_k^p),其中$x_k^s=u_k$称为信息比特,x_k^p称为校验比特。记移位寄存器的输入为a_k,则:

$$a_k = u_k + \sum_{i=1}^{M-1} g_{1_i} a_{k-i} \bmod 2 \tag{5-80}$$

$$x_k^p = \sum_{i=1}^{M-1} g_{2_i} a_{k-i} \bmod 2 \tag{5-81}$$

对$M=3$的 RSC 码,它的状态转移和时间的关系可以形象地用网格图来表示,如图 5.14 所示。两个移位寄存器共有 4 个状态,而且每一个状态有两个转移状态,分别对应输入为 1(实线所示)或者 0(虚线所示)的情况,分支上的数据分别表示k时刻 RSC 编码器的输入和输出。若$k-1$时刻 RSC 编码器处于 0 状态,当输入 0 时,则k时刻编码器将仍处于 0 状态,并输出 00;当输入 1 时,则k时刻编码器将转到 2 状态,并输出 11。

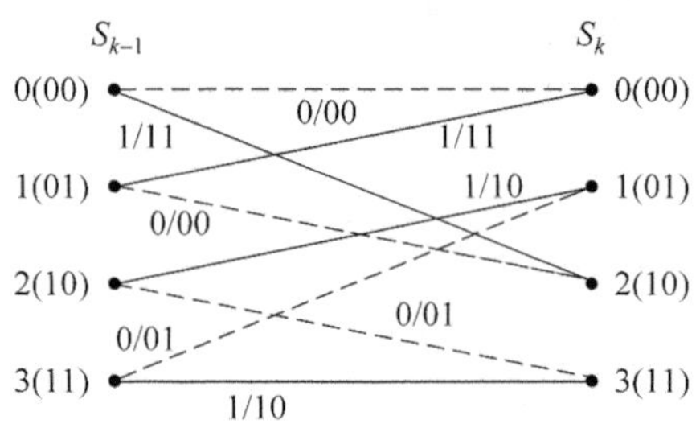

图 5.14 分量编码器网格图

用 RSC 编码器构成的 Turbo 码的总码率R为:

$$\frac{1}{R}=\frac{1}{R_1}+\frac{1}{R_2}-1 \tag{5-82}$$

其中，R_1 和 R_2 分别为构成 Turbo 码的分量码的码率，在经删余后，分量码 RSC1 与 RSC2 的码率 R_1、R_2 可以不同。

2. 交织器

交织实际上就是将数据序列中元素的位置进行重置，从而得到交织序列的过程。这个过程的逆过程就是在交织序列的基础上将交织序列中的元素恢复原有顺序，从而恢复原始序列的过程，这个过程一般也称为解交织过程。交织器是一个单输入单输出的设备，它的输入与输出符号具有相同的字符集，只是各符号在输入与输出序列中的排列顺序不同。例如，设交织器 I 的输入为：

$$u=(u_1,u_2,\cdots,u_N) \tag{5-83}$$

其中，$u_i\in\{0,1\}$，$i=1,2,\cdots,N$，交织映射输出序列记为：

$$\widetilde{u}=(\widetilde{u}_1,\widetilde{u}_2,\cdots,\widetilde{u}_N) \tag{5-84}$$

其中，$\widetilde{u}_i\in\{0,1\}$，$i=1,2,\cdots,N$。

如果把输入序列和交织序列看成一对含有 N 个元素的集合，则交织过程可以看成从集合 u 到集合 $\widetilde{u}$ 的一个一一映射过程，即：

$$I: u_i \rightarrow \widetilde{u}_j \tag{5-85}$$

其中，i 和 j 分别是原始序列和交织序列中的元素索引。

在 Turbo 编码器中，交织器的作用是将信息序列中的比特顺序重置。当信息序列经过第一个分量编码器编码后输出的码字重量较低时，交织器可使交织后的信息序列经过第二个分量编码器编码后以很大的概率输出高重码字，从而提高码字的汉明重量；同时，好的交织器还可以有效地降低校验序列间的相关性。由于长码的性能可以逼近 Shannon 极限，通过交织编码序列在长为 $2N$ 或 $3N$（不使用删余）比特的范围内具有记忆性，从而将两个相互独立的简单短码构造了近似随机长码。

3. 删余器

一切差错控制编码都是有冗余的，传输时扣除部分比特并不妨碍信息的还原，只是有可能损失一些编码增益。实际系统中通常需要结合编码增益、速率匹配等因素对编码器的输出进行删余处理。当编码器有多路并行输出时（如卷积码、Turbo 码），为了同后接的系统匹配（通常是串行通信匹配），还需要以时分复用的方式合成一路比特流。

Turbo 码编码结构中的删余器一般以开关单元代替，其作用是调整总编码速率，即通过对两次编码的校验序列进行删除和复合，调整实际的校验位数。如当用两个 $R=1/2$ 的 RSC 时，交替的选取两个校验序列使各有一半发送出去就可得到总速率为 1/2 的 Turbo 码，而当校验序列全部发送出去的时候则得到 1/3 速率的 Turbo 码。

Turbo 码若不进行删余则码率为 1/3，这样的低码率对于深空通信场合是适合的，但是对于卫星通信、个人移动通信等对带宽利用率要求较高的场合，希望有更高的编码效率。对于迭代译码的情况，一般只删除校验位，特别的对于 1/2 删节，一般可以删除 RSC1 的所有偶数校验比特，删除 RSC2 的所有奇数校验比特。对于码率大于 1/2 的情况，选择别的删余方案可以获得更优异的性能。

5.10.2 Turbo 码的译码

Turbo 码获得优异性能的根本原因之一是采用了迭代译码，通过分量译码器之间的软信息的交换来提高译码性能。对于 Turbo 码这样的并行级联码，如果分量译码器的输出为硬判决，则不可能实现分量译码器之间软信息的交换，从而限制了系统性能的进一步提高。从信息论的角度来看，任何硬判决都会损失部分信息。因此，如果分量译码器能够提供一个反映其输出可靠性的软输出，则其他分量译码器(外码译码器)也可以采用软判决译码，从而系统的性能可以得到进一步提高。为此，人们提出了软输入软输出译码(SISO)的概念和方法。

一个常见的 Turbo 码迭代译码结构如图 5.15 所示，其中分量译码器 1 和分量译码器 2 分别与 Turbo 码编码器中的两个分量码编码器 RSC1 和 RSC2 对应，交织器、解交织器与编码器中的交织器相对应。

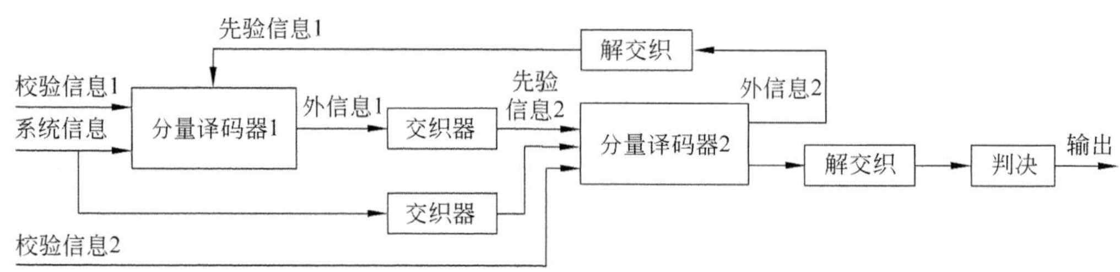

图 5.15 Turbo 码迭代译码结构

基本译码过程为：系统信息、校验信息 1 和先验信息 1 进入分量译码器 1，分量译码器 1 根据某个译码算法完成对分量编码器 RSC1 的译码，并生成信息比特的外信息 1。外信息 1 经过交织后，生成作为分量译码器 2 的信息比特的先验信息 2；接收的信息序列经过相同的交织，作为分量译码器 2 的接收信息。分量译码器 2 利用交织后得到的先验信息 2、系统信息及校验信息 2 完成分量编码器 RSC2 的译码，得到外信息 2。外信息 2 经解交织后得到分量译码器 1 的先验信息进入下一迭代运算。当迭代次数完成或达到其他判决条件时，经解交织、判决得到最终译码输出序列。为了保证译码器之间能充分利用对方的译码信息，成员译码器应该输出软判决译码信息，即取二进制值 0、1 的概率。从上述的译码过程可以看出，Turbo 码的外部信息是从另外一个译码器反馈得到的，结构如同涡轮发动机(turbo)，这就是 Turbo 码这一名称的由来。

由于 Turbo 码译码需要采用分量译码器之间的软信息的交换来提高译码性能，所以分量译码器必须能接收软信息以及能输出软信息，即需要采用软输入软输出(SISO)译码器。由前面讨论可知，SISO 译码器的输入信息应有三个：系统信息、校验信息、先验信息；SISO 译码器的输出应为软判决信息。下面将介绍 SISO 译码器输入输出信息定义及产生，图 5.16 为 Turbo 码 SISO 迭代译码算法原理。

图 5.16 中，k 表示时刻，S_k 表示 k 时刻分量编码器的状态，$x_k^s=u_k$ 表示分量编码器 k 时刻输出的信息位，y_k^p 表示分量编码器 k 时刻输出的校验位，$X=\{x_k\}$表示分量编码器

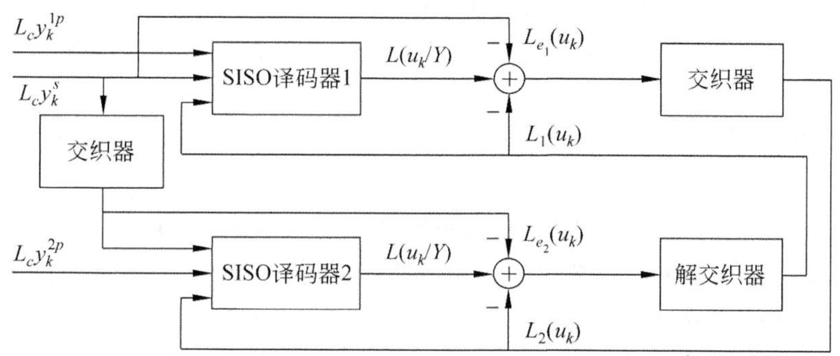

图 5.16 Turbo 码迭代译码原理图

输出的码序列，x_k^s 和 y_k^p 分别表示 k 时刻译码器接收到的信息位和校验位，$Y=\{y_k\}$表示接收到的码序列。

当发送比特 x_k 为+1 或者-1 时，接收到 y_k 的条件似然比为

$$L(y_k/x_k)=\ln\frac{P(y_k/x_k=1)}{P(y_k/x_k=-1)} \tag{5-86}$$

假定被编码后的符号比特 x_k 采用 BPSK 调制，并经过高斯信道或者衰落信道传送，可得到在接收端接收为 y_k 的概率：

$$P(y_k/x_k=\pm 1)=\frac{1}{\sigma\sqrt{2\pi}}\exp\left(-\frac{E_b}{2\sigma^2}(y_k\mp a)^2\right) \tag{5-87}$$

其中，E_b 为每个传输比特的能量 σ^2 信道高斯噪声方差，a 为信道衰落幅度(对于无衰落的高斯信道 $a=1$)，因此条件似然比为

$$L(y_k/x_k)=\ln\frac{\exp\left(-\frac{E_b}{2\sigma^2}(y_k-a)^2\right)}{\exp\left(-\frac{E_b}{2\sigma^2}(y_k+a)^2\right)}=\frac{E_b}{2\sigma^2}4a\cdot y_k=L_c\cdot y_k \tag{5-88}$$

L_c 被定义为信道可信度量值(channel reliability value)。这是一个仅依赖于 SNR 和信道衰落幅度的量。因此，对于高斯信道下的 BPSK 系统，信道的软输出 $L(y_k/x_k)$可以简单地由 y_k 和信道度量值 L_c 相乘而得到。$L_c y_k^s$ 和 $L_c y_k^p$ 分别作为系统信息和校验信息输入到 SISO 译码器。一般把软信息输出表示为后验概率对数似然比(LLR)，即

$$L(u_k/Y)=\ln\frac{P(u_k=+1/Y)}{P(u_k=-1/Y)} \tag{5-89}$$

SISO 译码器的输出 $L(u_k/Y)$可以表示为系统信息 $L_c y_k^s$、先验信息 $L(u_k)$和外部信息 $L_e(u_k)$三项之和的形式，即

$$L(u_k/Y)=L_c y_k^s+L(u_k)+L_e(u_k) \tag{5-90}$$

其中，输入先验信息 $L(u_k)$定义为先验概率对数似然比，即

$$L(u_k)=\ln\frac{P(u_k=+1)}{P(u_k=-1)} \tag{5-91}$$

由于 SISO 译码器生成的外信息 $L_e(u_k)$与输入的系统信息 $L_c y_k^s$ 和先验信息 $L(u_k)$无关，故可在交织后作为后续 SISO 译码器的先验信息输入，从而提高译码的准确性。

所以 SISO 译码器输出的外信息 $L_e(u_k)$ 为

$$L_e(u_k) = L(u_k/Y) - L_c y_k^s - L(u_k) \tag{5-92}$$

5.11 LDPC 码

低密度奇偶校验码(Low-Density Parity-Check Codcs,LDPC)码是由 Gallager 于 1962 年提出的一种基于稀疏矩阵的线性码。但由于当时的计算处理能力不够和相关理论的不完善,LDPC 码被人长时间遗忘。经过 Tanner 从图论的角度研究 LDPC 码后,MacKay 和 Neal 重新发现并证明了 LDPC 码采用迭代译码时具有渐近香农限的性能,后来,Sac-Young Chung 又证明了不规则的 LDPC 码性能甚至可以距离香农限 0.0045dB。这是目前已知的距离 Shannon 限最近的纠错码。

LDPC 码具有非常好的特点:逼近香农限,易于理论分析和研究,译码算法为迭代算法,可实行完全并行操作,复杂度低适合硬件实现,同时由于码长较长时,相距甚远的信息比特可能参与同一校验约束,使得连续的突发错误对译码影响不大,本身具有很好的抗突发错误的能力。同时译码方法的选择很灵活,甚至是对同一种译码算法,也可通过对不同信道特征选择适合自己的迭代次数等优点。

5.11.1 LDPC 码的编码

LDPC 码是一类线性分组码,用稀疏奇偶校验矩阵 $\boldsymbol{H}$ 的零空间定义。所谓"稀疏性"指矩阵 $\boldsymbol{H}$ 中包含 0 的个数远大于 1 的个数,而"低密度"指矩阵 $\boldsymbol{H}$ 中包含 1 的密度很低。设码长为 n,信息位为 k,则校验位为 $m=n-k$,校验矩阵 $\boldsymbol{H}$ 是一个 $m\times n$ 阶的矩阵。校验矩阵的每一行表示一个校验约束,其中所有非零元素对应的码元变量构成一个校验集,由一个校验方程表示。校验矩阵的每一列表示码元符号参与的校验约束。本书中主要对二元 LDPC 码进行讨论。

二元(n,j,k)LDPC 码的校验矩阵 $\boldsymbol{H}$ 矩阵的特点归纳如下:

(1) 每列包含 j 个 1,即列重量为 j;

(2) 每行包含 k 个 1,即行重量为 k;

(3) 任何两列之间同为 1 的行数(称为重叠数)不超过 1,即 $\boldsymbol{H}$ 矩阵和 Tanner 图中无 4 线循环;

(4) j 和 k 均远小于码长度 n 和矩阵行数 m,当 $n\to\infty$ 时,$k/n=j/m\to 0$。

根据上述特点,Gallager 给出了一个实例,如图 5.17 所示。

$$\begin{bmatrix}
1 & 1 & 0 & 0 & 0 & 1 & 0 & 0 & 0 & 0 & 0 & 1 & 0 & 0 & 0 \\
0 & 1 & 1 & 0 & 0 & 0 & 1 & 0 & 0 & 0 & 0 & 0 & 1 & 0 & 0 \\
0 & 0 & 1 & 1 & 0 & 0 & 0 & 1 & 0 & 0 & 0 & 0 & 0 & 1 & 0 \\
0 & 0 & 0 & 1 & 1 & 0 & 0 & 0 & 1 & 0 & 0 & 0 & 0 & 0 & 1 \\
1 & 0 & 0 & 0 & 1 & 0 & 0 & 0 & 0 & 1 & 1 & 0 & 0 & 0 & 0 \\
0 & 0 & 1 & 0 & 0 & 1 & 1 & 0 & 0 & 0 & 1 & 0 & 0 & 0 & 0 \\
0 & 0 & 0 & 1 & 0 & 0 & 1 & 1 & 0 & 0 & 0 & 1 & 0 & 0 & 0 \\
0 & 0 & 0 & 0 & 1 & 0 & 0 & 1 & 1 & 0 & 0 & 0 & 1 & 0 & 0 \\
1 & 0 & 0 & 0 & 0 & 0 & 0 & 0 & 1 & 1 & 0 & 0 & 0 & 1 & 0 \\
0 & 1 & 0 & 0 & 0 & 1 & 0 & 0 & 0 & 1 & 0 & 0 & 0 & 0 & 1
\end{bmatrix}$$

图 5.17　低密度校验矩阵 $n=15,j=3,k=4$

校验矩阵 $\boldsymbol{H}$ 除了用传统的矩阵直接表示之外,还可以用对应的 Tanner 双向图(bipartite graph)(或称二分图、因子图)来描述。描述如下:将信息节点 $x_1,x_2,\cdots,x_n$ 排成一行,对应于校验矩阵各列,信息节点也叫变量节点。同时将 m 个校验节点 $z_1,z_2,\cdots,z_m$ 排成一行，每个节点对应码字的一个校验显示集，对应于校验矩阵各行。如果校验矩阵第 i 行第 j 列对应元素不为 0，则称节点 x_j 和节点 z_i 之间关联，并将两节点连接起来，我们将这条边两端的节点称为相邻节点。对每个节点，与之相连的边数称为该节点的度(Degree)。图 5.17 中的矩阵的 Tanner 图如图 5.18 所示。

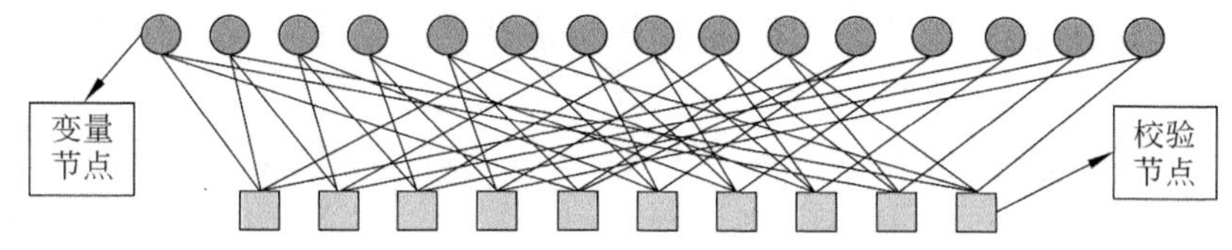

图 5.18　(15,3,4)LDPC 码的 Tanner 图表示

一般情况下校验矩阵是随机构造的，因而是非系统形式的。编码时对校验矩阵 $\boldsymbol{H}$ 利用高斯消去法化为典型形式：

$$\boldsymbol{H}=[\boldsymbol{I}\quad \boldsymbol{P}] \tag{5-93}$$

其中 $\boldsymbol{I}$ 是单位矩阵，$\boldsymbol{P}$ 是 $m\times(n-m)$ 阶矩阵。

由式(5-93)得生成矩阵：

$$\boldsymbol{G}=[-\boldsymbol{P}^{\mathrm{T}}\quad \boldsymbol{I}] \tag{5-94}$$

设信息序列 $u=(u_0,u_1,\cdots,u_{k-1})$，则码字 C 为：

$$C=u\cdot G \tag{5-95}$$

所以，LDPC 码编码算法由稀疏校验矩阵、生成矩阵和码字的生成三部分构成。

5.11.2　LDPC 码的译码

LDPC 码成功的一个重要原因是它在译码上的优势，译码主要是基于 Tanner 图的消息传播(Message Propagation，MP)算法集，这是一种迭代译码方法，能够克服分组码在长码时所面临的巨大译码计算量，可以实现完全的并行操作，具有高速译码潜力，硬件实现复杂度低。

假设信道的输出符号集也就是译码器的输入符号集为 Θ，在零时刻，每个变量节点 $x_i(i\in 1,2,\cdots,N,N$ 为码长)都接收到一个相关的信道输出信息 r_i，r_i 是取值在 Θ 内随机的变量。MP 算法译码过程的每一步，信息都沿着双向图中的边在变量节点与校验节点之间相互传递。首先，每个变量节点 x_i 都给所有与之相连的校验节点 z_j 发送一个取值在符号集 M 内的信息。特别是在零时刻，变量节点 x_i 将 r_i 作为它的第一个信息发送(此时 $\Theta\subset M$)。每个校验节点 z_j 处理它接收到的信息，然后回发给所有与之相连的变量节点取值在 M 内的信息。然后每个变量节点 x_i 处理它接收到的信息以及相关的接收值 r_i，计算出新的可靠性信息，传送给相连的校验节点。算法的每次迭代运行都是一次信息处理的循环：校验节点处理并传送信息，接着是变量节点处理并传送信息。

MP 算法性能与节点之间传输消息的量化有直接的关系。如果在节点之间传输的符号集是二元的(0,1)，MP 算法集可以等效为树型译码算法。当节点之间传输的符号集取值在实数集 $\mathbf{R}$，性能是最好的同时也最复杂。这时的 MP 算法就是置信传播(Belief

Propagation,BP)算法。下面分别介绍这两种算法。

1. LDPC的硬判决位翻转译码

Gallager提出了一种基于置信传播的硬判决位翻转译码(Bit Flipping Algorithm)算法,在处理接收信号时,解调器首先对调制器输入符号做最佳判决,然后将硬判决结果送给译码器,译码器再对编码器输入的消息做最佳判决,纠正解调器可能发生的错误判决,这是硬判决译码的思想。这种方法仅应用于二进制对称信道(BSC),可看成置信传播算法的简化形式。

设接收序列硬判决值为 $r=\{r_i\}, i=0,1,\cdots,n-1$,$s$ 为伴随式。可行性的算法描述如下:

(1) LDPC码的校验矩阵 $H=[h_0,h_1,\cdots,h_{m-1}]^{\mathrm{T}}$,$h_j=h_{j,0},h_{j,1},\cdots,h_{j,n-1}$,由 h_j 可得第 j 个校验方程为 $h_{j,0}r_0+h_{j,1}r_1+\cdots+h_{j,n-1}r_{n-1}$。码的伴随式为:

$$s=r\cdot H^{\mathrm{T}}=(s_0,s_1,\cdots,s_{m-1}),\quad s_j=r\times h_j=\sum_{i=0}^{n-1}r_i\times h_{j,i}(\bmod 2) \tag{5-96}$$

(2) 若 $s_j=0$,说明接收向量满足第 j 个校验方程,否则说明不满足;每个码元不满足校验等式的个数为:

$$f=(f_0,f_1,\cdots,f_j,\cdots f_{n-1})=s\cdot H,\quad f_j=\sum_{i=0}^{m-1}s_i\times h_{i,j} \tag{5-97}$$

(3) 找出 f 中的最大元素:

$$f_j=\max\{f_0,f_1,\cdots,f_{n-1}\} \tag{5-98}$$

翻转 f_j 对应的码元 r_j 得到新的序列 r'。

(4) 将新序列 r' 代入(5-96),若 $s=0$,译码成功;若 $s\neq 0$,判断是否到达最大迭代次数,是,停止,译码失败;否,转到(2)。

2. BP译码方法

令 $C(i)$ 表示与变量节点 x_i 相邻校验节点的集合,$\frac{C(i)}{j}$ 表示从 $C(i)$ 中除去第 j 个校验节点的集合;$R(j)$ 表示与校验节点 z_j 相邻的变量节点集合,$\frac{R(j)}{i}$ 表示从 $R(j)$ 中除去第 i 个变量节点的节点集合。

定义 $q_{ij}(b)$ 是从变量节点 x_i 传递给校验节点 z_j 的软信息,表示的是给定 y_i,除了第 j 个校验节点外的所有与它相邻的校验节点提供外信息的情况下,$x_i=b$(b 取0或1)的概率。$r_{ji}(b)$ 是从校验节点 z_j 传递给变量节点 x_i 的外信息,表示在 $x_i=b$、参加第 j 个校验方程的其他比特满足概率 $q_{i'j}(i\neq i')$ 的条件下,该校验方程成立的概率。

概率域译码节点之间传输的符号集取值在实数集 $\mathbf{R}$,性能是最好的,同时也最复杂。这时的MP算法就是置信传播算法。图5.19表示译码算法信息传播示意图。

译码通过定义的 q_{ij} 和 r_{ji} 之间的迭代进行译码。

$$r_{ji}(0)=\frac{1}{2}+\frac{1}{2}\prod_{i'\in R(j)\backslash i}(1-2q_{i'j}(1)) \tag{5-99}$$

$$r_{ji}(1)=\frac{1}{2}-\frac{1}{2}\prod_{i'\in R(j)\backslash i}(1-2q_{i'j}(1)) \tag{5-100}$$

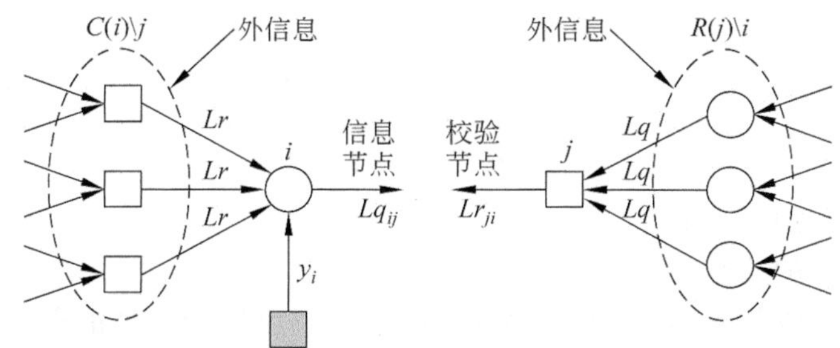

图 5.19 LDCP 码 BP 译码算法

于是有：

$$\frac{P_r(x_i=0 \mid \{y\},S)}{P_r(x_i=1 \mid \{y\},S)}=\frac{1-P_d}{P_d}\frac{\prod\limits_{j\in C(i)} r_{ji}(0)}{\prod\limits_{j\in C(i)} r_{ji}(1)} \tag{5-101}$$

$$q_{ij}(0)=K_{ij}(1-P_i)\prod_{j'\in C(i)\backslash j} r_{j'i}(0) \tag{5-102}$$

$$q_{ij}(1)=K_{ij}P_i\prod_{j'\in C(i)\backslash j} r_{j'i}(1) \tag{5-103}$$

其中，K_{ij} 是为保证 $q_{ij}(0)+q_{ij}(1)=1$ 的归一化系数。每次 q_{ij} 和 r_{ji} 之间迭代后计算：

$$Q_i(0)=K_i(1-P_i)\prod_{j\in C(i)} r_{ji}(0) \tag{5-104}$$

$$Q_i(1)=K_iP_i\prod_{j\in C(i)} r_{ji}(1) \tag{5-105}$$

其中，K_i 是归一化系数，同样是为了保证 $Q_i(0)+Q_i(1)=1$。

概率域的 BP 算法的译码步骤如下：

(1) 初始化：对于 $H_{ij}\neq 0$，$q_{ij}(0)=P_r(x_i=1 \mid y_i)=P_r^0$，$q_{ij}(1)=1-q_{ij}(0)=P_r^1$，迭代次数 $k=1$。

(2) 迭代计算：

① 由式(5-99)和式(5-100)计算 $r_{ji}^k(\forall i,j: h_{ji}=1)$，其中 k 为迭代次数。

② 由式(5-102)和式(5-103)计算 $q_{ij}^k(\forall i,j: h_{ji}=1)$，其中 k 为迭代次数。

(3) 尝试译码：

由式(5-104)、式(5-105)计算 $Q_i(0)$ 和 $Q_i(1)$，进行硬判决 $Q_i(1)\geqslant 0.5$ 时，$x_i=1$，否则 $x_i=0$；将得到的译码结果序列 $\hat{x}^k$ 左乘校验矩阵 $\boldsymbol{H}$，得到伴随向量 $s^k=(s_1^k,s_2^k,\cdots,s_M^k)$。

(4) 当 $s^k=0$ 时输出译码结果，否则跳到(2)，或迭代次数到最大值时停止。

5.12 习题

5.1 给定线性分组码的最小码间距离为 11，求其最大纠错能力、最大检错能力。

5.2 考虑具有如下生成矩阵的(7,4)码

$$G=\begin{bmatrix}1&1&1&1&0&0&0\\1&0&1&0&1&0&0\\0&1&1&0&0&1&0\\1&1&0&0&0&0&1\end{bmatrix}$$

(1) 找出该码的所有码字。

(2) 求出此码的监督矩阵 $\boldsymbol{H}$。

(3) 计算当接收矢量为 1101101 时的伴随式,它是否为有效的码字矢量。

5.3 考虑一个系统分组码,其监督方程为

$$c_1=m_1+m_2+m_4$$
$$c_2=m_1+m_3+m_4$$
$$c_3=m_1+m_2+m_3$$
$$c_4=m_2+m_3+m_4$$

其中,m_i 为信息位,c_i 为校验位。

(1) 求出这种码的生成矩阵和校验矩阵。

(2) 矢量 10101010 是合法的码字吗?

(3) 矢量 01011100 是合法的码字吗?

5.4 某(7,3)码的生成矩阵为

$$G=\begin{bmatrix}1&0&0&1&0&1&1\\0&1&0&1&1&1&0\\0&0&1&0&1&1&1\end{bmatrix}$$

计算可纠错的图案和对应的伴随式。

5.5 (15,5)循环码的生成多项式为

$$g(x)=1+x+x^2+x^5+x^8+x^{10}$$

(1) 求出消息 $m(x)=1+x^2+x^4$ 的码多项式。

(2) $v(x)=1+x^4+x^6+x^8+x^{14}$ 是系统中的码多项式吗?并给予说明。

5.6 画出图 5.20 所示方框图描述的卷积码编码器的状态图、树状图和网格图。

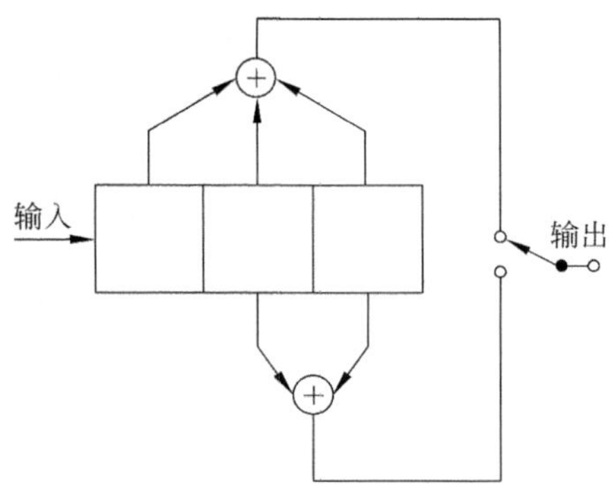

图 5.20 题 5.6 用图

5.7 某卷积码如下 $G_1=[1\quad 0\quad 0]$,$G_2=[1\quad 0\quad 1]$,$G_3=[1\quad 1\quad 1]$。

(1) 画出该码的编码器。

(2) 画出该码的状态转移图和网格图。

第 6 章

信息率失真函数

前面讨论的都是无失真信源，即有 $H(X)\leqslant R\leqslant C$，只要满足这一条件，总能找到一种编码，能在信道上以任意小的错误概率和任意接近于 C 的传输率来传送信息，否则将会产生失真。在实际应用中，对于连续信源消息，信源的信息量为无限大，也就意味着 $H(X)$ 无限大，这就要求 R 也为无限大，但这实际上是做不到的，因为 C 往往有限，也就是说信道带宽总是有限的，所以无法实现消息的无失真传输。

幸运的是实际通信系统允许一定的失真存在，因为用户通常不要求获得完全无失真的消息，只要能近似地还原原始信息，不影响到正常使用就可以了。例如日常打电话这一应用，由于人耳能接收信号的带宽和分辨率是有限的，所以即使信号有一定的失真，但只要接电话的人可以听懂就足够了，也就是说一定程度的失真是不影响通信质量的。再如人们日常观看的电影等视频消息，它们实际上是将多幅静止的画面连续不断地放映出来，利用人眼的视觉暂留性，使人感觉上认为画面是连续的。只要满足每秒用 24 幅画面去模拟连续的动作就可以使观看者感觉不到信号失真的存在。

从上述例子可以看出，实际应用中是允许一定程度的失真存在的。因此，就需要研究信息率和允许失真之间的关系，这种关系就称作信息率失真理论。有关信息率失真的理论最早是由 Shannon 提出来的，1959 年 Shannon 发表论文指出：在允许一定失真度 D 情况下，信源输出的信息率可以压缩到 $R(D)$ 值，$R(D)$ 称为信息率失真函数。引入信息率失真函数是非常必要的，首先是因为失真在传输中是不可避免的，接收者（信宿）无论是人还是机器设备，都有一定的分辨能力与灵敏度，超过分辨能力与灵敏度的信息传送是毫无意义的。其次，即使信宿能分辨、能判别，但对通信质量的影响不大，传输多余的信息也没有意义。所以，研究信息率失真函数的目的就是研究不同类型的信源与信宿，在给定的服务质量（Qos）要求下的最大允许（容忍）失真 D 及其相应的信源最小信息率 $R(D)$。对于信源来说，需要传送的最小信息率是 $R(D)$，而不是无失真情况下的信源熵 $H(X)$。显然，$H(X)\geqslant R(D)$，当且仅当 $D=0$ 时，等号成立。为了定量度量 D，必须建立信源的客观失真度量，并与 D 建立定量关系，$R(D)$ 函数是数模转换、频带压缩和数据压缩等信息处理技术的理论基础。

6.1 基本概念

前面已通过信源编码和信道编码解决了信息传输的有效性和可靠性问题，但这些都是在保证信息传输不失真的前提下进行的。而在实际系统中，噪声是不可避免的，系统误差也是客观存在的，信宿在接收信号时也有一定的阈值，当信号的变化量小于阈值时，信宿就无法观察到信号的变化。鉴于这些情况，完全不失真地传输(包括存储)信息，几乎是不可能的，而且也是没必要的。因此往往需要事先对信息进行处理，并允许有一定的失真。例如，模数转换(A/D)就会产生失真，图像压缩编码和语音压缩编码等技术都将产生一定的失真。只要掌握好失真的度，在允许失真和不影响用户使用之间寻求一种平衡，即在保证失真不要过度的前提下，尽可能地提高信息系统的有效性，这就是信息率失真理论所要研究的基本问题，也是本章所要讨论的内容。

具体到压缩编码技术上，就是要在一定的失真度要求下，恰当地选择失真方案，对信源发出的消息进行失真处理，以便用最少的符号来表示尽可能多的消息。这与前面所说的信源编码一样，都是为了解决信息传输的有效性问题。所不同的是以前的讨论中不允许有失真，而现在允许有一定的失真，以便获得更大的数据压缩率。下面通过一个简单的例子来说明。

例 6.1 设信源等概发送 4 个消息，即 $X=\{x_1,x_2,x_3,x_4\}$，$P(X)=\{p_1,p_2,p_3,p_4\}=\{1/4,1/4,1/4,1/4\}$，在不允许失真的情况下，该信源的熵为 $H(X)=\mathrm{lb}4=2$ 比特/符号。根据信源编码定理，对该信源进行二进制编码时，平均码长不小于 2 码元/符号。若允许有一半的消息产生失真，即错误概率为 50%，那么为了压缩代码长度，应该选择一种好的失真方案，使得失真后的消息集 Y 具有尽可能小的熵。确切地说，应该是 Y 中的每一个消息所提供的关于信源 X 的平均信息量最小。下面给出两种失真方案来进行比较。

失真方案 1：设下标为奇数的消息不失真，即 $x_1=y_1, x_3=y_3$；而下标为偶数的消息失真后变为下标比它小 1 的消息，即 $x_2=x_1=y_1, x_4=x_3=y_3$，这样，失真后的消息集为 $Y=\{y_1,y_3\}$，其概率分布为 $P(Y)=\{1/2,1/2\}$，它的熵为 $H(Y)=\mathrm{lb}2=1$ 比特/符号。根据信源编码定理，对 Y 进行二进制编码时，平均码长可压缩到 1 码元/符号，数据量压缩了 50%。

失真方案 2：和方案 1 一样，仍然设 x_1、x_3 不失真，即 $x_1=y_1, x_3=y_3$，而另外两个消息都失真为 y_3，即 $x_2=y_3, x_4=y_3$。设失真后的消息集为 $Y'=\{y_1,y_3\}$，其概率分布为 $P(Y')=\{1/4,3/4\}$。它的熵为 $H(Y')=-(1/4)\mathrm{lb}(1/4)-(3/4)\mathrm{lb}(3/4)=0.811$ 比特/符号。根据信源编码定理，对 Y' 进行二进制编码时，平均码长可压缩到 0.811 码元/符号，数据量可压缩将近 60%，比方案 1 的压缩效果更好。

从上边的例子可以看出，在同样的失真度要求下，选择不同的失真方案可以得到不同的压缩率。那么如何找到更好的压缩方案，以及数据压缩的极限是多少将成为本章关心的问题。还有一点需要说明，在实际压缩过程中，有的应用是先压缩后编码，这时 Y 为 X 的复制品，是压缩后的消息集。而有的技术是把压缩和编码一同完成，这时 Y 为压缩后的代码集。还有的应用是直接把消息与符号对应，这时 Y 又可称为符号集。具体采用哪种方法还要依据具体应用场景来确定。

6.1.1 失真函数与平均失真度

这里要研究在给定允许失真的条件下，设计一种编码方案使信息传输率最小，为了定量描述信息率和失真的关系，必须先规定失真的测度。

若 $x\in\{a_1,a_2,\cdots,a_n\}$，$y\in\{b_1,b_2,\cdots,b_m\}$存在 $p(b_j/a_i)$，则对任一(a_i,b_j)指定一个非负数 $d(a_i,b_j)\geqslant 0$，表示发符号 a_i，而在接收端再现 b_j 所引起的误差或失真。称 $d(a_i,b_j)$ 为单个符号的失真度或失真函数，其矩阵形式为

$$\boldsymbol{D}=\begin{bmatrix} d(a_1,b_1)d(a_1,b_2),\cdots,d(a_1,b_m) \\ d(a_2,b_1)d(a_2,b_2),\cdots,d(a_2,b_m) \\ \vdots \\ d(a_n,b_1)d(a_n,b_2),\cdots,d(a_n,b_m) \end{bmatrix} \tag{6-1}$$

$\boldsymbol{D}$ 称为失真矩阵，是一个 $n\times m$ 阶矩阵。

失真函数是人们根据实际需要引入的，常用的失真函数有以下几种：

(1) 汉明失真，$d(a_i,b_j)=\begin{cases}0, & i=j\\ a, & i\neq j\end{cases}$，它表示 $i=j$ 时没有误差，其他情况下有误差且误差相等都为 a，相应的失真矩阵为

$$\boldsymbol{D}=\begin{bmatrix} 0 & a & \cdots & a \\ a & 0 & \cdots & a \\ \vdots & & & \vdots \\ a & a & \cdots & 0 \end{bmatrix} \tag{6-2}$$

该失真矩阵的特点是对角线上的元素都为 0，其他位置都为 a。当 $a=1$ 时，该失真函数称为汉明失真函数，相应的失真矩阵称汉明的失真矩阵。

(2) 平方误差失真函数，$d(a_i,b_j)=(b_j-a_i)^2$，它表示较大的失真比较小的失真引起的错误更为严重，严重的程度用平方表示。

为了能在平均意义上表示信道每传递一个符号所引起的失真的大小，定义失真函数的数学期望为平均失真度，记为

$$\overline{D}=E[d(a_i,b_j)]=\sum_{i=1}^{n}\sum_{j=1}^{m}p(a_i)p(b_j/a_i)d(a_i,b_j) \tag{6-3}$$

平均失真度 $\overline{D}$ 是在平均意义上，从总体上对整个系统的失真情况作出描述。若信源和失真度确定了，那么 $\overline{D}$ 就是信道统计特性的函数，它随信道的不同而改变。一般情况下，人们所允许的失真都是平均意义上的失真，如果规定平均失真度 $\overline{D}$ 不能超过某个限定值 D，即 $\overline{D}\leqslant D$，则 D 就是允许失真的上界。

以上讨论的是单符号信源的平均失真度，如果将其概念做相应的推广，即对于单符号离散无记忆信源的 N 次扩展信源 $X^N=X_1,X_2,\cdots,X_N$，其 N 次扩展信道的失真函数可表示为

$$d(\alpha_i,\beta_j)=d(a_{i1}\cdots a_{in},b_{j1}\cdots b_{jn})=d(a_{i1},b_{j1})+\cdots+d(a_{in},b_{jn})=\sum_{k=1}^{n}d(a_{ik},b_{jk}) \tag{6-4}$$

它说明 N 次扩展信道的失真等于 N 个信源分别通过信道的失真之和。

由信源和信道的无记忆性有 $p(\alpha_i)=\prod_{k=1}^{n}p(a_{ik})$ 和 $p(\beta_j/\alpha_i)=\prod_{k=1}^{n}p(b_{jk}/a_{ik})$ 成立，则 N 次扩展信道的平均失真度为

$$\overline{D}(N)=\sum_{i=1}^{n^N}\sum_{j=1}^{m^N}p(\alpha_1)p(\beta_j/\alpha_i)d(\alpha_i,\beta_j)=\overline{D_1}+\cdots+\overline{D_N}=\sum_{K=1}^{N}\overline{D_K} \tag{6-5}$$

因为$\overline{D_K}$是同一信源在不同时刻造成的失真度，所以有$\overline{D_K}=\overline{D}$，将其代入式(6-5)可得

$$\overline{D}(N)=N\overline{D} \tag{6-6}$$

该式说明，离散无记忆 N 次扩展信源通过离散无记忆 N 次扩展信道的平均失真度是单符号信源通过单符号信源的平均失真度的 N 倍。相应的保真度准则为 $\overline{D}(n)\leqslant ND$。

6.1.2 信息率失真函数的定义

当信源固定，单符号失真度也给定，则满足保真度准则的信道称为 D 失真许可实验信道，所有实验构成的集合记为

$$p_D=\{p(b_j/a_i):\overline{D}\leqslant D;i=1,2,\cdots,n;j=(1,2,\cdots,m)\} \tag{6-7}$$

其 N 次扩展为

$$P_{D(N)}=\{P(b_j/a_i):\overline{D}(N)\leqslant ND;i=1,2,\cdots,n^N;j=(1,2,\cdots,m^N)\} \tag{6-8}$$

在给定了具体的失真度后，希望传送信源所需的信息率越小越好，也就是寻找再现信源所需平均互信息量的最小值。

定义：(信息)率失真函数 $R(D)=\min\limits_{P(b_j/a_i)\in PD}I(X;Y)$，其 N 次扩展的信息率失真函数为

$$R_N(D)=\min_{P(\beta_j/\alpha_i)\in P_{D(N)}}I(X^N;Y^N) \tag{6-9}$$

它是在所有满足保真度准则的 N 维实验信道集合中，寻找某个信道使平均互信息取最小值，由信源和信道的无记忆性，可以证明：$R_{N(D)}=NR(D)$。

看到这里，很多读者会对信道容量和信息率失真函数之间的关系产生兴趣，下面来讨论一下信道容量和信息率失真函数之间的关系的区别。首先，信道容量反映信道的传输能力，它是在信道特性已知的条件下求平均互信息的极大值问题，而信息率失真函数反映信源的可压缩程度，它是在允许失真 D 和信源概率分布已知的条件下求平均互信息的极小值问题。所以这两个问题是对偶问题。其次，信道容量解决在已知信道中传送最大信息率问题，希望充分利用信道。也就是说它反映的是信道传输信息的能力，它是信道特性的参量，随信道特性的变化而变化，与信源无关。而信息率失真函数解决在已知信源和允许失真度下，用尽可能少的码符号尽快传送尽可能多的信源消息。它反映的是信源的可压缩程度，是信源特性的参量，与所选的实验信道无关。

在实际应用中，研究信道容量是为了解决在已知信道中传送最大信息率的问题，希望传输的信息量最大而发生错误的概率最小，这其实就是信道编码问题。而研究信息率失真函数是为了解决在已知信源和允许失真 D 的条件下使信源发送给信宿的信息率最小，它其实就是信源编码问题。

然而对于不同的实际信源，存在着不同类型的信源编码，即不同的试验信道特性 P'_{ji}，这时就会求解出不同的信息率失真 $R'(D)$ 函数，它与理论上最佳的 $R(D)$ 之间存在着差异，它反映了不同信源编码方式性能的优劣，这也正是 $R(D)$ 函数的理论价值所在。特别对于连续信源，无失真是毫无意义的，这时 $R(D)$ 函数具有更大的价值。

例 6.2　若有一个离散单消息(无记忆)二元信源满足 $p(u_0)=p(u_1)=\frac{1}{2}$，且采用汉明距离作为失真度量标准，即 $d_{ij}=\begin{cases}0, & 当\ u_i=u_j\\ 1, & 当\ u_i\neq u_j\end{cases}$，若有一个具体信源编码方案为：$N$ 个码元中允许错一个码元，实现时 N 个码元仅送 $N-1$ 个，剩下一个不送，在接收端用随机方式决定(称为掷硬币方式)，求此时 $R'(D)$。

解：由定义易知

$$R'=\frac{N-1}{N}=1-\frac{1}{N}(比特/符号)$$

$$D=\frac{1}{N}\times\frac{1}{2}=\frac{1}{2N},$$

$$R'(D)=1-\frac{1}{N}=1-2\times\frac{1}{2N}=1-2D$$

若已知这一类信源理论上的 $R(D)=H\left(\frac{1}{2}\right)-H(D)$，则图 6.1 中所示的阴影范围表示实际信源编码方案与理论值间的差距，它说明完全可以找到更好，更靠近理论值，能缩小阴影范围的信源编码，这也是工程界多年来寻找好的信源编码的方向和任务。

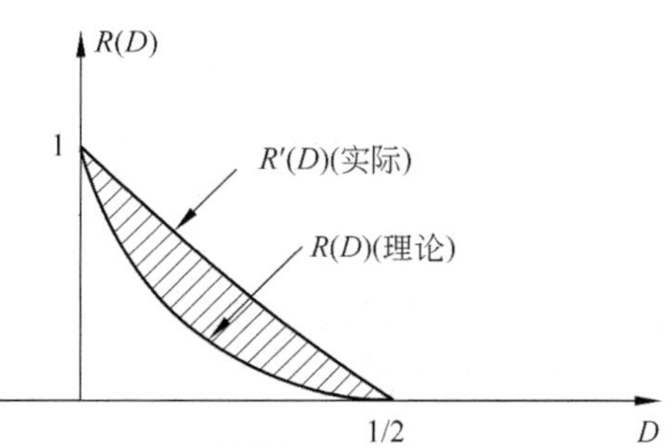

图 6.1　实际信源编码方案与理论值之间的关系

6.1.3　信息率失真函数 $R(D)$ 的性质

1. 信息率失真函数的定义域

信息率失真函数 $R(D)$ 中的自变量 D 是允许的平均失真度对于给定的信源，允许失真 D 不同，$R(D)$ 就不同。求 $R(D)$ 的定义域，也就是讨论 D 的取值范围，是在信源的概率分布和失真函数给定的情况下在不同的实验信道下求得的平均失真度 $\overline{D}$ 的可能的取值范围，由于 $\overline{D}$ 是失真函数的数学期望，而失真函数非负的，所以 $\overline{D}$ 也是非负的。因此，D 的取值下限为 0，这时表示没有任何失真，即

$$D=0\Rightarrow R_{\min}(D)=R(0)=H(X) \tag{6-10}$$

也就是说，信源不允许任何失真存在时，信息率至少等于信源输出的平均信息量，即信源熵。另一方面，在极端情况下，接收端收不到信源发送的任何信息时，此时 $R(D)=0$，表示信道的平均失真最大，即 $R_{\max}(D)=0$。所以可以将离散信源的定义域写为 $[0,D_{\max}]$。其中 $R(0)$ 如式(6-9)所示，等于信源熵。而 $R(D_{\max})=\min R(D)$，是 $R\to 0$ 时 D 的值。

而对于连续信源有

$$R(D_{\min})=H(X)=\infty$$

$$R(D_{\max})=\min R(D)$$

这是因为在连续变量的情况下，虽然信源熵是有限的，但信息量无穷大，但由于实际信道

的信道容量都是有限的，所以要无失真地传送连续信号是不可能的。也就是说只有在 $R(D)$为有限值，即允许一定失真时传送才是可能的。

2. 信息率失真函数是关于平均失真度的下凸函数

$R(D)$是关于 D 的下凸函数，指对任意 $0\leqslant\theta\leqslant1$ 和任意平均失真度 $D',D''\leqslant D_{\max}$有

$$R[\theta D'+(1-\theta)D'']\leqslant\theta R(D')+(1-\theta)R(D'')\tag{6-11}$$

证明：根据 $R(D)$函数定义，与下凸函数定义，只需证明：

$$R[D^\theta=\theta D'+(1-\theta)D'']\leqslant\theta R(D')+(1-\theta)R(D'')$$

首先证 $P_{ji}^\theta\in P_{D^\theta}$，再利用互信息对 P_{ji} 的下凸性。即若用 P'_{ji}与 P''_{ji}表示达到 $R(D')$与 $R(D'')$时的条件分布，且 $P_{ji}^\theta=\theta P'_{ji}+(1-\theta)P''_{ji}$，则有：

$$\begin{aligned}\overline{d}(P_{ji}^\theta)&=\sum_i\sum_j p_iP_{ji}^\theta d_{ij}=\sum_i\sum_j p_i[\theta P'_{ji}+(1-\theta)P''_{ji}]d_{ij}\\&=\theta\sum_i\sum_j p_iP'_{ji}d_{ij}+(1-\theta)\sum_i\sum_j p_iP''_{ji}d_{ij}\\&=\theta\overline{d}(P'_{ji})+(1-\theta)\overline{d}(P''_{ji})\leqslant\theta D'+(1-\theta)D''=D^\theta\end{aligned}$$

这里 $\overline{d}(P'_{ji})\leqslant D',\overline{d}(P''_{ji})\leqslant D''$。由 $P_{D^\theta}=\{P_{ji}^\theta:\overline{d}(P_{ji}^\theta)\leqslant D^\theta\}$，可得 $P_{ji}^\theta\in P_{D^\theta}$，再利用互信息对 P_{ji}的下凸性，有

$$\begin{aligned}R(D^\theta)&=\min_{P_{ji}^\theta\in P_{D^\theta}}I(p_i;P_{ji}^\theta)\leqslant I(p_i;P_{ji}^\theta)\\&\leqslant\theta I(p_i;P'_{ji})+(1-\theta)I(p_i;P''_{ji})\\&=\theta R(D')+(1-\theta)R(D'')\end{aligned}$$

所以 $R[\theta D'+(1-\theta)D'']\leqslant\theta R(D')+(1-\theta)R(D'')$，即信息率失真函数在定义域内是允许平均失真度的下凸函数，证毕。

3. 信息率失真函数在定义域内是连续和单调递减的

由于 $R(D)$函数具有凸状性，这就意味着它在定义域内是连续的。再用 $R(D)$函数的下凸性可以证明它是严格递减的，即允许的失真越大，需要的信息率就越小。即在 $0<D<D_{\max}$范围内，若 $D_2>D_1$，则 $R(D_2)\leqslant R(D_1)$。

证明：首先证明单调递减性：

设 $D_2\geqslant D_1$，则 $P_{D_2}\supseteq P_{D1}$，这时有 $\min\limits_{P_{ji}\in P_{D_2}}I(p_i;P_{ji})\leqslant\min\limits_{P_{ji}\in P_{D_1}}I(p_i;P_{ji})$，因此

$$R(D_2)\leqslant R(D_1)$$

即 $R(D)$是 D 的单调递减函数。

其次来证明连续性：

设 $D'=D+\delta$，当 $\delta\to0$ 时，有 $D'\to D$，由 P_D 定义，有 $P_{D'}\to P_D$。

同时，由于 $I(p_i;P_{ji})$是 P_{ji}连续函数，即当 $\delta P_{ji}\to0$ 时，有

$$I(p_i;P_{ji}+\delta P_{ji})\to I(p_i;P_{ji})$$

所以有 $R(D')=\min\limits_{P_{ji}\in P_{D'}}I(p_i;P_{ji}+\delta P_{ji})\to R(D)=\min\limits_{P_{ji}\in P_D}I(p_i;P_{ji})$，即 $R(D')\to R(D)$成立，$R(D)$是 D 的连续函数，证毕。

6.2　离散信源的信息率失真函数

对于离散信源来说，求信息率失真函数与求信道容量类似，都是在有约束条件下求平均互信息量极值的问题，差别只是约束条件不同信道容量 C 是求平均互信息的条件极大值，而信息率失真函数是求平均互信息的条件极小值。具体来说就是在已知信源概率分布函数 $p(a_i)$和失真函数 $d(a_i,b_j)$，在满足保真度准则 $\overline{D}\geqslant D$ 的条件下在实验信道 P_D 当中选择 $p(b_j/a_i)$使平均信息

$$I(X;Y)=\sum_{i=1}^{n}\sum_{j=1}^{m}p(a_i)p(b_j/a_i)\ln\frac{p(b_j/a_i)}{p(b_j)}$$

最小，并且使 $\overline{D}=\sum_{i=1}^{n}\sum_{j=1}^{m}p(a_i)p(b_j/a_i)d(a_i,b_j)$ 和 $p(b_j)=\sum_{i=1}^{n}p(a_i)p(b_j/a_i)$ 成立。要求出离散信源信息率失真函数的显示表达式比较困难，因此，下面只给出其参量表达式。

6.2.1　离散信源信息率失真函数的参量表达式

根据前面的分析，由平均互信息量

$$I(X;Y)=\sum_{i=1}^{n}\sum_{j=1}^{m}p(a_i)p(b_j/a_i)\ln\frac{p(b_j/a_i)}{p(b_j)}$$

$$\overline{D}=\sum_{i=1}^{n}\sum_{j=1}^{m}p(a_i)p(b_j/a_i)d(a_i,b_j)$$

$$\sum_{j=1}^{m}p(b_j/a_i)=1,\quad i=1,2,\cdots,n$$

其中，$p(b_j)=\sum_{i=1}^{n}p(a_i)p(b_j/a_i)$。

引入拉格朗日乘数 S 和 μ_i，构造函数

$$\varphi=I(X;Y)-S\left[\sum_{i=1}^{n}\sum_{j=1}^{m}p(a_i)p(b_j/a_i)d(a_i,b_j)-\overline{D}\right]-\mu_i\left[\sum_{j=1}^{m}p(b_j/a_i)-1\right]\tag{6-12}$$

再对 $p(b_j/a_i)$求偏导，使导数等于 0，即$\frac{\partial\varphi}{\partial p(b_j/a_i)}=0$ 并令 $\ln\lambda_i=\frac{u_i}{p(a_i)}$，解上述各方程，得到以 S 为参量的平均失真函数 $D(S)$和信息率失真函数 $R(S)$，即

$$D(S)=\sum_{i=1}^{n}\sum_{j=1}^{m}p(a_i)p(b_j)d(a_i,b_j)\lambda_i e^{sd(a_i,b_j)}\tag{6-13}$$

$$R(S)=SD(S)+\sum_{i=1}^{n}p(a_i)\ln\lambda_i\tag{6-14}$$

6.2.2 二元信源的信息率失真函数

设二元信源$\begin{pmatrix} X \\ p(X) \end{pmatrix}=\begin{Bmatrix} a_1 & a_2 \\ p & 1-p \end{Bmatrix}$，其中 $p\leqslant\frac{1}{2}$，所以 $1-p\geqslant\frac{1}{2}$，再设相应的失真函数为对称函数，则其失真矩阵为 $\boldsymbol{D}=\begin{bmatrix} 0 & \alpha \\ \alpha & 0 \end{bmatrix}$，$\alpha>0$。

由率失真函数的性质，有

$$D_{\max}=\min_{j} D_j$$

其中，$D_j=\sum_{i=1}^{n} p(a_i)d(a_i,b_j)$。

将已知条件代入，则有

$$D_j=\begin{bmatrix} D_1 \\ D_2 \end{bmatrix}=[P \quad 1-P]\begin{bmatrix} 0 & \alpha \\ \alpha & 0 \end{bmatrix}=\begin{bmatrix} \alpha(1-P) \\ \alpha P \end{bmatrix}$$

由已知条件 $p\leqslant\frac{1}{2}$，所以有 $D_2\leqslant D_1$，因此可以得到

$$D_{\max}=D_2=\alpha P \tag{6-15}$$

再由 $\sum_{i=1}^{n}\lambda_i p(a_i)\mathrm{e}^{sd(a_i,b_j)}=1$，有

$$\begin{cases} \lambda_1 p+\lambda_2(1-p)\mathrm{e}^{s\alpha}=1 \\ \lambda_1 p\,\mathrm{e}^{s\alpha}+\lambda_2(1-p)=1 \end{cases}$$

解方程组，得到

$$\lambda_1=\frac{1}{p(1+\mathrm{e}^{s\alpha})},\quad \lambda_2=\frac{1}{(1-p)(1+\mathrm{e}^{s\alpha})}$$

再由 $\sum_{j=1}^{m} p(b_j)\mathrm{e}^{se(a_i,b_j)}=\frac{1}{\lambda_i}$ 可得

$$\begin{cases} p(b_1)+p(b_2)\mathrm{e}^{s\alpha}=p(1+\mathrm{e}^{s\alpha}) \\ p(b_1)\mathrm{e}^{s\alpha}+p(b_2)=(1-p)(1+\mathrm{e}^{s\alpha}) \end{cases} \Rightarrow \begin{cases} p(b_1)=\dfrac{p-(1-p)\mathrm{e}^{s\alpha}}{1-\mathrm{e}^{s\alpha}} \\ p(b_2)=\dfrac{(1-p)-p\mathrm{e}^{s\alpha}}{1-\mathrm{e}^{s\alpha}} \end{cases}$$

将结果代入式 $p(b_j/a_i)=\lambda_i p(b_j)\mathrm{e}^{sd(a_i,b_j)}$ 可解得

$$p(b_1/a_1)=\frac{p-(1-p)\mathrm{e}^{s\alpha}}{p(1-\mathrm{e}^{2s\alpha})}$$

$$p(b_1/a_2)=\frac{p-(1-p)\mathrm{e}^{sr}}{(1-p)(1-\mathrm{e}^{2s\alpha})}\mathrm{e}^{s\alpha}$$

$$p(b_2/a_2)=\frac{(1-p)-p\mathrm{e}^{s\alpha}}{p(1-\mathrm{e}^{2s\alpha})}\mathrm{e}^{s\alpha}$$

$$p(b_2/a_2)=\frac{(1-p)-p\mathrm{e}^{s\alpha}}{(1-p)(1-\mathrm{e}^{2s\alpha})}$$

将上述结果代入式(6-13)和式(6-14)得

$$D(S)=\sum_{i=1}^{n}\sum_{j=1}^{m}\lambda_i p(a_i)p(b_j)d(a_i,b_j)\mathrm{e}^{sd(a_i,b_j)}=\frac{\alpha\mathrm{e}^{s\alpha}}{1+\mathrm{e}^{s\alpha}} \tag{6-16}$$

$$\begin{aligned}R(S)&=SD(S)+\sum_{i=1}^{n}p(a_i)\ln\lambda_i\\&=\frac{s\alpha\mathrm{e}^{s\alpha}}{1+\mathrm{e}^{s\alpha}}-p\ln p-(1-p)\ln(1-p)-\ln(1+\mathrm{e}^{s\alpha})\end{aligned} \tag{6-17}$$

对于此时的信源，可以从上两式中解出 S 与 D 的显示表达式

$$s=\frac{1}{\alpha}\ln\frac{\dfrac{D}{\alpha}}{1-\dfrac{D}{2}} \tag{6-18}$$

又可以令 $D_{\max}=\alpha p$，则 $S_{\max}=\dfrac{1}{\alpha}\ln\dfrac{p}{1-p}$，这时 $R(D)$ 的显示表达式为

$$R(D)=H(P)-H\left(\frac{D}{\alpha}\right) \tag{6-19}$$

这里可以看出，式(6-19)等号右边的第一项是信源熵，第二项则是因容忍一定的失真而可能压缩的信息率。如果让 D 分别取其定义域内的最大值和最小值，即分别让 $D_{\min}=0$ 及 $D_{\max}=\alpha p$，会得到

$$\begin{cases}R(0)=H(P)\\R(D_{\max})=0\end{cases}$$

这就得到了信息率失真函数的取值范围。

此结论可以很容易的推广到 n 元等概信源的情况中，即此时有 $p(a_i)=1/n,i=1,2,\cdots,n$，此时有

$$D_{\max}=\left(1-\frac{1}{n}\right)\alpha \tag{6-20}$$

$$S=\frac{1}{a}\ln\frac{\dfrac{D}{2}}{(n-1)\left(1-\dfrac{D}{2}\right)} \tag{6-21}$$

$$R(D)=\ln n+\frac{D}{2}\ln\frac{\dfrac{D}{2}}{n-1}+\left(1-\frac{D}{2}\right)\ln\left(1-\frac{D}{2}\right) \tag{6-22}$$

和二元时得到的结论一样，式(6-22)等号右侧第一项是等概率信源的熵，即无失真传输时需要的信息速率，后两项则是由于容忍一定失真可以压缩的信息率。

例 6.3 一个四元等概信源 $\begin{bmatrix}X\\p(X)\end{bmatrix}=\begin{bmatrix}x_0 & x_1 & x_2 & x_3\\1/4 & 1/4 & 1/4 & 1/4\end{bmatrix}$，接收符号集 $Y=\{y_0,y_1,y_2,y_3\}$，失真度矩阵为

$$\boldsymbol{d}=\begin{bmatrix}0&1&1&1\\1&0&1&1\\1&1&0&1\\1&1&1&0\end{bmatrix}$$

(1) 求 $R(D)$ 的定义域和值域；

(2) 求 $R(D)$ 函数，并画出求 $R(D)$ 对应于 D 的曲线。

解：(1) 定义域

$$D_{\max} = \min D_j = \min_j \sum_i p(x_i)d(x_i, y_j) = \frac{1}{4}\times 1 + \frac{1}{4}\times 1 + \frac{1}{4}\times 1 + \frac{1}{4}\times 0 = \frac{3}{4}$$

$$D_{\min} = \sum_i p(x_i) \min_j d(x_i, y_j) = \frac{1}{4}\times 0 + \frac{1}{4}\times 0 + \frac{1}{4}\times 0 + \frac{1}{4}\times 0 = 0$$

因为 n 元等概信源率失真函数：

$$R(D) = \ln n + \frac{D}{a}\ln\frac{\frac{D}{a}}{n-1} + \left(1-\frac{D}{a}\right)\ln\left(1-\frac{D}{a}\right)$$

其中，$a=1$，$n=4$，所以率失真函数为：

$$R(D) = \ln 4 + D\ln\frac{D}{3} + (1-D)\ln(1-D)$$

所以其值域为 $0<R(D)<\ln 4$。

(2) 容易得到函数曲线，如图 6.2 所示。

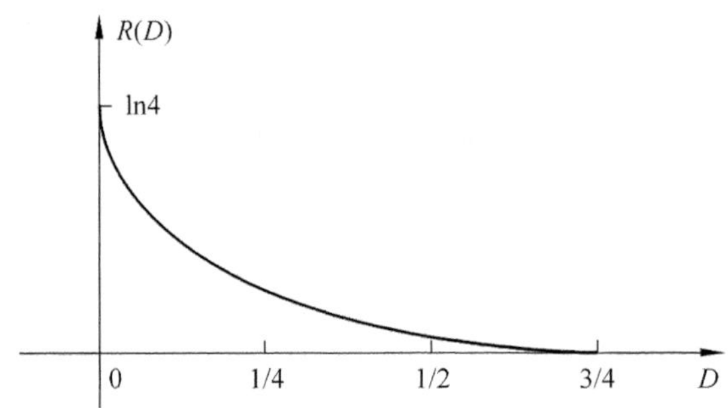

图 6.2　例 6.3 中 $R(D)$ 与 D 的关系曲线

其中

$$D = 0,\quad R(0) = \ln 4(\text{奈特} / \text{符号})$$

$$D = \frac{1}{4},\quad R(D) = \ln 4 - \frac{1}{2}\ln\frac{16}{3}(\text{奈特} / \text{符号})$$

$$D = \frac{1}{2},\quad R(D) = \ln 4 - \frac{1}{2}\ln 12(\text{奈特} / \text{符号})$$

$$D = \frac{3}{4},\quad R(D) = 0(\text{奈特} / \text{符号})$$

6.2.3　离散信源 $R(D)$ 函数计算

由上节内容可知，已知信源的概率分布和失真函数就可以确定信源的信息率失真函数 $R(D)$，它是在保真度准则下求 $I(X,Y)$ 的极小值问题，即

$$R(D) = \min_{P_{ji}\in P_D} I(p_i; p_{ji}) \tag{6-23}$$

可见，求解 $R(D)$ 实质上是求解互信息的条件极值，通常可采用拉氏乘子法求解。但是，上节也提到过，要得到明显的解析表达式是比较困难的，一般情况下只能用参量

($R(D)$的斜率 S)形式来描述,并借助计算机进行迭代运算得到。

由信道容量 C 与 $R(D)$数学上的对偶关系,即 $C=\max\limits_{p_i} I(X;Y)$与 $R(D)=\min\limits_{P_{ji}\in P_D} I(U;V)$,容易想到其迭代运算与求信道容量迭代运算是相仿的。在正式讨论 $R(D)$迭代运算前,这里先介绍特殊情况下的 $R(D)$计算。下面先以具有等概率、对称失真信源的 $R(D)$计算为例,来进一步探讨 6.2.2 节提到的二元等概率信道。

例 6.4　有一个二元等概平稳无记忆信源 U,如图 6.3 所示,且其失真函数为$[d_{ij}]=\begin{bmatrix}0 & \infty\\ 1 & 1\\ \infty & 0\end{bmatrix}$,试求其 $R(D)$。

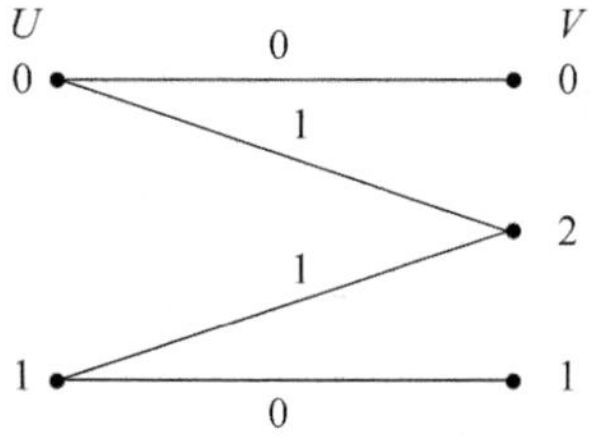

图 6.3　例 6.4 无记忆信源示意图

解:由 $D\geqslant \overline{d}=\sum\limits_i\sum\limits_j p_iP_{ji}d_{ij}$,为了运算方便,取 $D=\sum\limits_i\sum\limits_j p_iP_{ji}d_{ij}$ 上式中,已知 $p_i=\dfrac{1}{2}$,D(允许失真)给定,则 $P_{ji}\leftrightarrow d_{ij}$ 一一对应。这时,由概率归一性,可进一步假设 $P_{ji}=\begin{bmatrix}A & 1-A & 0\\ 0 & 1-A & A\end{bmatrix}$可见$\begin{cases}0\leftrightarrow A\\ 1\leftrightarrow 1-A\\ \infty\leftrightarrow 0\end{cases}$,将其代入上述公式,有

$$\begin{aligned}D&=\sum_i\sum_j p_iP_{ji}d_{ij}\\&=\frac{1}{2}[A\times 0+0\times\infty+(1-A)\times 1]+\frac{1}{2}[0\times\infty+A\times 0+(1-A)\times 1]\\&=\frac{1}{2}(1-A)+\frac{1}{2}(1-A)=(1-A)\end{aligned}$$

将该结果代入转移概率公式中有

$$P_{ji}=\begin{bmatrix}1-D & D & 0\\ 0 & D & 1-D\end{bmatrix}$$

由 $q_j=\sum\limits_i p_iP_{ji}$,得$(q_j)=\left(\dfrac{1-D}{2},D,\dfrac{1-D}{2}\right)$,则

$$H(V)=H(q_j)=H\left(\frac{1-D}{2},D,\frac{1-D}{2}\right)$$
$$H(V/U)=H(P_{ji})=H(1-D,D)$$

得到信息率失真函数

$$\begin{aligned}R(D)&=I(U;V)\Big|_{D\text{参量}}=[H(V)-H(V/U)]\Big|_{D\text{参量}}\\&=H\left(\frac{1-D}{2},D,\frac{1-D}{2}\right)-H(1-D,D)\\&=-2\times\frac{1-D}{2}\mathrm{lb}\frac{1-D}{2}-D\mathrm{lb}D+(1-D)\mathrm{lb}(1-D)+D\mathrm{lb}D\\&=(1-D)\mathrm{lb}2-(1-D)\mathrm{lb}(1-D)+(1-D)\mathrm{lb}(1-D)\\&=(1-D)\mathrm{lb}2\end{aligned}$$

求得的 $R(D)$函数可以用图 6.4 来描述,从图 6.4 中可以直观地看到在 D 不同取值时

$R(D)$函数的取值范围。

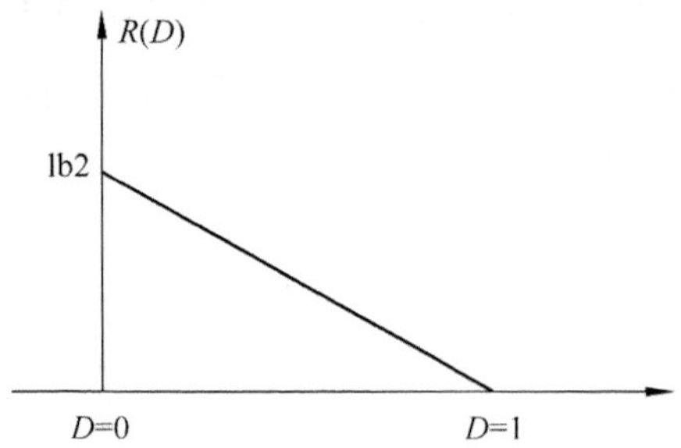

图 6.4 例 6.4 中二元信道的 $R(D)$ 曲线

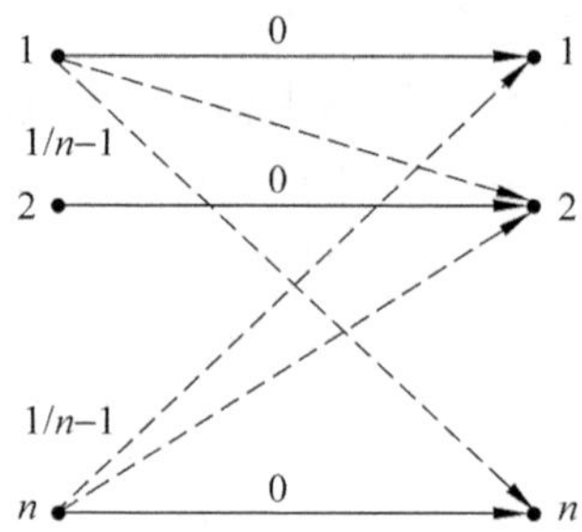

图 6.5 例 6.5 中 n 元等概率、平稳无记忆信源示意图

例 6.5 若有一个 n 元等概率、平稳无记忆信源 U,如图 6.5 所示,且规定失真函数为:

$$[d_{ij}]=\begin{bmatrix} 0 & \frac{1}{n-1} & \cdots & \frac{1}{n-1} \\ \frac{1}{n-1} & 0 & \cdots & \frac{1}{n-1} \\ \vdots & & & \vdots \\ \frac{1}{n-1} & \frac{1}{n-1} & \cdots & 0 \end{bmatrix}$$

试求 $R(D)=?$

解:由失真函数和信源概率分布函数的对应关系

$$[d_{ij}]=\begin{bmatrix} 0 & & \frac{1}{n-1} \\ & 0 & \\ & & \ddots \\ \frac{1}{n-1} & & 0 \end{bmatrix}\leftrightarrow[P_{ji}]=\begin{bmatrix} A & & \frac{1-A}{n-1} \\ & A & \\ & & \ddots \\ \frac{1-A}{n-1} & & A \end{bmatrix}$$

以及已知条件 $p_i=\frac{1}{n}$,求得

$$D=\sum_i\sum_j p_iP_{ji}d_{ij}=n(n-1)\times\frac{1-A}{n(n-1)}\times 1+n\times\frac{A}{n}\times 0=1-A$$

并且得到 $q_j=\sum_i p_iP_{ji}=\frac{1}{n}\left[1\times n+(n-1)\times\frac{1-A}{n-1}\right]=\frac{1}{n}$。

所以有

$$\begin{aligned} R(D)&=I(U;V)\mid_{D参量}=[H(q_j)-H(P_{ji})]_{D参量} \\ &=H\left(\frac{1}{n}\cdots\frac{1}{n}\right)-H\left(1-D,\frac{D}{n-1}\cdots\frac{D}{n-1}\right) \\ &=\mathrm{lb}n+(1-D)\mathrm{lb}(1-D)+(n-1)\frac{D}{n-1}\mathrm{lb}\frac{D}{n-1} \\ &=\mathrm{lb}n-H(D,1-D)-D\mathrm{lb}(n-1) \end{aligned}$$

分别取 $n=2,4,8$,可以得到一组 $R(D)$的曲线,如图 6.6 所示。

由图 6.6 可见,当信源无失真时,即 $D=0$ 时,不同 n 值的信息率失真函数等于信源

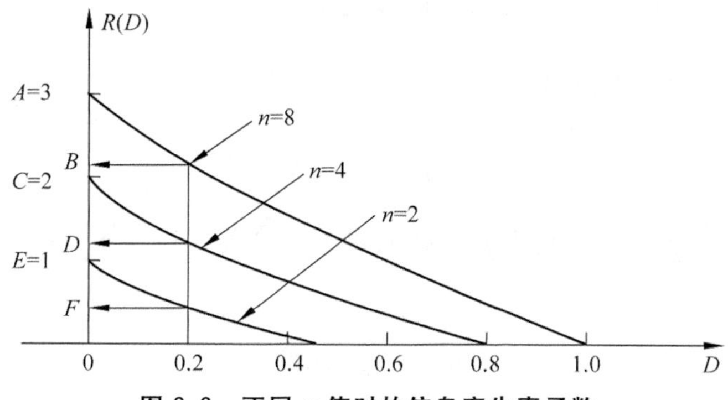

图 6.6　不同 n 值时的信息率失真函数

熵，即有

$$n=8,\quad R(0)=H(p)=3(\text{比特})$$
$$n=4,\quad R(0)=H(p)=2(\text{比特})$$
$$n=2,\quad R(0)=H(p)=1(\text{比特})$$

而在有失真的情况下，例如 $D=0.2$ 时，信源可进行一定程度的压缩，其压缩比为

$$n=8,\quad \text{压缩比：}K_8=\frac{OA}{OB}$$
$$n=4,\quad \text{压缩比：}K_4=\frac{OC}{OD}$$
$$n=2,\quad \text{压缩比：}K_2=\frac{OE}{OF}$$

显然 $K_2>K_4>K_8$，也就是说进制 n 越小，压缩比 K 越大，而且允许失真 D 的增加，压缩比 K 也增加，也即是允许失真 D 越大，压缩比 K 也越大。

从例 6.5 中可以看出，信息率失真理论给出了在一定失真度 D 条件下，信源输出的信息率所能压缩的极限 $R(D)$，可以用它来作为一种衡量压缩编码方案的压缩效果的尺度。

6.2.4　信息率失真函数 R(D)的迭代算法

迭代算法的关键是将所求的量 X 看作是两个变量的函数，先固定其中一个变量，然后求 X 关于另一个量的极大值，当得到此时的极大值后，第二个变量就作为已知量来求 X 关于第一个变量的极大值，这样不断地反复迭代下去最终得到符合应用要求的结果。

对于信息率失真函数来讲，让我们首先从信道容量 C 与 $R(D)$ 函数的定义与数学上的对偶性来分析。显然，可以利用求解信道容量的计算迭代公式的方法与思路求解 $R(D)$ 函数。其关键步骤为：

(1) 寻求两个决定互信息的互为因果关系的自变量对，这里选 $I(q_j;P_{ji})$ 和 P_{ji} 来求极值；

(2) 采用拉氏乘子法对互信息求条件极值(极小值)。

具体求解步骤如下：

(1) 两个自变量中首先固定 P_{ji} 值，则在满足 $\sum_j q_j = 1$ 和 $D = \sum_i \sum_j p_i P_{ji} d_{ij}$ 的约束条件下求 $I(q_j;P_{ji})$ 的极小值。采用拉氏乘子法，有 $\frac{\partial}{\partial q_j}\left[I(q_j;P_{ji}) - SD + \lambda \sum_j q_j\right] = 0$。即

$$-\sum_i p_i \frac{P_{ji}}{q_j} + \lambda = 0$$

由此可求得 $q_j = \frac{1}{\lambda}\sum_i p_i P_{ji}$，再由归一化条件 $1 = \sum_j q_j = \frac{1}{\lambda}\sum_i \sum_j p_i P_{ji} = \frac{1}{\lambda} \Rightarrow \lambda = 1$，再代入原式得：

$$q_j^* = \sum_i p_i P_{ji} \tag{6-24}$$

(2) 得到 q_j^* 后，再固定 q_j^* 值，在满足 $\sum_j P_{ji} = 1$ 和 $D = \sum_i \sum_j p_i P_{ji} d_{ij}$ 的约束条件下求 $I(q_j;P_{ji})$极值，即

$$\frac{\partial}{\partial P_{ji}}\left[I(q_j;P_{ji}) - SD + \sum_i \lambda_i \sum_j P_{ji}\right] = 0$$

$$p_i\left[1 + \mathrm{lb}\frac{P_{ji}}{q_j}\right] - Sp_i d_{ij} + \lambda_i = 0 \Rightarrow P_{ji} = q_j \exp\left[Sd_{ij} - \left(\frac{\lambda_i}{p_i} + 1\right)\right]$$

由归一化条件，有 $1 = \sum_j P_{ji} = \sum_j q_j\left[\mathrm{e}^{Sd_{ij}} \cdot \mathrm{e}^{-\left[\frac{\lambda_i}{p_i}+1\right]}\right]$，求出

$$\mathrm{e}^{-\left(1+\frac{\lambda_i}{p_i}\right)} = \frac{1}{\sum_j q_j \mathrm{e}^{Sd_{ij}}}$$

再将它带入 P_{ji} 表达式，求得

$$P_{ji}^* = \frac{q_j \mathrm{e}^{Sd_{ij}}}{\sum_j q_j \mathrm{e}^{Sd_{ij}}} \tag{6-25}$$

这样就得到了式(6-24)和式(6-25)这两个计算过程中基本的迭代公式。

(3) 将式(6-24)和式(6-25)代入信息率失真函数的表达式，会得到以 S 为参量的表达式，若假设一个 S 值，比如 $S=S_1$，通过式(6-24)和式(6-25)的逐次迭代，可求得

$$R(S_1) = I[q_j^*(S_1), P_{ji}^*(S_1)]$$

再继续假设选取稍大的 S 值，如 $S=S_2, S_3, S_4, S_5$ 等，求得相应的 $R(S_2)$、$R(S_3)$、$R(S_4)$、$R(S_5)$。最后再将其值连成一个曲线，这样就得到了 $R(D)$函数的曲线。

6.3 连续信源的信息率失真函数

仿照离散信源失真函数、平均失真函数和信息率失真函数的定义和计算方法，我们可以对连续信源信息率失真函数进行计算。而且连续信源比离散信源更需要 $R(D)$函数。因为连续信源信息量为无限大，传送∞信息量既无必要，也不可能，所以连续信源都是属于限失真范畴。

连续信源 $R(D)$与离散信源 $R(D)$类似，只需将概率换为概率密度 $p_i \leftrightarrow p(u)$，求和换为积分 $\sum_i \leftrightarrow \int \mathrm{d}u$，$d_{ij} \leftrightarrow d(u;v)$ 以及 min↔inf(inf 指下确界) 就可以很容易地将信息率失真函数 $R(D)$ 推广到连续信源。

设 $X,Y\in R=(-\infty,+\infty)$，则当已知信源概率分布密度为 $p(x)$，条件密度为 $P(y/x)$，失真函数为 $d(x,y)$ 且 $d(x,y)\geqslant 0$，则平均失真度定义为

$$\overline{D}=\int_{-\infty}^{+\infty}\int_{-\infty}^{+\infty}p(xy)d(x,y)\mathrm{d}x\mathrm{d}y=\int_{-\infty}^{+\infty}\int_{-\infty}^{+\infty}p(x)p(y/x)d(x,y)\mathrm{d}x\mathrm{d}y \tag{6-26}$$

通过实验信道的平均互信息为

$$I(x,y)=\iint_{-\infty}^{\infty}p(x)p(y/x)\mathrm{lb}p(y/x)\mathrm{d}x\mathrm{d}y-\int_{-\infty}^{\infty}p(y)\mathrm{lb}p(y)\mathrm{d}y \tag{6-27}$$

其中

$$p(y)=\int_{-\infty}^{\infty}p(x)p(y/x)\mathrm{d}x$$

且有 $\int_{-\infty}^{\infty}p(x)\mathrm{d}x=1$，$\int_{-\infty}^{\infty}p(y)\mathrm{d}y=1$ 以及 $\int_{-\infty}^{\infty}p(y/x)\mathrm{d}y=1$，则满足保真度准则 $\overline{D}\leqslant D$ 的所有试验信道集合中，连续信源 X 的信息率失真函数为

$$R(D)=\inf_{P(y/x)\in P_D}I(X;Y) \tag{6-28}$$

可以证明，$I(x,y)$ 仍然为 $p(y/x)$ 的下凸函数。同样，可以求出类似于离散信源的参量表达式，即求互信息 $I(x,y)$ 的下确界。引用变分法，并引入待定常数 S 和任意函数 $\mu(x)$，再对 $p(y/x)$ 取变分，令其结果为 0。这里所谓变分法是指求泛函的极值，即

$$\delta\left[I(X;Y)-SD-\int_{-\infty}^{\infty}\mu(x)\mathrm{d}u\int_{-\infty}^{\infty}P(y/x)\mathrm{d}y\right]=0$$

其求解顺序完全类似于离散情况，但需求解一个积分方程。最后结果为

$$\begin{cases}D(S)=\iint_{-\infty}^{\infty}p(x)q(y)\mathrm{e}^{Sd(x,y)}\lambda(x)d(x,y)\mathrm{d}x\mathrm{d}y\\ R(S)=SD(S)+\int_{-\infty}^{\infty}p(x)\mathrm{lb}\lambda(x)\mathrm{d}x\end{cases} \tag{6-29}$$

一般来说，只要式(6-26)的积分存在，连续信源的信息率失真函数的解都是存在的，但是其求解过程往往比较困难，需要通过迭代算法来完成。类似于离散信源，只有在一些特殊情况下，如 $d(x,y)=d(x-y)$ 时，其求解才可大大简化。下面来分析其过程。

若二元函数 $d(x,y)$ 仅与 x 与 y 的差值有关，即

$$d(x,y)=\begin{cases}(x-y)^2=\theta^2\\ |x-y|=|\theta|\end{cases}$$

这时令参量 $\lambda(x)=\dfrac{k(S)}{p(x)}$，设 $p(x)>0$，其中 $k(S)=\dfrac{1}{\int_{-\infty}^{\infty}\mathrm{e}^{Sd(\theta)}\mathrm{d}\theta}$，且 $k(S)\mathrm{e}^{Sd(\theta)}=g_S(\theta)$，可求得 $p(x)=q_0(x)\otimes g_S(x)$。可见，由这一卷积表达式，无须求解积分方程就可以求得分布密度 $q_0(x)$。

再进一步，若令 $\Phi_p(z)$、$\Phi_{g_S}(z)$ 和 $\Phi_{q_0}(z)$ 分别表示 $p(x)$、$g_S(x)$ 和 $q_0(x)$ 的特征函数，则由前述时域的卷积关系，求得这些特征函数间满足如下关系：$\Phi_p(z)=\Phi_{g_S}(z)\cdot\Phi_{q_0}(z)$，所以 $\Phi_{q_0}(z)=\dfrac{\Phi_p(z)}{\Phi_{g_S}(z)}$，则

$$q_0(u)=\frac{1}{2\pi}\int_{-\infty}^{\infty}\Phi_{q_0}(z)\mathrm{e}^{-izu}\mathrm{d}z \tag{6-30}$$

再参照离散信源的求解顺序 $q_0(u)\to\lambda(u)\to D(S)\to R(S)$ 得到以 S 为参量的信息率失真函数。

例 6.6 若 $\begin{cases} p(x)=\dfrac{1}{\sqrt{2\pi}\sigma}\mathrm{e}^{-\frac{(x-m)^2}{2\sigma^2}} \\ d(x,y)=(x-y)^2=\theta^2 \end{cases}$，当 $S<0$ 时求 $k(S)=\dfrac{1}{\int_{-\infty}^{\infty}\mathrm{e}^{S\theta^2}\mathrm{d}\theta}=\sqrt{\dfrac{-S}{\pi}}$ 时的信息率失真函数 $R(D)$。

解：根据已知条件，则

$$g_S(\theta)=k(S)\mathrm{e}^{Sd(\theta)}=\sqrt{\frac{-S}{\pi}}\mathrm{e}^{S\theta^2}=\frac{1}{\sqrt{2\pi}\sqrt{\frac{-1}{2S}}}\mathrm{e}^{-\frac{1}{2\times\frac{-1}{2S}}\theta^2}$$

即 $g_S(\theta)\sim N\left(0,\dfrac{-1}{2S}\right)$。所以 $\Phi_{g_S}(z)=\mathrm{e}^{-\frac{1}{2}\sigma_{g_s}^2 z^2}=\mathrm{e}^{-\frac{1}{2}\left(\frac{-1}{2S}\right)z^2}=\mathrm{e}^{\frac{z^2}{4S}}$，而信源 $p(x)$ 的特征函数为

$$\Phi_p(z)=\mathrm{e}^{imz-\frac{1}{2}\sigma^2z^2}$$

所以有

$$\Phi_{q_0}(z)=\frac{\Phi_p(z)}{\Phi_{g_s}(z)}=\frac{\mathrm{e}^{imz-\frac{1}{2}\sigma^2z^2}}{\mathrm{e}^{\frac{z^2}{4s}}}=\mathrm{e}^{imz-\frac{1}{2}\left(\sigma^2+\frac{1}{4s}\right)z^2}$$

故有 q_0 服从正态分布 $N\left[m,\left(\sigma^2+\dfrac{1}{4S}\right)\right]$。

再由 $q_0\to\lambda_0\to D(s)\to R(s)$，最后求得：

$$\begin{cases} D(s)=\iint_{-\infty}^{\infty}k(s)q_0(y)\mathrm{e}^{s\theta^2}\mathrm{d}y\cdot\theta^2\mathrm{d}\theta=\int_{-\infty}^{\infty}g_s(\theta)\theta^2\mathrm{d}\theta=-\dfrac{1}{2s} \\ R(s)=sD(s)+\int_{-\infty}^{\infty}p(x)\mathrm{lb}\lambda(x)\mathrm{d}x=\dfrac{1}{2}\mathrm{lb}\dfrac{\sigma^2}{D} \end{cases}$$

当 $\sigma=1$ 时，$R(D)=\dfrac{1}{2}\mathrm{lb}\dfrac{1}{D}$，$R(D)$ 和 D 的关系如图 6.7 所示。

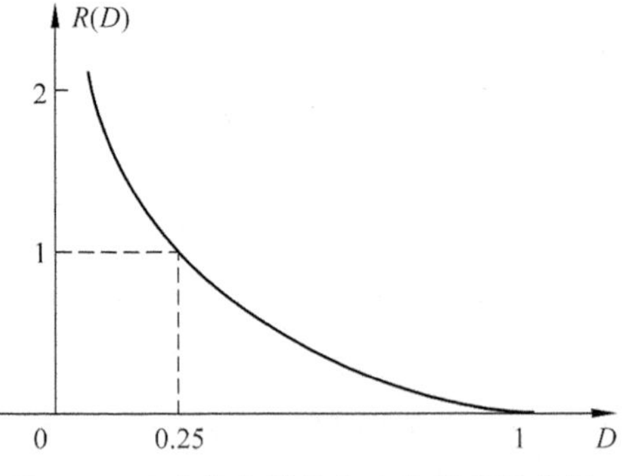

图 6.7 正态分布的信息率失真函数曲线

定理 6.1 对任一连续非正态信源，若已知其方差为 σ^2，熵为 $H(X)$，并规定失真函数为 $d(x,y)=(x-y)^2$，则其 $R(D)$ 满足下列不等式

$$H(X)-\frac{1}{2}\mathrm{lb}2\pi\leqslant R(D)\leqslant\frac{1}{2}\mathrm{lb}\frac{\sigma^2}{D} \tag{6-31}$$

可见，在平均功率 σ^2 受限条件下，正态分布下 $R(D)$ 函数值最大，它是其他一切分布的上限值，也是信源压缩比中最小的。所以人们往往将它作为连续信源压缩比中最保守的估计值。

下面以语音的波形编码为例，来讨论连续信源的 $R(D)$ 函数在实际中的应用，为了分析方便，假设语音遵从平稳正态分布。

例 6.7 分析 PCM 编码及其压缩潜力。

现有 PCM 编码是 8kHz 采样率，8 位编码，$8\times8=64$kb/s，它认为样点间独立，且每个样点 8 比特，这时信噪比可达到入公用网 26dB 的要求，在语音编码中信噪比是 $\xi=\frac{\sigma^2}{D}\cong26\text{dB}\Rightarrow\frac{\sigma^2}{D}=400$（倍），其中 D 为噪声（允许失真）功率，由正态分布的信息率失真函数的公式

$$R(D)=\frac{1}{2}\text{lb}\,\frac{\sigma^2}{D}=\frac{1}{2}\text{lb}400=4.3(\text{比特})$$

实际语音的 $R(D)$ 值要小于 4.3 比特，因为语音不遵从正态分布，而是近似遵从 Laplace 分布（一级近似）、Gamma 分布（二级近似）。它们的 $R(D)$ 函数值均小于正态分布的 $R(D)$ 值，可见，4.3 比特至 PCM 的 8 比特，大约有一倍差距，也就是可压缩的量。

例 6.8 若对语音编码进一步计入相关性，则其 $R(D)$ 函数为 $R(D)=\frac{1}{2}\text{lb}\sigma^2(1-\rho^2)/D$，则可算出其 $R(D)$ 值，即相对应的 PCM 编码压缩比倍数如下所示：

信噪比/dB	35	32	28	25	23	20	17
$R(D)$/比特	4	3.5	2.5	2.34	2	1.5	1
压缩倍数	2	2.28	3.2	3.42	4	5.3	8

若计入语音分布 $R(D)$ 值小于正态分布值，以及 $R(D)$ 的主观特征，在 25～26dB 要求下，实际 $R(D)$ 值大约等于 2 左右，可以获得大约 4 倍的压缩比。

例 6.9 参量编码，英语为例，其音素大约为 128～256 个，按照通常讲话速率，每秒大约平均发出 10 个音素，这时语音信源给出的信息率为

$$I_{\text{上限}}=\text{lb}(256)^{10}=80\text{b/s}$$

$$I_{\text{下限}}=\text{lb}(128)^{10}=70\text{b/s}$$

$$K_{\text{上限}}=\frac{64\text{kb}}{70\text{b}}=914(\text{倍})$$

$$K_{\text{下限}}=\frac{64\text{kb}}{80\text{b}}\cong800(\text{倍})$$

所以，从上面例子可以看出，实际语音信号可压缩的余地非常大，这也是信源编码努力的方向。

6.4 限失真信源编码定理

对于无失真信源编码来说，每个信源符号必须有一个对应的码字，信源熵不能损失，而在允许一定失真的情况下，有可能是多个信源符号对应一个码子，信源的输出信息率最少可以减少到信息率失真函数 $R(D)$。限失真信源编码定理就是一个关于信息率和失真关系的极限定理，也称为保真度准则下的离散信源编码定理，或称为 Shannon 第三定理。

定理 6.2 设 $R(D)$ 是离散无记忆信源的信息率失真函数并且失真函数为有限值。

对于任意的允许失真度 $D\geqslant 0$，当码长 N 足够长时，一定存在一种编码，其编码后的实际传输信息率 $R>R(D)$，而平均失真度 $\overline{D}<D$。不存在信息传输率 $R<R(D)$ 而平均失真度 $\overline{D}<D$ 的任何信源编码。

从限失真信源编码定理的描述来看，信息率失真函数 $R(D)$ 是一个界限，只要实际信息传输率 R 大于这个界限，就可以通过信源编码技术将译码失真限制在给定的范围内。换句话说，就是通信过程中虽然会出现失真，但仍然能满足通信的要求；否则，如果实际信息传输率 R 小于 $R(D)$，则不能满足通信的要求。

限失真信源编码的目的就是要找到与信息率失真函数 $R(D)$ 相匹配的编码，即希望 R 逼近 $R(D)$，而无失真信源编码是寻求与信源信息熵相匹配的编码，希望 R 达到 $H(X)$。

6.5 习题

6.1 当信息率失真函数 $R(D)$ 取什么值的时候，表示不允许有任何失真，简述这时的信息率失真函数与信源熵的关系。

6.2 说明信源在不允许失真时，其信息率所能压缩到的极限值是什么？当允许信源存在一定的失真时，其信息率所能压缩到的极限值又是什么？

6.3 简述信息率失真函数 $R(D)$ 的物理意义，并说明为什么非负且单调递减的。

6.4 给定信源分布 $\begin{bmatrix} X \\ p(X) \end{bmatrix}=\begin{bmatrix} x_1 & x_2 & x_3 \\ 0.5 & 0.25 & 0.25 \end{bmatrix}$，失真度矩阵 $[d]=\begin{bmatrix} 0 & 2 & 1 \\ 2 & 0 & 3 \\ 1 & 1 & 0 \end{bmatrix}$，求其信息率失真函数 $R(D)$。

6.5 给定二元信源 $\begin{bmatrix} X \\ p(X) \end{bmatrix}=\begin{bmatrix} x_1 & x_2 \\ 0.5 & 0.5 \end{bmatrix}$，失真度矩阵为 $[d]=\begin{bmatrix} 0 & \alpha \\ \alpha & 0 \end{bmatrix}$，求这个信源的 $D_{\max}$ 和 $D_{\min}$ 以及信息率失真函数 $R(D)$。

6.6 二元等概率离散信源，失真度函数定义为 $d_{ij}=\begin{cases} 0, & i=j \\ a, & i\neq j \end{cases}(i,j=0,1)$，求其信息率失真函数。

6.7 给定二元信源 $\begin{bmatrix} X \\ p(X) \end{bmatrix}=\begin{bmatrix} x_1 & x_2 \\ 0.5 & 0.5 \end{bmatrix}$，失真度矩阵为 $[d]=\begin{bmatrix} 0 & \alpha \\ \beta & 0 \end{bmatrix}$，求其信息率失真函数 $R(D)$。

6.8 一个四元等概信源 $\begin{bmatrix} X \\ p(X) \end{bmatrix}=\begin{bmatrix} x_0 & x_1 & x_2 & x_3 \\ 1/4 & 1/4 & 1/4 & 1/4 \end{bmatrix}$，接收符号集 $Y=\{y_0,y_1,y_2,y_3\}$，失真度矩阵为 $[d]=\begin{bmatrix} 0 & 1 & 2 & 3 \\ 1 & 0 & 1 & 2 \\ 2 & 1 & 0 & 1 \\ 3 & 2 & 1 & 0 \end{bmatrix}$，求 $R(D)$ 的定义域和值域。

6.9 二进制信道，信源分布$\begin{bmatrix} X \\ p(X) \end{bmatrix}=\begin{bmatrix} x_1 & x_2 \\ p & 1-p \end{bmatrix}$，$p<0.5$，失真为汉明失真，问当允许平均失真度$D=0.5p$时，每个信源符号至少需要几个二进制符号来表示。

6.10 信源符号集$X=\{0,1\}$，信道符号集$Y=\{0,e,1\}$，信源等概分布$p(0)=p(1)=0.5$，失真矩阵$[d]=\begin{bmatrix} 0 & \alpha & \beta \\ \beta & \alpha & 0 \end{bmatrix}$，式中$\alpha<0.5$。

(1) 求信息率失真函数$R(D)$；

(2) 当$\alpha\geqslant 0.5$，$\beta=1$时，证明$R(D)=\mathrm{lb}2-H_2(D)$。

6.11 信源等概分布$\begin{bmatrix} X \\ q(x) \end{bmatrix}=\begin{bmatrix} x_1 & x_2 & \cdots & x_r \\ \frac{1}{r} & \frac{1}{r} & \cdots & \frac{1}{r} \end{bmatrix}$，接收符号集$Y=\{y_1,y_2,\cdots,y_r\}$，失真为汉明失真。

(1) 用参数法计算失真函数$R(D)$；

(2) 求出达到$R(D)$的正向信道的信道转移概率$p(y/x)$；

(3) 求出达到$R(D)$的反向信道的转移概率$\phi(x/y)$。

6.12 二元信源$\begin{bmatrix} X \\ q(x) \end{bmatrix}=\begin{bmatrix} 0 & 0 \\ 0.5 & 0.5 \end{bmatrix}$，信源输出速率$y=2.5\mathrm{b/s}$，通过信息传输率$R=2\mathrm{b/s}$的无噪无损信道传输，试问：

(1) 信源能否在此信道中进行无失真传输；

(2) 若此信道的失真定义为汉明失真，则平均失真多大时，可在该信道中传输。

6.13 信源符号集$\{0,1\}$，信宿符号集$\{0,1,2\}$，信源等概率分布，失真测度矩阵$\boldsymbol{d}=\begin{bmatrix} 0 & \infty & 1 \\ \infty & 0 & 1 \end{bmatrix}$，求概率失真函数$R(D)$。

6.14 证明对离散信源，$R(D=0)=H(X)$的充要条件是失真矩阵的每行至少有一个0，而每列至多有一个0。

第 7 章

信息论方法的应用

香农开创的信息论方法是一门应用数理统计研究信息处理和传递的科学，具有高概括性、综合性且应用广泛而且带有方法论意义的科学。信息论方法的建立，不仅对自然科学具有重要的意义，而且对于其他科学的研究与发展也同样具有深远的意义。

7.1 信息论方法在信号处理中的应用

信号处理包括数据、图像、语音或其他信号的处理，从信息论的观点看，信号是观察客观事物表达其相应信息的技术手段，也就是特定信息的载体。信息是通过信号来表达的，对信息的加工和处理，也就是信号的加工和处理。所有处理过程无非是信源编码、变换、过滤或决策过程，变换实质上也是一种编码过程。

目前，信息论方法信号处理方面得到了广泛的应用，主要的研究成果有以下几个方面：

1. 语音信号压缩

语音是语言的声学表现，是人们传递信息最自然、最有效以及最常用的途径，它可以传递情绪、态度以及其他个人化信息。语音信号是通信网中传输的主要对象。语音编码是数字化语音传输和存储的基础技术，用压缩语音信号的数字表示而使表达这些信号所需的比特数最小。与模拟语音相比，使用语音编码技术的数字语音传输和存储系统，具有可靠性高、便于快速交换、易于实现保密、复用、打包和价格低廉等优势。压缩后的语音用于传输，可以降低每路话音所需的带宽，在同样带宽内传输更多路的话音；用于存储，可以节约空间，提高存储语音长度，降低成本。

所以，自从通信网数字化以来，降低语音信号的编码速率就成为通信中的一个重要问题。根据信息理论的分析，语音信号所需的编码速率可以远远低于仅按奈奎斯特采样定理和量化噪声分析所决定的编码速率。

语音信号压缩发展几十年来的研究工作和取得巨大的进展有：

(1) 长途电话网标准的语音编码速率已从 1972 年原 CCITT G. 711 标准中的 64kb/s，

降低到1995年原CCITT G.723.1标准中的6.3kb/s。

(2) 在移动通信中,1989年欧洲GSM标准中的语音编码速率为13.2kb/s,1994年在为半码速GSM研究的VSELP编码算法中,码速率为5.6kb/s,IS-96是美国高通公司为CDMA移动通信研制的一种CELP编码,具有四种码速率。CELP是基于合成分析方法的一类语音编码方案,基本思想是:用线性预测提取声道参数,以包含许多典型激励矢量的码数作为激励参数,利用感觉加权合成技术在码本中搜索最佳激励矢量来合成语音信号。

(3) 对语音音质要求较低的军用通信,美国NSA标准的速率在1975年时已达到2.4kb/s。

目前,在实验室中已实现600b/s的低速率语音编码,特别是按音素识别与合成原理构造的声码器其速率可低于100b/s,已接近信息论指出的极限。

2. 图像信号压缩

图像信号的信息量特别巨大,这对图像信号的传输及存储都带来极大的不便。图像数据之所以可以压缩,来自于两个方面的原因:一是利用图像数据的冗余度进行压缩,利用数学的方法减少或去除相关性,也就消除了图像信息的冗余度,实现对图像的压缩;二是利用人眼的视觉特性。人眼对于边缘急剧变化不敏感,对颜色分辨力弱,利用这些特性可以在相应部分降低编码精度,达到对数字图像压缩的目的。

经过多年的研究,到20世纪80年代,图像信号压缩逐步进入建立标准的阶段。

1989年CCITT提出电视电话/会议电视的压缩标准H.261,其压缩比达到25∶1到48∶1左右。

1991年CCITT与ISO联合提出的“多灰度静止图像压缩编码”标准JPEG,其压缩比为24∶1。

在运动图像方面,运动图像专家组(MPEG)继成功定义了MPEG-1和MPEG-2之后,于1993年7月开始制定全新的MPEG-4标准,并分别于1999年初和2000年初正式公布了版本1和版本2。到2001年10月,MPEG-4定义了19个频类(Visual Profile),其中新定义的简单演播室类和核心演播室类使MPEG -4对MPEG-2类别保留了一些形式上的兼容,其码率可高达2Gb/s。随着MPEG -4标准的不断扩展。它不但能支持码率低于64kb/s的多媒体通信,也能支持广播级的视频。

3. 计算机文件的压缩

由于数据库的广泛应用,存储计算机文件所需的存储量问题日益突出。在过去的二十多年中对计算机文件的压缩已发展了至少二十余种不同的算法。

目前,各种压缩其法已在计算机中得到广泛的应用。

4. 模拟话路中数据传输速率的提高

20世纪50年代初计算机开始在美国联网,当时模拟话路是几乎唯一可用的信道。

最早的调制解调器,其速率只有300b/s。标称带宽4kHz,信噪比25dB的话路信道的极限速率应在25kb/s。信息论在以后的三十多年中就开始了提高速率的长期的、极其成功的工作。

1967 年：速率为 4800b/s；1971 年：速率为 9600b/s；1980 年：开始进入 14.4kb/s；1985 年：利用多维网格编码调制，速率达到 19.2kb/s。

目前，能达到 2Gb/s。

5. 信息传输所需的功率的降低

在远距离无线通信，特别是深空通信中如何降低信息传输所需的功率至关重要。因为在这种情况下发送设备的功率和天线的尺寸都已成为设备生产和使用中的一个困难问题。

在这个领域信息论获得了它第一批令人信服的成果。20 世纪 60 年代后期起，NASA 发射的所有深空探测器无一例外地在其通信设备中采取了信道编码措施。

根据信息理论的分析，采用低码率的信道编码可以降低传送单位比特所需的能量 E_b 与噪声功率谱密度 N_0 之比。现在利用不太复杂的信道编码就可以使同样误码率下所需的 E_b/N_0 比不采用信道编码时低 6dB 左右。其中一些好的方案（如用 RS 码作为外码、卷积码作为内码的方案）可以使误码率在 10^{-5} 的情况下所需的 E_b/N_0 降到 0.2dB，比不用信道编码时所需的 10.5dB 降低了近 10dB。

6. 计算机网中数据传输可靠性的保证

随着计算机技术的发展，计算机设备的布局变得越来越分散，各种终端及外围设备离主机也越来越远，这就产生了计算机网。近年来，由于计算机网还与分布式计算机系统相联系，因而变得更为重要。在用各种电缆连接而成的计算机网中电噪声和各种外界的电磁干扰是必须考虑的，因为它使传输的信息发生差错。一般情况下，局域网中的差错率在 10^{-8} 左右，广域网中的差错率在 $10^{-3}\sim10^{-5}$。这样高的差错率在实际应用中是无法接受的，目前普遍采用的解决办法是带自动重发请求的差错检测码。

差错检测的方法从最简单的奇偶检验到比较复杂的循环冗余检验都被采用，但规模较大的网一般都用循环冗余检验，这种方法已被各种网络通信协议采用并成为标准。例如 ISO 制定的高级数据链路协议（HDLC）就采用原 CCITT V.41 的 CRC 码进行循环冗余检验，HDLC 在全世界已被广泛采用，这一标准有很广的应用领域，许多协议都是从它派生出来的。

7. 图像信号的复原与重建

图像信号的复原与重建是图像信号处理的一个重要内容，在实际应用中有很大的价值。图像在形成、传输和记录过程中，由于成像系统、传输介质和设备的不完善，使图像的质量变差，从而产生的图像退化。为了提高图像的质量，就要进行图像的复原，从退化图像中尽可能恢复退化图像的本来面目。为了对比复原后图像与原图像，采用最小均方准则、加权均方准则、最大熵准则最为评价准则。

20 世纪 80 年代以来，最大熵方法在图像复原与重建中取得了很大的成功。在退化图像复原中，图像退化的原因是多种多样的，如由于景物的运动、光学系统的不理想、噪声，等等。图像重构的形式也很多，如计算机层析图像、结晶学研究中用的光学干涉仪或无线电干涉仪的图像、核磁共振波谱仪图像等。在这些应用中最大熵方法较其他方法优越的主要原因是其合理性，即所得结果是期望的最好结果。同时也有一些派生的好处，如在盲解卷时同时给出卷积函数，在重建图像中可以同时对仪器中的某些参数进行校正，等等。

8. 模式识别与分类器的设计

模式识别是一个在很多学科中都遇到的问题，具有相当普遍的意义。模式广义上来讲，就是存在与时间和空间中可观察的物体，不是指事物本身，而是从事物获得的信息，因此，模式往往表现为具有时间和空间分布的信息。人和动物的模式识别能力极其平常，但对计算机来讲，是一件非常困难的事。要利用计算机对物理对象进行分类，在错误概率最小的条件下，使识别的结果尽量与客观物体相符合。按照这一概念，相同类别的模式在空间中有较短的距离，但什么是距离一直是一个令人困惑的问题。从统计分类以及统计信息的观点来看，熵、鉴别信息(交叉熵)与互信息是各种不同情况下可以选用的比较合理的距离量度。20 世纪 80 年代以来，这一观点在模式分类中得到广泛承认并有重要的应用。

7.2 信息论在其他学科领域的应用

7.2.1 信息论与博弈论

博弈论(Game Theory)是指研究多个个体或团队之间在特定条件制约下的对局中利用相关方的策略，而实施对应策略的学科。有时也称为对策论，或者赛局理论，是研究具有斗争或竞争性质现象的理论和方法，它是应用数学的一个分支，既是现代数学的一个新分支，也是运筹学的一个重要学科。

乍看起来，信息论与博弈论似乎并不相关。但事实上是什么样呢？我们采用马赛来说明信息论与博弈论之间的关系。假设在一场马赛中，第 i 匹参赛的马获胜的概率为 p_i。如果第 i 匹马获胜，那么收益机会为 o_i 比 1，即第 i 匹马获胜，在第 i 匹马上每投资 1 元，就会得到 o_i 元的收益；如果第 i 匹马输了，那么收益为 0。

有两种收益机会：a 兑 1 和 b 赊 1。第一种是在开赛前购买马票，即马民在赛前用 1 元购买一张收益机会为 a 元的马票，一旦他投注的马在比赛中获胜，那么他持有的马票在赛后可兑换 a 元，否则，他的马票一文不值。第二种马票是在赛后兑换，收益的机会为 b 比 1，一旦他投注的马输了，该赌马者赛后必须缴纳 1 元的本金。如果这匹马赢了，赛后可以领取 b 元的奖金。所以，当 $b=a-1$ 时，a 兑 1 与 b 赊 1 两种马票的收益机会等价。

假设某马民将其资金分散投注在所有的参赛马匹上，以 q_i 表示投注在第 i 匹马的资金占总资金的比例，其中 $q_i \geqslant 0$ 且 $\sum q_i = 1$。如果第 i 匹马获胜，那么该马民在第 i 匹马上获得的收益为 $q_i o_i$，而投注在其他马上的资金全部输掉。因此，如果第 i 匹马获胜，那么该马民最终所得资产为原始资金乘以因子 $q_i o_i$，而且发生这样事件的概率为 p_i。

资金在比赛结束前是一个随机变量，所有马民都希望该随机变量的值最大化。因此，它总是引诱马民将所有的资金投注在他认为能够获胜的同一匹马上，以期获得最大的收益。此时最大的收益应为 $p_i o_i$。但是这样做显然是充满风险的，很有可能将所有的钱一次输光。

考虑马民可以在马赛中反复投注的情形，假设马民把所有资金不断重复地投注，那么

他的资金就是每次比赛中利润的乘积。设 S_n 为该马民在第 n 场马赛结束时的资产，那么

$$S_n = \prod_{i=1}^{n} S(X_i) \tag{7-1}$$

其中，$S(X_i)=q(X_i)o(X_i)$ 是第 i 场比赛中第 X_i 匹马获胜时，马民在该匹马上所获的财富的乘积因子。这个因子 $S(X_i)=q(X_i)o(X_i)$ 也称为相对财富，即如果马民投注的 X_i 马获胜，那么他的财富就是原始财富乘以该因子。

马赛的双倍率定义为式(7-1)：

$$W(q,p) = E[\mathrm{lb}S(X)] = \sum_{k=1}^{m} p_k \mathrm{lb} q_k o_k \tag{7-2}$$

双倍率的定义的合理性可由定理 7.1 给出。

定理 7.1 设马赛的结果 $X_1,X_2,\cdots,X_n$ 为服从 $p(x)$ 的独立同分布的序列。那么，该马民在策略 q 之下的财富将以指数因子为 $W(q,p)$ 呈指数增长，也即

$$S_n = 2^{nW(q,p)} \tag{7-3}$$

最优双倍率的公式计算如式(7-4)

$$W^*(p) = \sum p_i \mathrm{lb} o_i - H(p) \tag{7-4}$$

并且按比例 $q^*=p$ 下此策略可以得到双倍率最优值。由此，可以看出信息论中的熵和马赛中的双倍率发生了关系。

考虑仅有两匹马参赛的情形。第一匹马获胜的概率为 p_1，第二匹马获胜的概率为 p_2。假设两匹马的收益机会均等(即投注两匹马的方式均为 2 兑 1)。此时的最优的投注方法为概率比例投注，即 $q_1=p_1$，$q_2=p_2$。

最优双倍率为

$$W^*(p) = \sum p_i \mathrm{lb} o_i - H(p) = 1 - H(p) \tag{7-5}$$

按照这样的增长率，将导致财富无限增长，即

$$S_n = 2^{n(1-H(p))} \tag{7-6}$$

式(7-6)说明：对于一系列独立同分布的马赛，如果马民将全部现金反复投注而不是保留现金不动，那么按比例投注是财富增长最快的策略。

考虑关于某种分布具有公平收益机会的情形。换言之，除了知道 $\sum 1/o_i = 1$ 之外，无其他信息可用。此时，记 $r_i=1/o_i$，将其视为参赛马匹的概率密度函数。此时，双倍率可以记为

$$W(q,p) = \sum p_i \mathrm{lb} q_i o_i = \sum p_i \mathrm{lb}\left[\frac{q_i}{p_i}\frac{p_i}{r_i}\right] = D(\boldsymbol{p}\,\|\,\boldsymbol{r}) - D(\boldsymbol{p}\,\|\,\boldsymbol{q}) \tag{7-7}$$

式(7-7)中给出了相对熵“距离”的另一种解释：双倍率正好是马民法的估计 $\boldsymbol{r}$ 到真实分布的距离 $\boldsymbol{p}$ 与马民投注策略 $\boldsymbol{q}$ 到真实分布 $\boldsymbol{p}$ 的距离之间的差值。所以，马民要赚钱，只有当他的估计 $\boldsymbol{q}$ 比马民法所得的估计 $\boldsymbol{r}$ 更好。

对于马赛，还有其他更为复杂的情形，感兴趣的读者可以参考相关的参考文献。总之，马赛中的投资增长率与马赛的熵率之间有很强的对偶性，增长率和熵率之和为常数。在股票市场中，同样也存在财富的增长率和市场之间的熵率的对偶性。

7.2.2 信息论与统计学

信息论在统计中的应用一般指信息量在统计中的应用,也有编码定理与码结构在统计中的应用等问题。由于统计学研究的问题日趋复杂,如统计模型从线性到非线性,统计分布从单一分布到混合分布,因此信息量在统计中的作用日趋重要,在许多问题中以信息量作为它们的基本度量。

在统计领域里,统计计算技术近年来发展很快,它使许多统计方法,尤其是 Bayes 统计得到广泛的运用。Bayes 计算方法有很多,其中一类是直接应用于后验分布以得到后验均值或后验众数的估计,以及这种估计的渐进方差或其近似。EM 算法就是一种迭代方法,主要用来计算后验分布的众数或极大似然估计。这种方法可以广泛地应用于缺损数据、截尾数据、成群数据和带有讨厌参数的数据等所谓的不完全数据。EM 算法的最大优点是简单和稳定,主要目的是提供一个简单的迭代算法来计算极大似然估计,问题是如此建立的 EM 算法得到的估计序列是否收敛。它的特点与信道容量的递推渐近算法相似,但应用更为广泛。EM 算法实现简单,数值计算稳定,存储量小,并具有良好的全局收敛性。EM 算法是一种求参数极大似然估计的迭代算法,在处理不完全数据中有重要应用。

信息论与统计相结合的其他典型问题还很多,如假设检验中的两类误差估计问题、试验设计问题、信息量在有效估计中的应用问题等,这些问题已使信息论与统计学成为相互推动发展的学科。

7.2.3 信息论与密码学

密码学是研究如何隐秘地传递信息的学科。在现代特别指对信息以及其传输的数学性研究,常被认为是数学和计算机科学的分支,和信息论也密切相关。

从传统意义上来说,密码学是研究如何把信息转换成一种隐蔽的方式并阻止其他人得到它。密码术的研究和应用已有几千年的历史,但在信息论诞生之前,它还没有系统的理论,直到香农在 1949 年发表的"保密系统的通信理论"一文,为密码学确立了一系列的基本原则与指标,如加密运算中的完全性、剩余度等指标,它们与信息的度量有着密切相关。之后才产生了基于信息论的密码学理论,所以说信息论与密码学的关系十分密切。

密码学的发展可以分为两个阶段。第一个阶段是计算机出现之前的四千年这是古典密码学阶段,基本上靠人工对数据进行加密、传输和破译。第二阶段是计算机密码学阶段,包括两个方向:一个方向是公用密钥密码(RSA),另一个方向是传统方法的计算机密码体制——数据加密标准(DES)。包含无须特殊处理就能够阅读和理解的数据和文本,称为"明文"。对明文进行变换,使其内容无法被未授权方读取和理解的方法,称为"加密"。对明文进行加密,所得的不可读的文本,称为"密文"。因此,加密就是要确保信息对那些未授权的人来说是隐藏的,即使他们能获取加密后的数据文本的副本。把密文转换成明文的过程,叫做"解密"。密码术的定义就是利用数学手段,加密和解密数据的科学。密码算法是指加密解密过程中使用的数学函数。与密码算法一起完成明文加密的某种密秘信息,称为"密钥",密钥可以是一个词、一个数字或一个短语。同样的明文,用不同的密钥加密可得到不同的密文。加密后的数据的安全性取决于两个因素：密码算法的强度和密钥的保密性。

密码学由于数据加密标准与公钥体制的出现于应用，使近代密码学所涉及的范围有了极大的发展，尤其是在网络认证方面得到广泛应用，但其中的安全性原理与测量标准仍未脱离香农保密系统所规定的要求，多种加密函数的构造，如相关免疫函数的构造仍以香农的完善保密性为基础。

7.3 最大熵谱与最小误差熵估计

7.3.1 最大熵谱估计

1. 谱估计

谱估计是信号处理的重要内容之一。由于计算机技术的发展以及各种快速傅里叶变换(FFT)算法的出现，谱分析的应用日渐广泛。

Fourier 变换是谱分析的基础，而 FFT 算法则是目前广泛使用的进行谱分析的有效手段。但这种方法使用时要受具体条件的限制，存在着一系列限制性能的缺点。其中最主要的缺点有两个：一是谱分析的识别率与被分析数据的长度的倒数成比例，就是说数据越短，识别率越低。对于许多典型应用的场合，可用的数据长度一般都较短，因而无法得到高分辨率的结果。对于某些要求很高分辨率的应用场合，即使可用的数据很长，也会由于大点数 FFT 对计算量、速度和数据存储的要求过高，给硬件实现带来很大困难，而难以得到较高的分辨率。二是存在着较严重的泄漏现象。这是因为 FFT 运算隐含着对输入数据的加窗处理，所得到的谱分析结果实际是信号的真实频谱与窗频谱的卷积。因此频谱响应的主瓣能量将向副瓣泄漏，使谱图的形状失真，并且会模糊和掩盖其他频谱分量。虽然选择适当的窗函数可使副瓣电平下降，但一般情况下主瓣宽度也将随之增加，又给分辨率带来不利的影响。针对上述问题，人们一直在寻找新的方法，试图在有限数据长度的基础上，得到尽可能接近无限长数据的分析结果。这里一个很自然的想法是可否在某种准则下，将有限长的分析数据延拓，延拓数据对应的谱估计则会有更高的分辨率，从而能克服上述缺点，事实上这是可能的。如果被分析的信号服从一定的参量模型，则延拓的问题就成了参量估计问题。一旦模型参量估计出来，谱估计问题也就迎刃而解了。

Burg 提出的最大摘谱估计法就是受到普通重视的这样一种方法。它的基本思想就是按最大熵的原则来延拓数据。假定仅仅知道一个时间序列的 N 点自相关数值：$R(0)$，$R(1)$，…，$R(N-1)$。为了解决相关函数截断所带来的估计谱的失真，需要外推已知范围以外的相关函数值。但是，事实上，满足已知条件的谱密度函数有无穷多个，它们的相关函数在给定范围内都为已知值，而在其余部分则各不一样。我们的目的是从中选择出一个谱密度函数，要求其对应的时间序列是最随机的，也即具有最大摘，并将此谱密度函数作为所求序列的谱的估计。这种方法就称为最大熵估计。最大熵准则意味着对序列未知部分延拓所加的约束最少，从而能产生具有最小偏差的谱估计。

2. 最大熵估计的原理

1) 熵和熵率

熵的概念已经在第 2 章详细介绍过了,它具体指的是"平均信息量"。一则消息所含信息量的大小是与其随机性相联系的。消息越随机(或概率越小),包含的信息量越大。因此熵的定义和概率(或概率密度)紧密相关。

一个离散随机变量 X 的熵 H 可定义为式(7-8)

$$H = -\sum_i p_i \ln p_i \tag{7-8}$$

式中,p_i 是 X 取值 a_i 的概率。对于一个取值$(-\infty,\infty)$的连续随机变量 x(其概率密度函数 $f(x)$),可以看成是取值 $x_i=i\delta$,概率 $p_i=f(x_i)\delta$ 的离散随机变量当$\delta\to0$ 时的极限,所以也可以按照式(7-8)来定义它的熵。但是由于

$$\begin{aligned} H &= -\sum_i [\delta f(x_i)]\ln[\delta f(x_i)] \\ &= -\ln\delta \sum_i [\delta f(x_i)] - \sum_i [\delta f(x_i)]\ln f(x_i) \end{aligned} \tag{7-9}$$

在 $\delta\to0$ 时,$H\to\infty$。这里还是用式(7-10)定义连续随机变量 x 的熵 H_c:

$$\begin{aligned} H_c &= \lim_{\delta\to0}\left\{-\sum[\delta f(x_i)]\ln[\delta f(x_i)] + \ln\delta\right\} \\ &= -\int_{-\infty}^{\infty} f(x)\ln f(x)\mathrm{d}x = E[\ln f(x)] \end{aligned} \tag{7-10}$$

式(7-10)中,算子 $E[\cdot]$表示集合平均。

对于一个平稳随机序列$\{x_m\}$。若其 M 维联合概率密度函数为 $f(x_1,x_2,\cdots,x_M)$,则可仿照式(7-10)来定义它的熵

$$H_c = -E[\ln f(x_1,x_2,\cdots,x_M)] \tag{7-11}$$

例如,若$\{x_m\}$为高斯型的,均值为零,则

$$\begin{aligned} H_c &= -E[\ln f(x_1,x_2,\cdots,x_M)] = -E[\ln f(\boldsymbol{x})] \\ &= -E\left\{\ln\left[\frac{1}{\sqrt{(2\pi)^M \det(\boldsymbol{C})}}\exp\left(-\frac{1}{2}\boldsymbol{x}^{\mathrm{T}}\boldsymbol{C}^{-1}\boldsymbol{x}\right)\right]\right\} \\ &= \ln\sqrt{(2\pi\mathrm{e})^M \det(\boldsymbol{C})} \end{aligned} \tag{7-12}$$

式(7-12)中,其中 $\boldsymbol{x}^{\mathrm{T}}=[x_1,x_2,\cdots,x_M]$,T 表示转置。$\boldsymbol{C}=[C_{ij}]_{M\times M}=[E\{x_ix_j\}]_{M\times M}$为协方差矩阵。$\det(\boldsymbol{C})$表示矩阵 $\boldsymbol{C}$ 的行列式。

很显然,当 $M\to\infty$,式(7-12)是发散的。为此,定义随机过程的熵率 H_c':

$$H'_c = \lim_{M\to\infty}\frac{1}{M}H_c \tag{7-13}$$

2) 约束下的最大熵

如果限定一个平稳随机过程(假设为实过程,均值为 0)的二阶矩等于已知值:

$$E\{x_ix_j\} = C_{ij},\quad i,j=1,2,\cdots,M \tag{7-14}$$

当其概率分布为正态分布时,该过程具有最大熵。

下面来进行说明,引入不等式:

$$-\int_{-\infty}^{\infty}\cdots\int f(x)\ln f(x)\mathrm{d}x \leqslant -\int_{-\infty}^{\infty}\cdots\int f(x)\ln g(x)\mathrm{d}x \tag{7-15}$$

不等式(7-15)两边均为 M 重积分。其中 $f(x)$、$g(x)$是两个任意的概率密度函数。当且仅当 $f(x)=g(x)$时，式(7-15)取等号。

根据不等式 $\mathrm{lb}\, x\leqslant x-1$，式(7-15)可容易得到证明。

约束条件式(7-14)可以写成

$$\int_{-\infty}^{\infty}\cdots\int \boldsymbol{x}\boldsymbol{x}^{\mathrm{T}} f(x)\mathrm{d}\boldsymbol{x} = \boldsymbol{C} \tag{7-16}$$

假定

$$g(x) = \frac{1}{\sqrt{(2\pi)^M \det(\boldsymbol{C})}}\mathrm{e}^{-\left(\frac{1}{2}\right)\boldsymbol{x}^{\mathrm{T}}\boldsymbol{C}^{-1}\boldsymbol{x}}$$

代入式(7-15)的右端，则有

$$\begin{aligned}-\int_{-\infty}^{\infty}\cdots\int f(x)\ln g(x)\mathrm{d}x &= \ln\sqrt{(2\pi)^M\det(\boldsymbol{C})}+\frac{M}{2}\\ &= \ln\sqrt{(2\pi\mathrm{e})^M\det(\boldsymbol{C})}\end{aligned} \tag{7-17}$$

结果为一常数。显然式(7-15)左端为具有密度函数 $f(x)$的过程$\{x_m\}$的熵 $H(\boldsymbol{x})$，故有

$$H(\boldsymbol{x}) \leqslant \ln\sqrt{(2\pi\mathrm{e})^M\det(\boldsymbol{C})} \tag{7-18}$$

当且仅当 $f(x)=g(x)$时，式(7-18)才取等号，表明正态过程有最大熵。

3）最大熵谱

前面的分析过程假设被分析的过程服从正态分布，而不致产生有局限性的结果，正态过程$\{x_m\}$的熵率 H'_c与其功率密度谱 $S(\omega)$之间有下列关系：

$$H'_c = \ln\sqrt{2\pi\mathrm{e}}+\frac{1}{4\omega_0}\int_{-\omega_0}^{\omega_0}\ln S(\omega)\mathrm{d}\omega \tag{7-19}$$

需要满足的条件是

$$\int_{-\omega_0}^{\omega_0}\ln S(\omega)\mathrm{d}\omega < \infty \tag{7-20}$$

式(7-20)中，$\omega_0=\frac{\pi}{T}$，T 为采样间隔。对于实际过程，这个条件通常是满足的。$S(\omega)$与相关函数采样序列$\{R(m)\}$之间的关系就是一对傅立叶变换对。

$$S(\omega) = \sum_{m=-\infty}^{\infty}R(m)\mathrm{e}^{-\mathrm{j}\omega m} \tag{7-21}$$

$$R(m) = \frac{1}{2\pi}\int_{-\omega_0}^{\omega_0}S(\omega)\mathrm{e}^{\mathrm{j}\omega m} \tag{7-22}$$

如果限定序列 $R(m)$的 $2N+1$ 个点等于已知值，即

$$R(m) = \gamma_m,\quad |m|\leqslant N \tag{7-23}$$

则唯一能影响 H'_c的是$|m|>N$ 的相关函数采样值。因此，为了求得使 H'_c最大的 $S(\omega)$，即最大熵谱，可以求解下列方程：

$$\frac{\partial H'_c}{\partial R(m)} = \frac{1}{4\omega_0}\int_{-\omega_0}^{\omega_0}\frac{\partial}{\partial R(m)}[\ln S(\omega)]\mathrm{d}\omega$$

$$=\frac{1}{4\omega_0}\int_{-\omega_0}^{\omega_0}\frac{1}{S(\omega)}\frac{\partial}{\partial R(m)}\Big[\sum_{n=-\infty}^{\infty}R(n)\mathrm{e}^{-\mathrm{j}n\omega T}\Big]\mathrm{d}\omega$$

$$=\frac{1}{4\omega_0}\int_{-\omega_0}^{\omega_0}\frac{1}{S(\omega)}\mathrm{e}^{-\mathrm{j}\omega mT}\mathrm{d}\omega=0\quad |m|>N \tag{7-24}$$

式(7-24)表明，$\frac{1}{S(\omega)}$的傅里叶级数只有有限的不等于零的项。因为序号大于 N 的系数都为零，故可以写成：

$$\frac{1}{S(\omega)}=\sum_{n=-N}^{N}C_n\mathrm{e}^{-\mathrm{j}n\omega T} \tag{7-25}$$

由功率谱密度的性质可知 $S(\omega)$ 为非负的实函数。根据相关函数的定义可知 $R(m)=R^*(-m)$，显然 $C_n=C_{-n}^*$。

定义多项式

$$C(z)=\sum_{m=-N}^{N}C_n z^{-n} \tag{7-26}$$

显然，由于 C_n 的对称性，当 z_k 是 $C(z)$ 的一个根时，则 $(z_k^*)^{-1}$ 也是 $C(z)$ 的根。若 $|z_k|<1$，即位于复平面上的单位圆内，则 $(z_k^*)^{-1}$ 便在单位圆外，反之也成立。因此 $C(z)$ 在单位圆内、外根的数目是相等的，多项式 $C(z)$ 则可以由这些根来唯一表示。若单位圆内的 N 个根对应的多项式为

$$A(z)=1+\sum_{k=1}^{N}a_k z^{-k} \tag{7-27}$$

则对应的单位圆外的 N 个根将取决于多项式

$$A^*\left(\frac{1}{z^*}\right)=1+\sum_{k=1}^{N}a_k^* z^{-k} \tag{7-28}$$

于是，$C(z)$ 可以表示成

$$C(z)=\frac{1}{P_N T}A(z)A^*\left(\frac{1}{z^*}\right)=\frac{1}{P_N T}|A(z)|^2 \tag{7-29}$$

式(7-29)中，P_N 为待定的实常数，由式(7-25)和式(7-29)，有

$$S(\omega)=\frac{P_N T}{|A(z)|_{z=\mathrm{e}^{\mathrm{j}\omega T}}^2}=\frac{P_N T}{\left|1+\sum_{k=1}^{N}a_k\mathrm{e}^{-\mathrm{j}\omega kT}\right|^2} \tag{7-30}$$

如何求取系数 $a_k(k=1,2,\cdots,N)$ 和 P_N？可以从满足约束条件式(7-23)着手。为了表示方便，采用矢量、矩阵表达形式。

定义

$$\boldsymbol{a}=(1,a_1,a_2,\cdots,a_N)^T \tag{7-31}$$

$$\boldsymbol{v}=(1,\mathrm{e}^{\mathrm{j}\omega T},\mathrm{e}^{\mathrm{j}2\omega T},\cdots,\mathrm{e}^{\mathrm{j}n\omega T})^{\mathrm{T}} \tag{7-32}$$

则式(7-30)可重写成

$$S(\omega)=\frac{P_N T}{|\boldsymbol{v}^{\mathrm{H}}\boldsymbol{a}|^2}=-\frac{P_N T}{\boldsymbol{v}^{\mathrm{H}}\boldsymbol{a}\boldsymbol{a}^{\mathrm{H}}\boldsymbol{v}} \tag{7-33}$$

式(7-33)中，H 表示共轭转置。

可用矩阵的形式重写约束条件为

$$\frac{1}{2\pi}\int_{-\omega_0}^{\omega_0} S(\omega)\boldsymbol{v}\boldsymbol{v}^{\mathrm{H}}\mathrm{d}\omega = \frac{P_N T}{2\pi}\int_{-\omega_0}^{\omega_0}\frac{\boldsymbol{v}\boldsymbol{v}^{\mathrm{H}}}{\boldsymbol{v}^{\mathrm{H}}\boldsymbol{a}\boldsymbol{a}^{\mathrm{H}}\boldsymbol{v}}\mathrm{d}\omega$$

$$\begin{bmatrix} r_0 & r_{-1} & \cdots & r_{-N} \\ r_1 & r_0 & \cdots & \vdots \\ \vdots & \vdots & \cdots & r_{-1} \\ r_N & \cdots & r_1 & r_0 \end{bmatrix} = \boldsymbol{R}_m^{(N)} \tag{7-34}$$

式(7-34)中，$\boldsymbol{R}_m^{(N)}$ 表示被分析过程的$(N+1)\times(N+1)$相关矩阵。将式(7-34)两边右乘 $\boldsymbol{a}$ 矢量，得

$$\frac{P_N T}{2\pi}\int_{-\omega_0}^{\omega_0}\frac{\boldsymbol{v}\boldsymbol{v}^{\mathrm{H}}\boldsymbol{a}}{\boldsymbol{v}^{\mathrm{H}}\boldsymbol{a}\boldsymbol{a}^{\mathrm{H}}\boldsymbol{v}}\mathrm{d}\omega = R_m^{(N)}a \tag{7-35}$$

令 $z=\mathrm{e}^{\mathrm{j}\omega T}$，则 $\mathrm{d}z=\mathrm{d}\mathrm{e}^{\mathrm{j}\omega T}=\mathrm{j}zT\mathrm{d}\omega$。$\omega$ 的积分区间为$(-\omega_0,\omega_0)$，$\omega_0=\frac{\pi}{T}$，对应的 z 变量的积分区间则是从$(\mathrm{e}^{-\mathrm{j}\pi},\mathrm{e}^{\mathrm{j}\pi})$，为 z 平面上的整个单位圆。式(7-35)的积分可写成围线积分的形式：

$$\frac{P_N T}{\mathrm{j}2\pi}\oint\frac{\boldsymbol{v}}{2\boldsymbol{a}^{\mathrm{H}}\boldsymbol{v}}\mathrm{d}z = R_m^{(N)}\boldsymbol{a} \tag{7-36}$$

式(7-36)围线积分为单位圆周，且逆时针方向。左右两端各为$(N+1)$维矢量，两者相同序号的元素对应相等。

观察左端矢量的第 k 个元素，由于矢量 $\boldsymbol{v}$ 的第 k 个元素为 $\mathrm{e}^{\mathrm{j}\omega(k-1)T}=z^{k-1}$，故左端矢量的第 k 个元素为

$$\frac{P_N T}{\mathrm{j}2\pi}\oint\frac{z^{k-2}}{2\boldsymbol{a}^{\mathrm{H}}\boldsymbol{v}}\mathrm{d}z,\quad k=1,2,\cdots,N+1 \tag{7-37}$$

通过前面的分析已知，$\boldsymbol{a}^{\mathrm{H}}\boldsymbol{v}$ 的零点都在单位圆外，故式(7-36)的被积函数当 $k=1$ 时，在 $z=0$ 处有一个一阶极点，该极点的留数可计算如下

$$\lim_{z\to 0}\frac{z}{za^{\mathrm{H}}v} = \lim_{z\to 0}\frac{1}{1+a_1^* z+a_2^* z^2+\cdots+a_N^* z^N} = 1 \tag{7-38}$$

利用留数定理计算式(7-36)的积分，得

$$\frac{P_N T}{\mathrm{j}2\pi}\oint\frac{z^{k-2}}{2\boldsymbol{a}^{\mathrm{H}}\boldsymbol{v}}\mathrm{d}z = [P_N \quad 0 \quad \cdots \quad 0]^{\mathrm{T}} \tag{7-39}$$

这样就可以得到以下的线性方程组

$$\begin{bmatrix} r_0 & r_{-1} & \cdots & r_{-N} \\ r_1 & r_0 & \cdots & \vdots \\ \vdots & \vdots & & r_{-1} \\ r_N & \cdots & r_1 & r_0 \end{bmatrix}\begin{bmatrix} 1 \\ a_1 \\ \vdots \\ a_N \end{bmatrix} = \begin{bmatrix} P_n \\ 0 \\ \vdots \\ 0 \end{bmatrix} \tag{7-40}$$

或者

$$R_m^{(N)}\boldsymbol{a} = \boldsymbol{b}_N \tag{7-41}$$

式(7-41)中，$\boldsymbol{b}_N=[P_N \quad 0 \quad \cdots \quad 0]^{\mathrm{T}}$。

方程(7-40)又称为 Yull-Walker 方程组，求解方程组可得到系数 $a_k(k=1,2,\cdots,N)$ 和 P_N，从而得到最大熵谱 $S(\omega)$。

计算最大熵谱 $S(\omega)$，就需要求解 Yull-Walker 方程组。如何有效地求解方程组，有多种实用的算法，其中典型的有 Levinson-Durbin 递归算法，Burg 正、反向预测误差算法。用 Levinson-Durbin 算法直接求解 Yull-Walke 方程，需要应用相关矩阵，Brug 正、反向预测算法直接使用过程的采样序列。最大熵谱分析无论是从估计相关矩阵入手来计算 Yull-Walke 方程，还是直接运用过程采样数据进行预测递推，都隐含着对相关函数的延拓。因为在这种情况下，过程的相关函数序列都具有递推关系

$$R(l) = -\sum_{k=1}^{n} a_k R(l-k) \tag{7-42}$$

所以尽管从输入数据只能估计有限的相关函数段，但这种递推关系实质上起到了外推作用，这也是最大熵谱能得到较高分辨率的缘故。最大熵法是一种数据自适应谱分析方法，比常规方法具有更好的性能，特别是在信噪比较高时，它比常规方法的分辨率要高得多。但是随着信噪比的下降，这种相对于常规方法的优越性消失得也相当快，这是因为低信噪比时，相关矩阵的估计值具有很大的随机误差，使系数 a_k 的估计变得很不可靠，从而会严重影响谱估计的质量。关于最大熵谱的阶数的选择准则，是一个很复杂的问题。一般说来，阶数选得过低，求得的 $S(\omega)$ 将变化平缓，使频率分辨率较低；反之，阶数选得太高，$S(\omega)$ 曲线会出现剧烈的起伏，将产生假峰和谱线分裂。当然，从充分利用已知信息的角度看，应采用较高的阶数。但当采用的阶数比过程中正弦成分对应的阶数高很多时，传输函数中将含有相当多的不对应简谐成分的附加极点，如果其中有些极点因估计误差的影响靠近单位圆，便会出现很高的假峰，造成 $S(\omega)$ 的剧烈起伏。因此，实际确定阶数时要作折中。具体算法和分析过程读者可以参考相关的参考文献。

3. 最大熵谱估计的特点

(1) 最大熵谱估计的分辨率与序列的长度 N^2 成正比，序列长度越长，分辨率越高。传统谱估计的分辨率与观察时间(序列长度 N 成反比)。

(2) 解决了旁瓣泄露问题。

(3) 对信噪比非常敏感。有噪声时最大熵谱估计不再是全极点模型；低信噪比下，分辨率较差。传统谱估计的分辨率与信噪比无关。

(4) 运算的非线性特性。

7.3.2　最小误差熵估计

1. 最小均方误差准则

设随机变量 X 的估计值为 $\hat{X}$，估计误差为 $\tilde{X}=X-\hat{X}$，最小均方误差准则就是求使

$$E[\tilde{X}^2] = E[(X-\hat{X})^2] \tag{7-43}$$

达到最小时的 $\hat{X}$ 为随机变量 X 的估值。

对于随即矢量，也有相应的最小均方误差准则。设随机矢量 $\boldsymbol{X}$ 的估计为 $\hat{\boldsymbol{X}}$，估计误差为 $\tilde{\boldsymbol{X}}=\boldsymbol{X}-\hat{\boldsymbol{X}}$，估计误差协方差阵为

$$\boldsymbol{V} = E[(\tilde{\boldsymbol{X}})(\tilde{\boldsymbol{X}}^{\mathrm{T}})] = E[(\boldsymbol{X}-\hat{\boldsymbol{X}})(\boldsymbol{X}-\hat{\boldsymbol{X}})^{\mathrm{T}}] \tag{7-44}$$

随机矢量 $\boldsymbol{X}$ 的最小均方误差准则是求使估计协方差阵 $\boldsymbol{V}$ 达到最小时的矢量 $\hat{\boldsymbol{X}}$ 作为随机矢量 $\boldsymbol{X}$ 的估计。

2. 最小误差熵准则

若 n 为随机矢量 $\boldsymbol{X}$ 的估计为 $\hat{\boldsymbol{X}}$，估计误差 $\widetilde{\boldsymbol{X}}=\boldsymbol{X}-\hat{\boldsymbol{X}}$，误差协方差阵 $\boldsymbol{V}=E[(\widetilde{\boldsymbol{X}})(\widetilde{\boldsymbol{X}}^{\mathrm{T}})]$，则当误差 $\widetilde{\boldsymbol{X}}$ 为 n 维的高斯随机矢量是，误差熵 $H(\widetilde{\boldsymbol{X}})$ 为最大值，即

$$H(\widetilde{\boldsymbol{X}})=\frac{n}{2}\mathrm{lb}(2\pi\mathrm{e})+\frac{1}{2}\mathrm{lb}\mid\boldsymbol{V}\mid \tag{7-45}$$

最小误差熵准则是求使式的误差熵 $H(\widetilde{\boldsymbol{X}})$ 达到最小时的 $\hat{\boldsymbol{X}}$ 作为随机矢量 $\boldsymbol{X}$ 的估计；最小误差熵准则是使最大的误差熵 $H(\widetilde{\boldsymbol{X}})$ 最小化的准则。为使最大的误差熵 $H(\widetilde{\boldsymbol{X}})$ 最小，必须使 $|\boldsymbol{V}|$ 最小。

由最小均方误差准则和最小误差熵准则的定义可以看出，对于 $n\times n$ 维正定矩阵 $\boldsymbol{A}$ 和 $\boldsymbol{B}$，能够证明 n 维非零矢量 $\boldsymbol{X}$，当

$$\boldsymbol{X}^{\mathrm{T}}\boldsymbol{A}\boldsymbol{X}\geqslant\boldsymbol{X}^{\mathrm{T}}\boldsymbol{B}\boldsymbol{X} \tag{7-46}$$

有

$$\mid\boldsymbol{A}\mid\geqslant\mid\boldsymbol{B}\mid \tag{7-47}$$

说明最小均方误差准则和最小熵准则是等价的。

7.4 习题

7.1 简述信息论方法在信号处理方面的应用。

7.2 简述信息论与博弈论之间的关系。

7.3 简述信息论与统计学之间的关系。

7.4 简述信息论与密码学之间的关系。

7.5 随机变量 X 取值于非负整数$\{0,1,2,\cdots\}$。已知其均值 $E(X)=k$，试给出随机变量 X 概率分布的最大熵估计。

7.6 简述最小误差熵估计与最小均方误差准则之间的关系。

参考文献

[1] 仇佩亮. 信息论与编码[M]. 北京：高等教育出版社，2003.

[2] 曹雪虹，张余橙. 信息论与编码[M]. 北京：北京邮电大学出版社，2001.

[3] 唐朝京，雷菁. 信息论与编码基础[M]. 北京：国防科技大学出版社，2003.

[4] 王育民，李晖，梁传甲. 信息论与编码理论[M]. 北京：高等教育出版社，2005.

[5] 周荫清. 信息理论基础[M]. 3 版. 北京：北京航空航天大学出版社，2006.

[6] 戴善荣. 信息论与编码基础[M]. 北京：机械工业出版社，2008.

[7] 陈运. 信息论与编码[M]. 2 版. 北京：电子工业出版社，2007.

[8] 孙丽华. 信息论与纠错编码[M]. 北京：电子工业出版社，2005.

[9] Thomas M. Cover Joy A Thomas. 信息论基础[M]. 阮吉寿，张华译. 北京：机械工业出版社，2004.

[10] Ranjan Bose. 信息论、编码与密码学[M]. 武传坤，译. 北京：机械工业出版社，2004.

[11] 王惠琴. 计算机通信技术[M]. 北京：人民邮电出版社，2012.

[12] 张宗橙. 纠错编码原理和应用[M]. 北京：电子工业出版社，2005.

[13] 陈静. Turbo 码性能分析及译码算法研究[D]. 西安电子科技大学：硕士论文，2008.

[14] John G. Proakis, Masoud Salehi. 数字通信[M]. 5 版. 张力军等，译. 北京：电子工业出版社，2012.

[15] S. Guiasu, Information Theory With Application[M]. McGraw-Hill, Inc, 1977.

[16] R. W. Hamming, Coding and Information Theory[M]. Prentice-Hall, 1980.

[17] R. W 汉明著. 编码和信息理论[M]. 朱雪龙，译. 北京：科学出版社，1984.

[18] 傅祖芸. 信息论基础[M]. 北京：电子工业出版社，1986.

[19] 吴伯修. 信息论与编码[M]. 北京：电子工业出版社，1987.

[20] 孟庆生. 信息论[M]. 西安：西安交通大学出版社，1989.

[21] 钟义信. 现代信息技术[M]. 北京：人民邮电出版社，1986.

[22] 张宏基. 信源编码[M]. 北京：人民邮电出版社，1987.

[23] 周炯槃. 信息论基础[M]. 北京：人民邮电出版社，1983.

[24] 樊昌信. 通信原理[M]. 北京：国防工业出版社，1984.

[25] 李梅，李亦农. 信息论基础教程[M]. 北京：北京邮电大学出版社，2008.